高等院校小学教育专业
融媒体教材

蒋蓉　李金国 ◎ 主编

小　学
课程与教学论

第 ② 版

北京师范大学出版集团
BEIJING NORMAL UNIVERSITY PUBLISHING GROUP
北京师范大学出版社

图书在版编目(CIP)数据

小学课程与教学论 / 蒋蓉, 李金国主编. —2版. —北京：北京师范大学出版社, 2021.1(2024.11重印)
（高等院校小学教育专业融媒体教材）
ISBN 978-7-303-26289-2

Ⅰ.①小…　Ⅱ.①蒋…　②李…　Ⅲ.①小学－课程－教学研究－高等学校－教材　Ⅳ.①G622.3

中国版本图书馆 CIP 数据核字(2020)第 157402 号

教 材 意 见 反 馈　gaozhifk@bnupg.com　010-58805079
营 销 中 心 电 话　010-58802755　58800035
编 辑 部 电 话　010-58807068

XIAOXUE KECHENG YU JIAOXUELUN

出版发行：北京师范大学出版社　www.bnupg.com
　　　　　北京市西城区新街口外大街 12-3 号
　　　　　邮政编码：100088
印　　刷：天津市宝文印务有限公司
经　　销：全国新华书店
开　　本：787 mm×1092 mm　1/16
印　　张：16.75
字　　数：347 千字
版　　次：2021 年 1 月第 2 版
印　　次：2024 年 11 月第 8 次印刷
定　　价：39.00 元

策划编辑：王建虹　　　　　　责任编辑：周　鹏　沈英伦
美术编辑：李向昕　　　　　　装帧设计：李向昕
责任校对：段立超　王志远　　责任印制：马　洁

前 言

FOREWORD

　　小学课程与教学论是小学教育专业学生的一门必修课程。在第一版的基础上，我们针对小学教育教学改革发展的情况，对全书进行了修订。全书共分十章，具体涉及课程的基本理论、小学课程目标与课程内容、小学课程类型与课程结构、小学课程实施与课程评价、小学校本课程开发、小学教学目标、小学教学设计与教学模式、小学教学原则与教学方法、小学教学组织形式、小学教学管理与教学评价等内容。作为小学教育本科专业教材，本书力求体现以下编写思路：

　　一、理论与实践的结合。以课程论和教学论的基本概念、原理为主线，同时注意联系基础教育改革发展的新形势和新要求以及当前的小学教育教学实际，做到理论与实践的有机结合。

　　二、强调学科基础知识与学术新成果的融合，教材内容力求体现全面性、实用性和时代性。

　　三、案例丰富性与典型性的结合。案例的选择至关重要。本书力求案例选择涉及各学科、各学段以及各区域，同时选择最有代表性的案例，确保丰富性与典型性的结合。

　　四、便于教师教学和学生自学。教材体例有所革新，形式尽可能活泼多样，既有资料拓展、案例分析、图表示例、阅读链接，还有精心设计的思考与练习，可读性较强，同时语言力求深入浅出，简明扼要。

　　本书撰写者都是从事小学课程与教学研究、有着丰富的小学课程与教学论教学经验的教师。编写人员及执笔章节如下：第一章由邓素文撰写；第二章、第六章由蒋洁撰写；第三章由曾晓洁撰写；第四章、第五章由孙建萍撰写；第七章由谢立红撰写；第八章由蒋蓉撰写；第九章由李金国撰写；第十章由郭培霞撰写。蒋蓉、李金国设计了全书的框架及体例，并对全书进行统稿、修改。陈红艳、王剑虹老师对本书的体例和编写给予了具体指导。

　　在本书编写、修订过程中，参考了国内外有关论著和教材，吸纳了部分专家学者的研究成果，采用了许多小学教师的优秀案例，在此一并致以深深的敬意与谢忱！

　　限于我们的视野和研究水平，本书不足之处在所难免，敬请专家和广大读者批评指正！

编　者

2020 年 10 月

目 录

CONTENTS

第一章 绪 论

【本章要点】▶

- 掌握课程与教学的基本含义
- 了解课程与教学论的历史发展
- 了解课程与教学论的研究对象
- 明了课程与教学论的学习方法

第一节 课程与教学的内涵及关系

当提到课程时，你的脑海中可能会浮现出一张张课程表，小学的、中学的或者大学的……作为学生的你们，天天在与课程和教学打交道，它们几乎占据了你们生活的很大部分。以下我们就来看看课程与教学的基本含义及其关系，以让我们对其有一个更清晰的认识。

一、课程的含义及表现形式

(一)课程的含义

"课""程"及"课程"，在我国很早就被广泛使用，有确定的含义。如"课，试也"[①]；"成器不课不用，不试不藏"[②]；"苦节读书，二十已来，昼课赋，夜课书，间又课诗，不遑寝息矣"[③]；"程，品也，十发为程，十程为分，十分为寸"[④]。从古代典籍来看，"课"的基本含义为，按规定的内容和分量讲授或学习并加以考核试用；"程"的本义是一种长度单位，被人们引申为事物发展的经过或步骤。"课程"一词最早出现在孔颖达为《诗经·小雅》中"奕奕寝庙，君子作之"[⑤]的注疏中——"以教护课程，必君子监之，乃得依法制也"[⑥]。但这里的含义与现在我们通常所说的课程的意思相差很远。宋代朱熹在《朱子全书·论学》中也多次提到过"课程"，如"宽着期限，紧着课程"，"小立课程，大作工夫"[⑦]等，其意指功课及其进程。

在西方，"课程"一词对应的英文是"curriculum"，源于拉丁文的动词"currere"和名词"cursum"，指"奔走，跑步""跑道"。19世纪英国教育家斯宾塞(Spencer)在《什么知识最有价值?》一文中用"curriculum"一词来指称"教学内容的系统组织"，后被翻译成汉语"教育课程"。

到了现代，由此引申出来的课程定义多种多样。有学者将其归为六类：课程即教学科目；课程即有计划的教学活动；课程即预期的学习结果；课程即学习经验；课程即社会文化的再生产；课程即社会改造。[⑧] 面对如此纷呈复杂的课程定义，施良方指出，"每一种有代表性的课程定义都有一定的指向性，即都是指向当时特定社会历史条件下课程所出现的问题，所以都有某种合理性，但同时也存在着某些局限

---

① (东汉)许慎：《说文解字》。
② 《管子·七法》。
③ (唐)白居易：《与元九书》。
④ (东汉)许慎：《说文解字》。
⑤ 《诗经·小雅·巧言》。
⑥ (唐)孔颖达：《五经正义》。
⑦ (宋)朱熹：《朱子全书·论学》。
⑧ 施良方：《课程理论》，3～7页，北京，教育科学出版社，1996。

性。而且，每一种课程定义都隐含着作者的一些哲学假设和价值取向"①。

但不管怎样，今天的人们已经不满足将课程仅仅理解为一种设计好的"跑道"，只是一种"预期的学习结果"或"计划""方案"。而这样的课程定义，也不足以概括现实中丰富多样的课程现象，如学生在正式课程学习之外，还有作为课程组织、学校乃至社会的副产品而出现的"隐性"学习，即所谓的隐性课程。又如对"教师作为课程开发者"的倡导也说明教师并不完全是按照事先制订好的"计划"或"方案"忠实地执行课程，等等。由此，美国学者古德莱德从课程实施的纵向层面提出的五种不同的课程，似乎更能概括今天纷繁复杂的课程现象。①理想课程（ideological curriculum），指由一些研究机构、学术团体和课程专家提出应该开设的课程。②正式课程（formal curriculum），即指由教育行政部门规定的课程计划、课程标准和教材，也就是列入学校课程表中的课程。③感知课程（perceived curriculum），指由教师所感知到的课程。④运用课程（operational curriculum），指在课堂上实际实施的课程。⑤体验课程（experiential curriculum），指由学生实际体验到的东西。

基于此，我们可以定义课程如下：广义上，课程指的是一种有规定数量和内容的工作或学习进程；狭义上，课程则专指学校课程，是学校或教师组织学生进行的有目的、有计划、有程序和制度化的学习进程。

（二）课程的表现形式

"'课程'概念逐步从'轨道'转化为'在轨道上运作'。只是在'轨道上运作'意义上的'课程'，迄今主要是作为一种'课程价值观念'和潜在的趋势存在。"②因而目前课程也多以静态的方式表现出来。课程的表现形式主要有课程改革方案、课程计划、课程标准、教学材料、课程表等。

1. 课程改革方案

方案是指进行工作的具体计划或对某一问题制定的规划。课程改革方案往往作为课程改革行动的指南。课程改革方案一般包括改革的背景、改革的目标、改革的内容和步骤、改革结果的评价等。如《基础教育课程改革纲要（试行）》对课程改革的目标、课程结构、课程标准、教学过程、教材开发与管理、课程评价、课程管理、教师的培养和培训、课程改革的组织和实施九个方面做出了规定。其中课程结构、课程标准、教学过程、教材开发与管理、课程评价、课程管理、教师的培养和培训都属于改革的内容。

2. 课程计划

课程计划是根据一定的教育目的和学校及其专业的性质，由教育行政部门或学校制定的一种法规性文件。它对培养目标、课程设置、课程顺序、课时分配、学年编制、学周安排以及评价考核方式等做出了规定。课程计划是课程标准和教学材料

---

①　施良方：《课程理论》，10 页，北京，教育科学出版社，1996。

②　同上。

研制的主要依据。

3. 课程标准

课程标准是根据课程计划，以纲要形式编制的关于各门课程的目的目标、教学内容范围、实施原则和方式、考核标准等内容的指导性文件。在新课程改革之前，我国一直仿照苏联将其称为教学大纲，现在已逐步改称为课程标准。

国内外在课程标准内容及其结构上有较大差异。在国外，"大多数书面形式的教学大纲包括：进程纲要、教学单元、教学指导、教学材料和教学方法指导"①。在我国，课程标准是分"学习领域"或"科目"进行研制的，一般包括"前言""课程目标与内容""实施建议"及"附录"。"前言"一般又包括"引言""课程性质""课程理念""课程设计思路"等。"课程目标与内容"一般分为"总体目标与内容""学段目标与内容"等。"实施建议"一般包括"教学建议""评价建议""教材编写建议""课程资源开发与利用的建议"等。

4. 教学材料

教学材料分为教学正式材料、辅助材料及补充材料三类。教学正式材料一般就是课本(textbook)，又称教科书。课本是教师教授、学生学习的最重要的依据和资源。辅助材料在国外称为课本分析(textbook analysis)，包括学习导引或练习册，是用于指导教师和学生阅读、理解和掌握课本正文内容的各种材料。在我国也有多种类型的辅助材料，如长沙市教育科学研究院组织编写的《考一本·课程基础导练》，发挥着学习导引和练习册的作用。补充材料是专门用于课程提高(curriculum enrichment)的，主要起着延伸拓展的作用。

5. 课程表

课程表表示的是所安排的教学课程、各种各样的教育活动以周为单位的时间分配。② 小小的一张课程表，其实是教育追求、课程理念等的集中体现。"也许学校管理者最为重要的两项工作，就是招聘和雇用教师以及决定如何分配学习时间。"③从以下课程表可以看出，课程表一般包括"标题、日期、课序、课程"四个方面。由于课程分类、时间分配等的不同，各地的课程表也会有所不同。

如表 1-1 所示湖南省长沙市某小学五年级的课程表，其课程主要包括语文、数学、道德与法制、音乐、体育、英语、科学、综合实践活动等，每节课一般为 40 分钟。而从表 1-2 所示韩国某学校小学二年级的课程表来看，其课程主要包括语文、数学、综合、创意性活动体验等，每节课的时间在固定的基础上可以做一定的弹性安排。具体见表 1-1、1-2

---

① A. Lewy *The International Encyclopedia of Curriculum*，Oxford，Pergamon Press，1991，p.71；转引自黄甫全：《现代课程与教学论》(第 2 版)，59 页，北京，人民教育出版社，2011。

② ［日］平冢益德：《世界教育词典》，黄德诚等译，295 页，长沙，湖南教育出版社，1989。

③ ［美］威廉·G. 坎宁安、保拉·A. 科尔代罗：《教育管理：基于问题的方法》，赵中建主译，235 页，南京，江苏教育出版社，2002。

表 1-1　湖南省长沙市某小学五年级 (上) 课程表
(2019—2020 学年第一学期用)

课次		星期一	星期二	星期三	星期四	星期五
上午	1	语文	语文	数学	道德与法制	语文
	2	思维训练	综合实践活动	语文	生命与健康	数学
	3	英语	数学	体育	美术	数学
	4	科学	道德与法制	音乐	综合实践活动	信息技术
下午	5	体育	音乐	体育	语文	英语
	6	美术	体育	科学	语文	班队

表 1-2　韩国某小学二年级课程表

课次		星期一	星期二	星期三	星期四	星期五
上午	1	创意性活动体验/安全教育	语文	语文	语文	语文
	2	语文	数学	数学	语文	创意性活动体验
	3	综合	综合	创意性活动体验/阅读	数学	数学
	4	综合	综合	综合	综合	综合
下午	5		创意性活动体验	综合	综合	

在基本课表的基础上时间安排可以具有一定的弹性。
请根据时间表带好相应的教科书。

二、教学的含义及基本要素

(一)教学的含义

"教"最早出现在商朝的甲骨文中,如"丁酉卜,其呼以多方小子小臣其教戒",其字形如"�"状;甲骨文中也有了"学"字,如"壬子卜,弗洒小求,学",其字形如"𡥈"状。"教学"二字连用在一起,最早见于《书·商书·兑命》:"斅学半。"宋人蔡沈注:"斅,教也。——始之自学,学也;终之,教人,亦学也。"这里所说的"教学"指的是学习的两个方面,还不是现代意义上的教学。东汉许慎的《说文解字》把"教"

"学"解释为："教，上所施下所效也"；"学，觉悟也"①。由此可见，"教"是一种教授、示范活动，而"学"是一种效仿并觉悟过程。

在西方，教与学指的是两种不同的活动，相应的词有"teaching""learning""instructing(instruction)"。在英国，instructing 往往指特定技能的训练，意义接近 training，而 teaching 则是指知识的传递和能力的培养。有学者认为，teaching 的范围很广，在它的内涵中，除了包括 instructing 之外，还有训练、灌输和条件作用。所有的 instructing 都可称之为 teaching，反之则不然。但有学者又认为 instructing 应包含 teaching，后者指课堂行为和相互作用。但是许多人认为这两个词可以相互代替，是同义的。②

至于教学有着怎样的含义，在中外教育史上，对它的定义非常多样。下面试举几例。

(1)夸美纽斯(J. A. Comenius)："把一切事物教给一切人类的全部艺术。"③

(2)布鲁纳(J. S. Bruner)："教学是通过引导学习者对问题或知识体系循序渐进的学习来提高学习者正在学习中的理解、转换和迁移能力。"④

(3)王策三："所谓教学，乃是教师教、学生学的统一活动；在这个活动中，学生掌握一定的知识和技能，同时，身心获得一定的发展，形成一定的思想品德。"⑤

(4)《教育大辞典》(顾明远主编)："以课程内容为中介的师生双方教和学的共同活动。"⑥

(5)李秉德："教的人指导学的人进行学习的活动"，"教和学相结合或相统一的活动"。⑦

(6)王本陆："教学即教师教学生认识客观世界并促进学生身心发展的教育活动。"⑧

要对教学下一个基本的定义，我们首先需要了解：①某一事物的概念，反映的是该事物的基本特征和属性，并且是区别于其他事物的基本属性。②概念是从普遍的事实中概括出来的某种事物特定的含义。因此，我们对教学所下的定义，应是教学本身的特性，要与教学应当具有的某种特性区别开来。③随着事实发生普遍的变化，概念也会相应地在内涵和外延上有所不同。从前面所述定义可以看出，在今天，人们已经认识到，单纯地"突出教的含义"或单纯地"突出学的含义"并不妥当。教学

① (汉)许慎：《说文解字》。
② 崔永漷：《课程与教学》，载《华东师范大学学报(教育科学版)》，1997(1)。
③ [捷克]夸美纽斯：《大教学论》，3页，北京，人民教育出版社，1984。
④ [美]布鲁纳：《教育过程》，6页，北京，文化教育出版社，1982。
⑤ 王策三：《教学论稿》，88～89页，北京，人民教育出版社，1985。
⑥ 顾明远：《教育大辞典》第一卷，178页，上海，上海教育出版社，1990。
⑦ 李秉德：《教学论》，2页，北京，人民教育出版社，1991。
⑧ 王本陆：《课程与教学论》(第2版)，123页，北京，高等教育出版社，2009。

作为人类创造的一种专门活动，"教"与"学"二者是不可或缺的。教与学的关系是一种根本的关系。因此，在广义上，教学就是教的人引导学的人学习一定文化的专门活动；在狭义上，教学专指学校中教师引导学生在专门环境里以特定的文化为内容而进行的教与学相统一的活动。

（二）教学的基本要素

"教学要素可以说是教学论形成和发展的逻辑起点，对教学活动中要素基本构成的认识和确立，不仅是教学理论发展的需要，而且也是教学实践得以有效实施的要求。"[①] 一定的教学要素构成了教学的内部结构。

在教学的要素问题上，比较有代表性的观点有三要素说、四要素说、五要素说、六要素说、七要素说、结构说等。三要素说认为，教学是由教师、学生和教学内容三个基本要素构成；四要素说认为，教学是由教师、学生、内容和方法四个基本要素构成；五要素说认为，教学由教师、学生、内容、方法和媒体五个要素构成；六要素说认为教学有教师、学生、内容、方法、媒体与目标六种要素；[②] 七要素说认为，教学活动包含学生、教学目的、教学内容、教学方法、教学环境、反馈和教师七个要素[③]；结构说认为，从教学结构来看，教学包括活动主体、活动条件和活动过程，其中活动主体包括教师和学生两个要素，活动条件包括物质条件和精神条件两个要素，活动过程主要包括教学目的任务、教学内容、教学方法手段、教学组织形式和教学效果的检查评价五个要素。[④] 在众多的教学要素说中，不难发现，虽然人们存在诸多分歧，但无一例外地肯定"学生""教师""内容"为教学的基本要素。鲍良克曾说："教师、学生、教学内容是教学的三个基本要素，它们被称为教学论的三角形，无论失去其中的哪一个，都不能称其为教学。"[⑤]

1. 学生

在广义上，学生泛指在各种情境中接受教育的所有人，即受教育者。不过，人们一般是在狭义上使用学生概念的。学生专指用专门的时间在大中小学、幼儿园等专门的教育机构里从事专门学习活动的人。学生的学习活动是学校课程与教师的中心，是现代学校存在与发展的主要依据。没有学生，没有学生的学习活动，学校场地设施、教师及相关人员的活动就失去了固有的意义，也就失去了存在的理由和价值。

在现代，随着人们对学生的心理、生理等各方面认识的深入，逐渐形成了以人为本探求学生全面发展的学生观。人们的基本共识是：①学生是发展的人。学生身

① 董志峰：《教学基本要素及其运行方式构建》，载《教育理论与实践》，2005(7)。
② 黄甫全、王本陆：《现代教学论学程》，78～79 页，北京，教育科学出版社，1998。
③ 李秉德：《教学论》，12～17 页，北京，人民教育出版社，1991。
④ 吴文侃：《比较教学论》，136～145 页，北京，人民教育出版社，1999。
⑤ 转引自王兆璟：《论改革开放以来中国教学论学者的学术自觉——以教学要素说的探讨为中心》，载《当代教育与文化》，2012(2)。

心有待发展和正在发展，因此要用动态的眼光看待学生。②学生是独特的人。由于文化背景、家庭环境、自身条件等的不同，每个学生都有自己独特的精神世界、学习体悟方式，教学应尊重学生个性、因材施教。③学生是学习的主人。从人性的角度来说，人是主体性与客体性的双重统一，是能动性与受动性的双重统一。学习要充分发挥学生的主观能动性，从"要我学"转变为"我要学"。④学生是责权主体。学生的权利与责任，与学生的"公民""受教育者"和"未成年人"多重身份相应。所以，学生分别享有"普通公民""受教育者"和"未成年人"三重权利与责任。

2. 教师

教师是"向学生传递人类积累的文化科学知识和进行思想品德教育，把他们培养成一定社会需要的人才的专业人员"[1]。《中华人民共和国教师法》第三条规定："教师是履行教育教学职责的专业人员，承担教书育人，培养社会主义事业建设者和接班人、提高民族素质的使命。教师应当忠诚于人民的教育事业。"有教师指导是教学的重要特征，是教学区别于一般学习活动的关键所在。"一般来说，教师是对教学工作全面负责的人，他代表社会并依据教育规律与人的发展规律来具体设计实际教学的目标、内容、形式和方法，组织实施教学过程，并评估学生学习的结果。自然，在不同时期和不同教学模式中，教师所发挥的实际作用和发挥作用的方式并不完全相同……但不管怎样，教师在教学活动中是客观存在并发挥实际作用的。"[2]

3. 教学内容

教学内容是指"经选择而纳入教育活动过程的知识、技能、行为规范、价值观念、世界观等文化总体"[3]。教学内容是按照文化发展的需要、社会发展的需要和个人发展的需要而专门选择出来的人类文明精华。教学内容的选择，取决于选择者的素养、选择标准的合理程度以及选择过程所使用的策略、技术和方法等。

教学内容也是师生活动的共同客体。教师与学生的互动以教学内容为中介。教师要根据真实情境中的学生和环境条件等对教学内容进行增删调整、再设计、再组织。教学内容也是学生学习的对象。学生对于教学内容的学习，"是一种主体的精神世界作用于客体，对客体进行认知和情意的操作、加工，进而使客体进入自身的心理结构的过程，即客体内化为主体的过程"[4]。

以上三个要素构成教学的基本结构。正是由于三个要素之间的相互关系（包括学生与教学内容的关系、教师和学生的关系、教师与教学内容的关系）的不同，使现实中的教学呈现出万千姿态。

---

① 董纯才：《中国大百科全书·教育》，146 页，北京，中国大百科全书出版社，1985。
② 王策三：《教学认识论》，10 页，北京，北京师范大学出版社，2002。
③ 顾明远：《教育大词典（增订合编本）》，765 页，上海，上海教育出版社，1988。
④ 王本陆：《课程与教学论》（第 2 版），128 页，北京，高等教育出版社，2009。

三、课程(论)与教学(论)的关系

1997 年，我国的"教学论"专业调整为"课程与教学论"专业。为什么会有这种调整？在这种调整的背后反映了人们对课程与教学关系的什么样的看法？其实，对于课程与教学乃至课程论与教学论的关系，在国内外一直颇受争议。尤其是基础教育新课程改革以来，课程与教学以及课程论与教学论的关系问题成为我国近十年来教育理论争论的焦点之一。目前，人们对二者的关系的看法，可以用奥利弗(P. F. Oliv)提出的四种模式来概括，即同心包含模式(concentric model)、二元独立模式(dualistic model)、相互交叉模式(interlocking model)与循环联系模式(cyclical model)。

(一)同心包含模式

所谓同心包含关系一方面是指课程与教学互为依存，形成一种同心圆的关系；另一方面是指课程与教学之间又存在隶属关系，一个包含另一个。这种模式又可分为两种情况，即认为教学包含课程的"大教学论"和认为课程包含教学的"大课程观"。

1. 大教学论

这是我国早期的课程与教学研究者们常用的观点。如吴杰认为"课程论是教学论的基本组成部分之一"[①]。李秉德在《教学论》中也认为"课程论"只是教学理论的一个组成部分，它与教学的"过程论""方法论"等相并列。

2. 大课程论

北美学者具有悠久的课程研究传统，课程包含教学的观点也在他们中常有体现，如毕恩等人(Beane et al.)曾指出课程领域、课程规划、课程编制、教学设计与情境教学之间有逐级包含的关系，形成一组范围逐渐缩小的同心圆。[②] 此外，在我国，随着课程研究力量的不断增强，课程与教学之间的地位关系也在慢慢发生变化。有学者提出"大课程论"，认为课程"内在地包含着教学活动"[③]。

(二)二元独立模式

这种观点将课程与教学视为相互独立的两个概念，教师在课堂教学中的行为与课程发展可以分别进行，各自很少受到对方的影响。多伊尔(W. Doyle)指出，在制度水平上，教学(pedagogy)与课程很容易是两个分离的领域，两者之间的关系也被认为是线性的。

(三)相互交叉模式

如施良方指出，"课程理论与教学理论之间必然存在着各种联系和交叉重叠部分，课程理论必然会考虑课程实施问题，而教学理论则肯定会涉及与教学方法相关

---

① 吴杰：《教学论——教学理论的历史发展》，6 页，长春，吉林教育出版社，1986。
② Beane, J. A., Toepfer, C. F. & Alessi, S, J. *Curriculum Planning and Development*. Boston, London：Allyn and Bacon, 1986：352.
③ 黄甫全：《现代课程与教学论》(第 2 版)，11 页，北京，人民教育出版社，2011。

的教学内容问题"①。

(四)循环联系模式

这种模式认为课程与教学存在着互为反馈的延续关系。课程与教学虽为分开的实体，但均是一个循环的一部分，两个实体之间彼此相互调适与改良。

对于课程(论)与教学(论)的关系，我们可以从学科的历史发展、事实存在以及学科研究的问题域三方面来分析。

首先，从学科发展的历史来看，教学论在17世纪开始形成，之后，在很长一段时间内，课程是作为教学论的一个基本问题来研究的。到了20世纪，课程论逐步从教学论中独立出来。此后，课程论与教学论都分别获得了巨大的发展。

其次，从事实存在来看，不管人们对课程(论)与教学(论)关系如何看待，事实是，课程论与教学论都继续存在着，并且分别发展成课程论和教学论学科群。

最后，从课程论来看，其基本的和核心的问题是"教学什么"；教学论基本的和核心的问题则是"怎么教学"。这两个问题其实是一个事物的两个方面。虽然，从发展的趋势来看，人们研究的重心有从"怎么教学"向"教学什么"的转移，但是"这并不意味着，教学与教学论不重要了，更不是要用'课程'取代'教学'，用'课程论'来取代'教学论'了。恰恰相反，这意味着，教学与教学论比以往任何时候都更有价值了"②。

由此，我们认为，课程论与教学论是两个相对独立的学科，课程与教学是两个相对独立的事物，同时二者又有着不可割裂的联系。研究课程问题时要关注教学，研究教学问题时要联系课程，这样才能整体把握。

第二节　课程论与教学论的历史

一、古代的课程与教学思想

在古代，人们还没有建立起作为学科的课程与教学论，但是却不乏丰富的课程与教学思想。它们是课程与教学论形成的基础。

我国在春秋战国时期，官学衰败、私学兴起。私学的发展促成了众多学派的形成，其中有儒家、墨家和法家等。各家各派相互争鸣和吸取，促进了思想学术的繁荣，课程与教学思想也异常活跃。代表人物有孔子、孟子、荀子等。孔子是儒家学派的创造人，俗称有弟子三千，被后代誉为"至圣先师"。在"为什么教学""教学什么""怎样教学"方面，孔子都做出过精辟的解答。如孔子提出"性相近，习相远"作为

① 施良方：《试论北美教学理论的形成和发展》，载《教育研究》，1993(1)。
② 黄甫全：《现代课程与教学论学程》(上册)，24页，北京，人民教育出版社，2006。

教学的理论依据，并把"六艺"（礼、乐、射、御、书、数）作为教学的内容，认为在教学方法上要学思结合、启发诱导、因材施教、温故知新等。世界上已发现的最早的课程与教学理论专著是成文于战国后期或末期的《礼记·学记》。该书对先秦时期儒家教育和教学活动进行了系统的理论总结；并在课程与教学方面，提出了教学相长、藏息相辅、豫时孙摩、长善救失、善喻善教、师严道尊等重要的思想、原则和方法。《学记》全文虽然只有1200多字，但其理论水平是很高的。即使在《学记》诞生之后的漫长年代里，像该书这样专论教育并达到较高理论水平的论著并不多见。先秦儒家的课程与教学思想，是人类教育思想史的一笔宝贵财富。自汉武帝实行"罢黜百家，独尊儒术"的文教政策之后，儒学就成为我国自汉代到清末两千余年间的课程与教学的主流思想。

作为西方文明的发源地，"古希腊的教育思想和实践，对于每个欧洲国家的教育的形成，都有巨大影响"[①]。古希腊教育有雅典教育和斯巴达教育两种主要类型。二者的共同之处在于："它们都是完全注重实践的，其目的都是直接以成人的活动训练孩子们将来成为国家的成员。"而差异是："在斯巴达，是为造就军士而教育孩子；而在雅典，不仅是为了战争，也是为了和平而教育孩子。"[②]古希腊课程与教学思想就来源于这样的实践。苏格拉底（Socrates）、柏拉图（Plato）、亚里士多德（Aristoteles）是其主要代表人物。他们所提出的课程与教学思想，有如下几个特征：一是培养目标上强调理性；二是课程设置上重视和谐；三是强调教学要适应学生年龄特征；四是主张启发教学。[③] 在古罗马时期，教育家昆体良（M. F. Quintilianus）总结自己的教育经验，撰写了西方第一本专门教育学著作《雄辩术原理》，较全面地总结了演说家培养的教学原则和方法。"公元4世纪到14世纪，欧洲进入了漫长的中世纪，在这一时期，教育领域为基督教所控制，相应地，便产生了基督教的课程与教学思想。在14世纪到17世纪，西方出现了文艺复兴运动，人文主义者在教育领域推行人文主义教育，在继承雅典文雅教育思想的基础上，阐发了身心和谐发展、尊重儿童天性、加强人文教育、改革教学方法和因材施教等重要的课程与教学思想。这些课程与教学思想，对后世课程与教学论研究产生了深远的影响。"[④]

总结起来，这个时期的课程与教学思想，具有以下特征：第一，混合性。它与教育家们的政治思想、哲学思想、伦理思想等紧密相连，并直接包含于这些思想的庞大体系中，缺乏相对独立性。第二，经验性。它是长期教育教学经验的总结和概括。

---

① ［英］威廉·博伊德、埃德蒙·金：《西方教育史》，任宝祥、吴元训，主译，2页，北京，人民教育出版社，1985。

② 同上书，17页。

③ 田本娜：《外国教学思想史》，16～18页，北京，人民教育出版社，1994。

④ 王本陆：《课程与教学论》（第2版），8页，北京，高等教育出版社，2009。

二、西方课程与教学论学科的形成和发展

17 世纪是欧洲从封建社会向资本主义社会过渡的历史时期。"17 世纪在欧洲各地展示了教育事业的发展前景。"①其时，教学论也得以诞生。一般认为，捷克教育家夸美纽斯于 1632 年写的《大教学论》是其诞生的标志。教学论从出现到基本成熟，大约经历了从 17 世纪到 20 世纪初持续 300 年的时期。20 世纪是教学论获得飞速发展的时期。其间课程论从教学论中独立出来，并获得了进一步的发展。课程与教学论学科不断分化及多样化，并形成了多种课程与教学论学派，呈现出"百家争鸣"的局面。

(一)教学论的形成

1. 教学论形成的标志

第一，出版了标志学科诞生的专门著作。从 17 世纪到 20 世纪初，产生了大量的关于课程与教学问题的研究成果。其中，对于学科的形成具有里程碑意义的要数夸美纽斯的《大教学论》和德国教育家赫尔巴特(J. F. Herbart)的《普通教育学》(1806)。

《大教学论》在继承文艺复兴时期人文主义教学思想以及总结夸美纽斯本人长期教学实践经验的基础上，较全面地论述了教学目的、内容、原则、方法和组织形式等基本问题。它在教育目的和课程内容上提倡泛智教育，主张把一切事物教给一切人类，而《大教学论》就是把一切事物教给一切人类的艺术。其中，夸美纽斯较系统地探讨了教学原则和教学方法问题，认为教学应该遵循万物的严谨秩序，使"自然过程"成为教学艺术的模式，把一般的方法应用于不同的科目。同时，他还从理论上首次论证了班级教学制度的优越性，主张采用集体教学的新形式。总之，《大教学论》提出和初步探讨了现代教学的一些基本问题和基本原理，是教学论作为独立学科存在的重要里程碑。

德国教育家赫尔巴特的《普通教育学》(1806)一书，是继《大教学论》之后教学论学科形成的另一个重要里程碑。该书系统地阐述了教育性教学原理，认为教学是教育的基本手段；依据观念心理学原理分析教学的机制，认为教学是统觉的运动，即新旧观念产生联系和统整的过程；探讨了教学阶段理论，依据多方面兴趣理论和学生的注意力状况，把教学分为明了、联系、系统和方法四个主要阶段，分析了不同阶段教学的类型和方法；依据多方面兴趣理论，设计了课程的类型和科目。赫尔巴特的教学理论，经他的学生发展和具体化后，在世界各地得到大力推广，极大地影响了世界各国教学论的发展和教学实践的改革。赫尔巴特教学理论体系完整，有鲜明的学科建设意图，影响巨大，学术界常把《普通教育学》作为教育学和教学论学科发展成熟的基本标志。②

---

① ［英］博伊德、金：《西方教育史》，任宝祥、吴元训，主译，237 页，北京，人民教育出版社，1985。
② 王本陆：《课程与教学论》(第 2 版)，9 页，北京，高等教育出版社，2009。

第二，形成了教学论的基本范畴。古代虽然有较丰富的课程与教学思想，但并未形成诸如学科、科目、课程、教学等的最基本概念。在教学论的形成时期，教学、课程、教学原则、班级教学、教学阶段、教学方法等这些概念逐步建立起来，并形成了相应的范畴。如夸美纽斯的《大教学论》提出了一个完整的泛智主义的教学论体系，对课程、教材、教学原则、教学方法、教学组织形式等延续至今的教学论范畴做了详尽的论述。

第三，有了一批研究课程与教学问题的代表人物。如著名思想家、教育家洛克(J. Locke)、卢梭（J. Rousseau）、裴斯泰洛齐（J. H. Pestalozzi）、赫尔巴特(J. F. Herbart)、福禄倍尔(F. Frobel)、第斯多惠(F. A. W. Diesterweg)、乌申斯基(K. Дмитриевич Ушинский)、斯宾塞(H. Spencer)、杜威(J. Dewey)等。

2. 教学论研究的特点

教学论的根本基础从哲学思辨走向心理学实证是这个时期教学论研究的主要特点。人们在夸美纽斯的著作中可看到其用心理学术语叙述各个年龄阶段对应的学校的目标。"他指出，母育学校应该培养学生的外部感觉；国语学校应该培养学生的内部感觉、想象力和记忆力；中学应该培养学生的理解力和判断力；大学应该培养学生协调的意志力。"[1]即便如此，他的《大教学论》还是主要建立在宗教自然哲学的基础上。正如博伊德和金所指出的，它是"实践和哲学结合的可喜成果"[2]。

裴斯泰洛齐是第一个明确提出教育心理学化口号的教育家。所谓教育心理学化，第一是要求将教育的目的和教育的理论指导置于儿童本性发展的自然法则的基础上；第二是必须使教学内容的选择和编制适合儿童的学习心理规律，即教学内容心理学化；第三是教学原则和教学方法的心理学化。做到这一点需要使教学程序与学生的认识过程相协调，并保持循序渐进；第四是要让儿童成为他自己的教育者。裴斯泰洛齐关于教育心理学化的思想，以及在教育革新实验中对教育心理学化的具体尝试，为教育教学实践和理论的发展开创了新的时代。之后，赫尔巴特"从裴斯泰洛齐的伟大思想出发"[3]，致力于把教育教学理论与心理学理论联系在一起，努力使教育学和教学论建立在心理学的基础之上。杜威则进一步提出了课程与教材心理学化的主张，为课程与教学心理学化开辟了一个崭新的前景。

(二)教学论的发展

20世纪中后期是科学和技术繁荣的时期。工业革命的技术成果在社会生活中的广泛运用，极大地提高了人们的生活水平和发展机会。"在二十世纪初看来似乎还是空想的财产、健康和受教育机会，此时被认为当然的事，被视为普遍的权利，并成为政府的政策。"[4]所有发达国家都把教育作为社会义务和一项国家投资向公民提供。

---

① [英]博伊德、金：《西方教育史》，任宝祥、吴元训，主译，248页，北京，人民教育出版社，1985。
② 同上书，247页。
③ [英]博伊德、金：《西方教育史》，任宝祥、吴元训，主译，333页，北京，人民教育出版社，1985。
④ 同上书，404页。

义务教育的普及、教育规模的扩大、对教育公平与效率的追求等教育现实，刺激着人们对诸多课程与教学问题作出思考与解答。在这样的背景下，教学论进入了它的繁荣发展期，并呈现出以下特点。

1. 众多教学论流派兴起

相较于 20 世纪以前，20 世纪的教学论的一个显著特点是兴起了众多教学论流派。其中有代表性的教学论流派有：美国杜威的进步主义、巴格莱（W. C. Bagley）的要素主义、布鲁纳的结构主义、布卢姆（B. S. Bloom）的掌握学习理论、罗杰斯（C. R. Rogers）的非指导性教学理论以及新近流行的建构主义教学理论；苏联赞可夫的发展性教学理论，巴班斯基的教学最优化理论；当代格鲁吉亚教育家阿莫纳什维利等人（Амонашвили et al.）的"合作教育学"，德国瓦根舍因（M. Wagenschein）的范例教学理论；等等。这些不同的教学理论流派，分别从各自的角度对教学论学科发展做出了自己的贡献。

如果对这些流派进一步加以归类，则可以大体划分出两大阵营，即"科学主义"教学论和"人本主义"教学论。程序教学理论、结构主义教学理论、教学最优化理论等有较明显的"科学主义"教学论色彩，非指导性教学理论、暗示教学理论、"合作教育学"等有较明显的"人本主义"教学论色彩。"科学主义"教学论的基本特点是：把教学主要理解为一个认知、理性和逻辑的过程，注意探寻教学的普遍规律和通用模式，在教学目的方面强调科学知识、技能和智慧的习得，在教学过程方面强调教学的精确性、控制性、计划性，在课程内容方面注意吸收科技发展的最新成果，在教学手段方面重视新技术工具的使用。"人本主义"教学论刚好相反。它把教学主要视为一种个性交往、情感交流、艺术创造的过程，以价值实现、情感满足、艺术感受、心灵沟通等为教学的基本追求，在课程方面突出人文知识的重要性，在教学方法上推崇即兴发挥、灵感直觉和主观感悟。这两大教学论阵营，代表了当代教学论学科发展的不同方向。[1]

2. 课程论从教学论中独立出来[2]

在相当长时期内，课程是作为教学论的一个基本问题来研究的。20 世纪初期，课程演变为一个独立研究领域，课程论应运而生。一般认为，美国学者博比特（F. Bobbitt）1918 年出版的《课程》一书，是课程论作为独立学科诞生的标志。

1934—1942 年，美国进步教育协会发起了著名的"八年研究"，有力地推进了美国课程论的发展。拉尔夫·W. 泰勒（Ralph W. Tyler）总结"八年研究"的成果，于 1949 年出版《课程与教学的基本原理》，提出了课程编制的四个基本问题，即如何确定目标、如何选择经验、如何组织经验和如何评价结果，建立起了著名的课程编制的泰勒原理，即课程编制的"目标模式"，该书在现代课程论学科发展上具有里程碑意义。

---

① 王本陆：《课程与教学论》（第 2 版），11～12 页，北京，高等教育出版社，2009。
② 施良方：《课程理论：课程的基础、原理与问题》，10～18 页，北京，教育科学出版社，1996。

20 世纪中叶以后，伴随世界各地课程改革运动的兴起，课程理论也得到进一步发展，出现了学科结构课程理论、社会改造课程理论和学生中心课程理论等不同的课程论流派。其中，学科结构课程理论强调把学术性知识作为课程内容，重视知识体系的内在结构，是一种以学术知识为中心的课程理论，代表人物是美国学者布鲁纳和施瓦布。社会改造课程理论主张，课程不是帮助学生适应现存社会的工具，它是建立新的社会秩序和社会文化的力量，应该围绕社会重大问题来组织课程，以便帮助学生在社会方面得到发展，代表人物是巴西学者弗莱雷(P. Freire)。学生中心课程理论主张以学生的兴趣、需要、爱好、能力等为基础来编制课程，美国学者杜威是儿童中心课程理论的重要开创者，20 世纪 70 年代流行的人本主义思想也坚持儿童中心的课程观。

课程论成为独立学科，这大大促进了各种课程问题研究的深入。近百年来，课程论在课程一般原理和课程编制具体技术两个方面，均取得了大量可喜的成果，对课程改革实践发挥了重要的指导作用。

3. 课程与教学论形成学科群[①]

20 世纪 50 年代以来，科学发展出现了大分化和大综合的趋势。这一趋势，在课程与教学领域也得到了充分体现。19 世纪单一的教学论学科，在 20 世纪前期分化成了课程论和教学论学科群。在课程领域，出现了一般课程论、课程社会学、教材学、潜在课程论、课程评价论等不同分支学科；教学领域的分支学科更为多样，有教学认识论、教学评价论、教学方法论、学科教学论等。课程与教学论学科群的出现，是学科繁荣的重要标志。

概括地说，课程与教学论学科，经历了漫长的学术发展历程。从最初零散的课程与教学思想到出现独立的教学论学科，是一次重要的转折；从单一的教学论学科到课程与教学论学科群的涌现，出现多种流派共生共存的局面，这是又一次重要的转折。

三、我国课程与教学论的发展

在我国古代，有着十分丰富的课程与教学思想。但是，学科形态的课程与教学论，是现代社会和现代教育发展的产物，它最初萌芽和形成于欧美国家，然后再广泛传播到世界各地。[②] 我国的课程与教学论作为独立学科的建立，始于 20 世纪初期。在百年的发展历史中，经历了三个主要阶段。[③]

(一)初步建立时期(20 世纪初期至新中国成立前)

进入 20 世纪，随着"壬寅学制""癸卯学制""壬子癸丑学制"的相继颁布，现代教

---

① 王策三：《教育论集》，192～202 页，北京，人民教育出版社，2002；王本陆：《课程与教学论》(第 2 版)，13 页，北京，高等教育出版社，2009。
② 董远骞：《中国教学论史》，29 页，北京，人民教育出版社，1998。
③ 张传燧：《中国教学论发展的世纪回顾与前瞻——兼与蔡宝来先生商榷》，载《教育研究》，2002(3)。

育制度正式建立起来。这时，西方教育理论和教育实验方法在中国得到广泛流传，如德国的赫尔巴特教学理论、美国杜威的实用主义教学理论等。各种教育思潮风起云涌。教育家们借鉴这些国外先进教学理论开展了各种各样的教学改革实验。同时，他们在注意学习和改造西方教学理论的基础上，也进行了有本国特色的课程与教学理论的创新。

早在清末，朱孔文就编写出我国现代第一本教学论著作《教授法通论》。1919 年 2 月，陶行知发表《教学合一》一文，首先提出将"教授法"改为"教学法"。其间还编辑出版了许多教学论专著和教材，发表了大量教学论文章。它们是教学论学科的正式建立和理论探讨深化的重要标志。

(二)曲折发展时期(新中国成立至 1978 年)

在这期间，教学论的发展经历了一个极其曲折的过程。这时，我国教学论发展以引进学习以凯洛夫为代表的苏联教学论为主，同时开始了当代教学论的初步探索，提出或深化了一些教学思想，如"双基原则"、启发教学、因材施教等。但在引进学习苏联现代教学论的同时，却对古代教学论思想、清末民国以来引进学习赫尔巴特派传统教学论和杜威派现代教学论及我国学者的理论和实践探索成果采取了坚决批判和彻底否定的态度。"文化大革命"期间，我国教学论发展的正常轨道遭到了严重破坏而陷入停顿状态。尽管在十分艰难的情况下也进行了一些教学的理论与实践探索，但总体上收效不大。

(三)飞速发展时期(改革开放以后)

1979 年以来，在全面改革开放的背景下，我国教学论发展在反思重建、全面引进、综合创建三个方面展开，进入了新的发展时期，取得了瞩目的成就。①反思重建。在解放思想、实事求是的思想路线指导下，广大教育工作者认真回顾了新中国成立几十年来教学论发展的经验教训，开始了教学论的恢复重建工作；师范院校恢复了教学论课程，理论界对教学基本问题开展了热烈讨论，重新评价了历史上中外教育家的教学论思想，恢复了教学实验，教学论队伍扩大，广大教师学习教学论的热情高涨，为新时期教学论的发展打下了良好的基础。②全面引进。在对外开放背景下，全方位引进介绍了苏联、美国及欧洲当代教学理论，形成了 21 世纪我国引进外国教学论的又一高潮。这些理论对我国当代教学论发展和教学改革产生了深远影响。③综合创建。在恢复、引进的同时，我国教学论工作者开始了艰难漫长的教学论综合创建工作，提出了构建科学化、现代化、民族化的中国教学论的奋斗目标。与此同时，课程理论日益丰富，逐步形成了比较完整的体系，课程论从教学论中分离出来，成为一门独立学科。

第三节　小学课程与教学论的学习方法

一、课程与教学论的研究对象

著名科学哲学家波普尔（K. R. Popper）指出：“科学与知识的增长永远始于问题，终于问题——越来越深化的问题，越来越能启发大量新问题的问题。”[①]课程与教学现象、课程与教学规律不会自然地促发人们展开研究。只有当人们面对客观存在，进而就课程与教学现象提出“是什么”“为什么”和“怎么样”等问题后，课程与教学现象和规律才会进入人们的脑海，促发人们去研究。因此，课程论与教学论分别研究教育领域中基本的课程问题和教学问题。

课程与教学问题，是指反映到研究者大脑中的、需要探明和解决的课程与教学实际矛盾和理论疑难。它们可以产生于课程与教学实践，也可以产生于课程与教学实践同理论的对立，还可以产生于一种课程与教学理论的内部对立和两种课程与教学理论之间的对立和冲突。

根据研究价值的有无，课程与教学问题可以分为常识问题和未知问题。常识问题是那些前人或他人已经探明和解决了的、不需专门研究、没有研究价值的问题；未知问题则相反。未知问题，一般表现为两种类型。一是老问题新含义，即那些已经被前人和他人提出并解决过、但在新形势下又有新的解答的问题。这是课程与教学的永恒问题。例如，怎样选择课程内容，怎样组织课程内容，怎样评价教学，等等。二是新问题、新含义，即在特殊时代背景下，人们遇到的特殊课程与教学问题。这是课程与教学的时代问题。如，如何进行多媒体教学，如何开展现代远程教学，等等。一些时代问题会转化成永恒问题；而另外一些时代问题，会随着时代的变迁而消失。如，“怎样组织课程内容”的问题，是 17 世纪的时代问题，现在成了课程与教学的永恒问题；而“是否应该把自然科学知识纳入课程”的问题，是西方近代的时代问题，现在已不存在了，但引申出了“人文与科学怎样有机结合”的问题。

根据问题探讨的深度不同，课程与教学问题可以分为表象问题和实质问题。表象是人们对过去事物刺激的记忆所形成的形象，表现的是事物表面特征及其外在关系。表象问题就是人们对课程与教学表面特征及其外在关系中存在的矛盾和疑难的反映，是课程与教学中个别的、特殊的和具体的问题。

而实质问题则是人们对课程与教学内在特性及其内部关系中存在的矛盾和疑难的反映，是课程与教学中普遍的、一般的和抽象的问题。例如，现代条件下教师的

---

① ［英］波普尔：《真理·合理性·科学知识增长》，见纪树立：《科学知识进化论——波普尔科学哲学选集》，184 页，北京，生活·读书·新知三联书店，1987。

角色及师生的关系是什么。

从表象问题到实质问题，既是人们认识发展的普遍路径，也是深化课程与教学研究的基本要求。发现、提出和解决表象问题是必要的，尤其对于从事课程与教学实践工作的人们来说非常重要；但是仅仅停留在表象问题的层面，则是不够的。尤其对于教育理论工作者来说，必须在表象问题基础上，通过专门学习，提高理论素养，开动脑子，采取适当方法，深入地挖掘、发现、提出和解决实质问题。[①]

二、学习小学课程与教学论的意义

（一）胜任教师工作的需要

从教育途径看，一个学校的教育途径是多种多样的，概括起来有：教学、体育活动、劳动、社会活动、党团活动和社团活动等。无论从时间、空间还是设施来看，课程与教学在学校教育中都占据着核心地位。从工作类型看，一所学校的工作一般分为教学工作、党务工作、行政工作和总务工作等，后三种工作都是为课程与教学工作服务的。总之，对一个小学教师来说，课程与教学是最基本的专业工作。在现代社会里，不掌握课程与教学论，就不能胜任教师工作。举例来说，任教一个学科，必须懂得课程标准，要理解这些标准，必须有课程与教学论知识作基础。再比如，教师每天都要备课，备课要备什么？怎样确定教学目标？选择什么样的教学方法？等等。要解决这些问题，都需要以课程与教学论知识为背景。总之，要胜任教师工作，就必须掌握课程与教学论的专业知识。

（二）做新课改背景下新型教师的需要

在今天的新课程改革背景下，教师被赋予了多种角色，如"学生学习的引导者""研究者""课程的开发者"等。比如，在现在的三级课程管理制度之下，学校和教师参与课程编制的空间在扩大，课程开发逐步成为小学教师的分内之事。要进行课程开发，教师就需要掌握课程的一些基本理论，明确课程开发的基本程序和步骤。又比如，教育变革的趋势不仅要求教师从事教学，同时也要求教师将教学与研究结合起来，做一个具有反思精神的研究者，以改进个人和群体的教学实践。如果一个教师，没有系统学习过课程与教学论的专业知识，要进行反思和研究，只怕根本不知从何入手。因此，要做一个新型的创造型、研究型的教师，首先就要对课程与教学论进行深入的研习。

三、学习小学课程与教学论的方法

（一）加强理论学习，注重学思结合

从学习内容上看，学好一门课程，关键是要掌握学科基本结构。所谓学科基本结构，就是一个学科的基本概念、原理、方法和价值观。在课程与教学论中，有一

---

① 黄甫全：《现代课程与教学论学程》（上册），13～15页，北京，人民教育出版社，2006。

些核心的概念、原理、方法和价值观，它们构成一个有机联系的体系。学习这门学科，首先是要整体掌握这些基本概念、原理、价值观和方法，并把它们内化到自己的认知结构中去。同时，要学好这门课程，还要掌握课程与教学的一些专门技能。比如，课程目标的设计、课程资源的开发、课程评价、备课、上课、教学评价等，都有具体的操作方法和行动要求。

从学习方法上看，要边学边思考，注重学思结合。从大学生的学习来看，既重视接受专业知识，又有自己的思考心得，把学习和思考有机结合起来的大有人在。不过，也有一些偏差现象，如不学不思、学而不思、思而不学等。掌握知识需要积极的思考，这是知识习得的基本经验。在学习过程中，大学生应充分发挥思维的作用，多方面展开分析、对比、归纳、概括、抽象、质疑和猜想等思维活动，从而在有效思考和理解的基础上接受知识。同时，学习的过程不仅是接受知识的过程，也是不断产生疑问的过程。朱熹说，"读书，始读，未知有疑；其次，则渐渐有疑；中则节节是疑。过了这一番，疑渐渐释，以至融会贯通，都无所疑，方始是学"，讲的正是这个道理。

(二)理论联系实际，注重学以致用

在学校里，我们学习的主要是课程与教学论的一般理论。这些知识要真正内化成个人知识，必须注意理论联系实际。一方面，在学习过程中，我们要充分借助个人经验、经典案例、实际情境等因素，对理论进行阐释和理解，以促进我们对概念、原理等的掌握；另一方面，我们要学以致用，努力运用所学理论去分析和解决现实问题。教育现实的信息会通过不同的媒介传播到我们中间，每一次的教育见习、社会实践都会收获不少教育现实的信息。认真分析有关信息，我们就会从中发现存在的教育现实问题，其中有一些就属于课程与教学问题。如某些学校给一部分学生颁发红领巾、给另一部分学生颁发绿领巾的现象，就会引发"教学评价"的问题；某些学校存在"两张课程表"的现象，就会引发"课程设置"的问题，等等。又比如，很多同学到实习学校实习，最大的困扰就是管理不好课堂。这就需要我们根据具体情境灵活地运用所学知识加以解决。

复习与思考

1. 课程的基本含义是什么？教学的基本含义是什么？
2. 20世纪以来，出现了哪几次大的教学论流派的竞争？
3. 学习课程与教学论的意义和方法是什么？

推荐阅读 ⏰

[1]姚利民,舒俊. 新中国成立70年教学论的发展轨迹与基本经验[J]. 中国教育学刊,2019(10).

[2]阮成武,郑梦娜. 新中国成立70年来教学论的学科发展:审思与展望[J]. 课程·教材·教法,2019,39(10).

[3]吉标. 新中国成立70年课程与教学论学科前辈学者群像[J]. 中国教育科学(中英文),2019,2(3).

[4]侯怀银,任桂平. 中国课程论学科建设70年:历程、进展和展望[J]. 中国教育科学(中英文),2019,2(3).

[5]郭华. 中国课程论40年[J]. 课程·教材·教法,2018,38(10).

[6]王因,罗生全. 论问题取向的课程论研究[J]. 教育研究,2011,32(10).

[7]宋国才. 中国课程概念研究四十年:回顾与展望[J]. 湖南师范大学教育科学学报,2018,17(6).

[8]阮朝辉. 课程的现象学定义[J]. 教育理论与实践,2016,36(7).

[9]胡乐乐,肖川. 再论课程的定义与内涵:从词源考古到现代释义[J]. 教育学报,2009,5(1).

[10]丁念金. 课程内涵之探讨[J]. 全球教育展望,2012,41(5).

[11]但武刚. 课程概念界定的五种视角评析[J]. 教育研究与实验,2011(4).

第二章　小学课程目标与课程内容

【本章要点】▶

- 了解课程目标的内涵和价值取向
- 明确如何制定小学课程目标
- 理解课程内容的内涵、取向和选择原则
- 掌握新课程改革背景下小学课程内容的特征

第一节 小学课程目标

【案例 2-1】课堂给了我们什么？

数字的研究是门极端的学科，孩子不是爱它，就是恨它。当被问到对数学有何感觉时，会耸耸肩表示中立的学生非常少。

在城市的小学里(我所任教的学校就是其中之一)，测验分数往往遵循的一种可预测的模式。很多学生的母语并非英语，因此阅读测验的分数很低，但是数学成绩却好得多。这没有什么神秘的。数字是全球通用的语言，对于英文说得不好的人来说，计算和乘法表比海明威（Ernest Hemingway）或兰斯顿·休斯（Langston Hughes）[①]容易亲近多了。

不过，很多小学时期数学很好的学生在进入高等数学的领域之后就开始节节败退。对那些曾表示喜欢代数、几何等学科的学生来说，这是一个无法理解的谜团。很少学生会叹气地说："我以前历史很好呢。"但我们却常听到学生沮丧地大叫："我以前数学很好，真的!"为什么会这样？

现在的学生为了准备考试而忙得不可开交，对数字往往没有切实的理解。因为标准化对于各校的重要性越来越高，所以学生就反复练习着乘法表和只以计算为基础的解题方法。老师们还教学生解题"技巧"，导致学生虽然会算正确答案，却搞不清楚自己究竟在做什么。这样，唯一的成果就是：他们的测验成绩很好，大家都很高兴。

但这不应该是我们教数学的终极目标。我们应该要孩子了解数字的威力，明白数学和他们的生活息息相关，而且趣味无穷。只训练学生通过考试，就像依照条件反射学说训练狗一样[②]，只会让升上中学就开始讨厌数学的故事一再重演。

对孩子而言，数学课想必是特别吓人的。没有人喜欢被看起来很笨，而数字的精确性可以让人变得谦逊。我常提醒年轻老师说，恐惧感在数学课蔓延的速度，往往比其他科目来得快。上历史课的时候，学生如果答错，老师很容易把不正确的答案变成鼓励性的建议。如果学生被问到对林肯总统有何看法，而学生回答林肯是个伟大的驾驶员时，我可以评论说："从某个角度来看，林肯确实是个驾驶员，他带领我们的国家安全穿越风暴。"但如果学生说 $2+2=5$，其他同学都会知道他错了。这么看来，数学确实有它吓人的地方。

很遗憾，我见过太多小学老师是这样上数学课的：

各位同学，请打开课本，翻到第 142 页，上面有 500 道乘法题，算完以后翻到

[①] 20 世纪 20 年代在以颂扬黑人生活及文化为宗旨的哈林文艺复兴运动中，最重要的作家及思想家之一。

[②] 将人的理念和精神、一切智力行为以及随意运动，都视为对信号的反应。

书本的最后一页，也就是第 543 页，上面还有 500 道乘法题。请大家安静做题。

如果你是这么做的老师，你一定爱死这些孩子了，因为他们都会乖乖照做，一句抱怨都没有。但是我有个问题：如果小孩会算 10 个乘法题，为什么要他做 500 题？如果他连 10 道题都不会算，那么要他做 500 道题的意义在哪里？这种反复练到兴致索然的唯一真实目的，是让老师落得轻松。我就发现数学课其实有更有效的教法。无论我教的是什么技巧，我都以重质不重量的原则，出较少的题目让学生练习。因为我没把整堂课的时间拿来做基础运算，所以有时间来帮助孩子理解数学，学着喜欢数学。

资料来源：［美］雷夫·艾斯奎斯：《第 56 号教室的奇迹》，卞娜娜译，60～62 页，北京，中国城市出版社，2013。

案例 2-1 所反映的是 21 世纪初，美国小学课堂的缩影。尽管老师们也知道，"我们应该要孩子了解数字的威力，明白数学和他们的生活息息相关，而且趣味无穷"。但在数学课上，为达到让学生熟练掌握知识的目标，大部分的老师仍然采用的是传统的授课模式，讲授例题，反复练习，以达到熟能生巧的目的。解题方法的反复演练和解题技巧的传授，让很多的学生"虽然会算正确答案，却搞不清楚自己究竟在做什么"。甚至有些学生，因为无法在数学课堂上获得成就感而逐渐丧失了学习兴趣。

2010 年，美国的中小学数学教育开始立足于满足现实和未来生活需要的综合能力而重新制定了课程标准（见表 2-1）。在《学校数学课程和评价标准》中，标准制定者就已提出五个反映新时代变革的数学教育改革新方向，从此确立了数学教育的目标皆为帮助学生培养应对现实和未来生活所需的综合能力，并作为后续美国各州开发和制定中小学数学课程标准的依据。课程目标的重新定位，对教师教学也提出了新的要求。事实上，课程目标的确定、课程内容的选择、课程教学的设计是课程理论和课程改革的基本问题，本章我们将一起来探讨。

表 2-1 美国州际核心数学课程标准之小学阶段课程目标（2010）

组成要素	内涵
基础知识和基本技能	运算和代数思想、十进制数及其运算、分数和运算、度量和数据、几何。
理解问题并能坚持不懈地解决问题	1. 会从解释问题的意义入手，寻求解决问题的切入点； 2. 会思考相似的问题； 3. 会进行自我监控评估； 4. 会使用不同的方法对结果进行检验； 5. 理解他人的方法以解决更复杂的问题，并明确不同方法的一致性。
抽象化、量化地进行推理	1. 理解问题情境中量与量之间的关系； 2. 量化地进行数学推理。
构建可行的论证，批判他人的推理	1. 建构论证时，小学阶段学生多采用具体的对象，论证有意义且正确； 2. 在交流中，能听懂或读懂他人的论证，并判断论证是否合理； 3. 能通过提出有效的问题来解释、改进论证。

续表

组成要素	内涵
数学建模	1. 结合问题情境建立数学模型，阐释得到的数学模型，反思模型，改进模型； 2. 会通过假设和近似计算来简化问题情境，并在之后做必要修正； 3. 能辨识出实际情境中的关键量，并能用图式反映这些量的关系。
合理使用恰当的工具	1. 熟悉适用于本年级或课程的工具； 2. 知道何时使用这些工具； 3. 能发现相关的数学资源，并利用它们提出问题、解决问题。
关注准确性	1. 试图准确地表达自己的想法； 2. 会确切地阐述自己的观点。
寻求并使用结构	1. 能通过仔细观察认识模式或结构； 2. 能从整体观察问题，转换视角，将复杂事物看成是单一对象或多个对象的组合。
在不断的推理中寻求并表征规律	1. 会寻求一般的方法，也会发现捷径； 2. 在解决问题时，会始终关注整个解题过程，不断反思每一步结果的合理性。

资料来源：全美州长协会和首席州立学校官员理事会：《美国州际核心数学课程标准：历史、内容和实施》，蔡金法等译，7~19页，北京，人民教育出版社，2016。

一、课程目标的内涵

"目标"，从辞源意义上来解释，"目"就是眼睛，"标"就是靶子，目标即眼睛所盯着的靶子；而按照马克思主义的观点，目标是活动之前观念地存在于人们头脑中的活动结果。在教育学的理论中，涉及目标的概念主要有教育目的、培养目标、课程目标和教学目标。

(一)相关概念及其关系

教育目的是对教育所要培养的人的质量规格的总体设想或规定。它一方面规定所培养的人的身心素质，即受教育者的个性结构，包括知识、品德、智力、体质等方面的发展；另一方面规定培养的人应为谁服务，应符合什么样的社会需要。教育目的有广义和狭义之分，广义的教育目的存在于一切教育中，是人们对受教育者的期望，从最原始的教育到现代的教育，都具有一定的目的。它存在于学校教育中，也存在于学校之外的教育中，大到国家、社会、团体，小到教师、学生和家长，对教育都有期望；而狭义的教育目的专指学校的教育目的，是指学校把受教育者培养成什么样的人，是对人才质量规格的总要求，是各级各类学校培养人的总方向。

培养目标是教育目的的下位概念，它所体现的是不同性质的教育和不同阶段的教育的价值，如基础教育、高等教育、职业教育、成人教育分别具有不同的培养目标。它是由特定的社会领域和社会层次的需要所决定的，是各级各类学校，为了满足特定社会领域和特定社会层次的人才需求，以及为满足不同年龄层次受教育者的学习需求而建立的，它实际上是分级分类去执行一定社会的教育目的，也就是教育目的在一定教育机构中的具体化。

课程目标是"课程本身要实现的具体目标"，由美国课程论专家博比特在《课程论》一书中首先明确提出，他指出："人类生活无论怎样的不同，均包含着特定活动的表现。为生活做准备的教育，就是明确且适当地为这些特定活动做准备的。这些活动无论同社会阶层的不同，量有多大、差异有多大，都是可以发掘出来的，这只需要我们置身于事物的世界，并发掘出这些事物所包含的特别成分，它们就将显示出人们需要的能力、态度、习惯、鉴赏和知识的形式，这就是课程的目标。"[1]也有人把课程目标看作指导整个课程编制过程中最为关键的准则。[2]

我们主要从目标本身的广度与深度层面来展开对课程目标的分析，以此为参照，结合课程的定义，不妨将课程目标定义为：课程目标是指按照国家教育方针，根据学生身心发展状况，在一定时期内，通过完成规定的教育任务所设计的教育内容而使学生达到的目标。它是国家教育目的和教育目标在教育过程中的具体体现，是课程编制、课程实施、课程评价的准则和指南。[3]

教学目标是学生通过教学活动后要达到的预期学习结果，可分为课程教学目标、单元教学目标、课时教学目标等不同层次[4]，是一个更为微观、更为具体的概念。相关内容我们将在第六章中做详细论述。

关于教育目的、培养目标、课程目标和教学目标之间的关系，我们可以归纳为以下几点。

第一，教育目的决定培养目标的状态、内容和方向，而教育目的又是基于某种教育价值而选择的，它必然体现了一定的教育哲学观，因此，以何种教育哲学为依据，制定何种教育目的，决定了培养目标以及课程与教学目标的内容、性质与方向。然而无论以什么教育哲学为依据，在许多场合，教育目的的提出都不过是一般性的和观念性的，这种一般性的教育目的本身对课程内容的选择、教学过程的展开、课程与教学的评价都难以提供具体的指针。

第二，培养目标与教育目的的关系是具体与抽象的关系。换句话说，培养目标要根据教育目的来制定，而教育目的又要通过各级各类学校的培养目标才能实现。培养目标比较具体地体现在课程目标中，课程目标是指按照教育目的和培养目标，根据学生身心发展状况，在一定时期内，通过完成规定的教育任务所设计的课程内容而使学生达到的目标，它主要依靠学校的学科教学活动来实现，更确切地说，教育目的和培养目标是通过一系列具体的教学目标落实到教学活动中去的。

第三，在国际教育界，"教育目的"与"培养目标"是有明确区分的。前者相当于

① 李方：《课程与教学基本理论》，114页，广州，广东高等教育出版社，2002。
② 施良方：《课程理论——课程的基础、原理与问题》，92页，北京，教育科学出版社，1996。
③ 许云昭、石鸥：《超越差距——中美基础教育课程比较》，84页，长沙，湖南教育出版社，2006。
④ 黄甫全、王本陆：《现代教学论学程》，141页，北京，教育科学出版社，1998。

英语中的"educational aims"或"aims of education"，后者指"educational goals"或"educational objectives"。"目的"含有"方向"的意味，表现普遍的、总体的、终极的价值，"目标"含有"里程"的意义，表现个别（特殊）的、部分的、阶段（具体）的价值。

对以上几个概念的层次，我们可用图 2-1 来表示。

教育目的　　　　　　　　　（国家或教育专家理想的）总要求
培养目标　　　　　　　　　（各级各类学校的）　　特殊要求
课程目标和教学目标　　　　　　　　　　　　　　　具体要求

图 2-1　教育目标的层次

总之，从教育目的到培养目标再到课程目标和教学目标是一个从抽象到具体的过程，教育目的是对教育的总要求，培养目标、课程目标和教学目标都是依据教育目的而制定的，教育目的决定了它们的内容、性质和方向。教育目的通过一系列目标的制定落实到具体的教学活动中。

(二)我国的课程目标

21 世纪初，我国启动了新一轮基础教育课程改革。课程改革的根本任务在于促进每一个学生的发展，造就一代又一代的新型公民。我国当前新课程的培养目标实际上就是对新型公民形象和素质的描述：①具有爱国主义、集体主义精神，热爱社会主义，继承和发扬中华民族的优良传统与革命传统；②具有社会主义民主法制意识，遵守国家法律和社会公德；③逐步形成正确的世界观、人生观和价值观；④具有社会责任感，努力为人民服务；⑤具有初步的创新精神、实践能力、科学和人文素养以及环境意识；⑥具有适应终身学习的基础知识、基本技能和方法；⑦具有强健的体魄和良好的心理素质，养成健康的审美情趣和生活方式，获得全面而有个性的发展，成为有理想、有道德、有文化、有纪律的一代新人。

为了更好地理解新课程提出的培养目标，我们把上述七条内容归纳为以下八个要点：①公民意识；②价值观念；③社会责任感；④创新精神和实践能力；⑤科学人文素养和环境意识；⑥终身学习的基础知识、基本技能和方法；⑦强健的体魄和良好的心理素质；⑧健康的审美情趣和生活方式。[①]

(三)我国新课程目标的特点

分析我国现行的课程目标，呈现出以下几个特征。

第一，着眼学生个性的整体性发展。培养目标的七条内容是一个有机的整体，它旨在促进学生个性的全面、和谐发展。那么个性是什么？新课程认为，每一个学生的个性既是具有独特性、自主性的存在，又是关系中的存在。新课程正是从以下三大关系来理解学生个性的发展、规划课程目标的，即学生与社会的关系（前四条基本上属于这一关系）、学生与自然的关系（五、六两条基本上属于这一关系）、学生与

---

① 余文森、吴刚平：《新课程的深化与反思》，3 页，北京，首都师范大学出版社，2004。

自我的关系(第七条属于这一关系)。这三大关系相辅相成构成了学生个性相对完整的画面,用一种整体的观点来全面把握学生的个性发展并将其视为课程的根本目标,这使我国基础教育课程体系具有了新的起点。

第二,强调终身教育的基础性。基础性是基础教育及其培养目标的根本特性。但是,基础教育的"基础"究竟应当是什么?是为学科发展、专业建设打基础,还是为人的发展、终身学习打基础?不同的"基础"观反映了不同的教育价值观。终身教育,是 21 世纪全世界共同的教育价值取向,它大大深化了我们对基础教育的认识,使我们获得了审视基础教育的新的更加广阔的视野。新课程正是站在终身教育的高度上,强调基础教育的"基础",及要求学生"具有适应终身学习的基础知识、基本技能和方法",从而为学生的可持续发展打下坚实的基础。新课程不仅强调学习基础——学会学习,更强调做人基础——学会做人,尤其要求学生"逐步形成正确的世界观、人生观、价值观"。这与传统从学科角度强调"双基"——限于强调基础知识和基本技能——形成了鲜明的对比。

第三,突出素质教育的重点。《中共中央　国务院关于深化教育改革全面推进素质教育的决定》明确指出,实施素质教育要以培养学生的创新精神和实践能力为重点。当前,科学技术迅猛发展,知识经济加速到来,国际竞争日趋激烈,创新精神和实践能力的培养被提到更加突出的位置上来。创新精神和实践能力的培养必须从小抓起,据此,新课程把"具有初步的创新精神和实践能力"作为重要的目标,注重培养学生独立思考、敢于怀疑、敢于批判、敢于超越的精神,积极进取、求实、求是、顽强的品质,理论联系实际的意识,乐于动手、勤于实践的习惯。

第四,体现对学生的人文关怀。在世间一切事物中,人是最宝贵的。教育的发展趋势正如有的学者所说,是"'人'字在教育中越来越大了"。正是在这样的背景下,关注每一个学生,为了每一个学生的发展,成为本次课程改革的核心理念和神圣使命。新课程明确指出,要使"学生具有强健的体魄和良好的心理素质,养成健康的审美情趣和生活方式"。实际上,这也是"健康第一"思想的体现。关注学生的健康,让学生富有情趣地生活,生动活泼地成长,这是新课程的追求。它不仅代表着国家对下一代的关心,也代表着我国社会的全面进步和整个教育界的觉醒。

以上特征赋予了我国当前新课程目标鲜明的时代特色。实际上,它包含的每一条都具有时代新内涵,我们也只有站在时代的高度,才能真正领悟新课程目标的精神实质。①

二、课程目标的价值取向

教育对人的价值可以从课程目标价值中得以体现。课程目标是课程编制过程中的核心环节,关系着整个课程领域的建设。在影响课程目标制定的诸多因素中,价

---

① 余文森、吴刚平:《新课程的深化与反思》,3~4 页,北京,首都师范大学出版社,2004。

值取向起着主导作用，它决定着如何合理地确定课程目标以及采取什么形式的课程目标。

【案例 2-2】随着社会经济的发展和人民生活水平的不断提高，工业革命时期因为社会生产的需要从而通过学校批量"生产"速成型"人才"的时代已经成为了历史，学生的"人本化""个性化"教育逐步被世人越来越多地提及并接受。学校也不再是承担人的教育的唯一场所，与之对应的是，通过健康科学的家庭教育来弥补学校在孩子教育过程中的盲区和不足已经受到广大学生家长的重视。更有甚者，有调查发现，即使有着《义务教育法》的制约，我国仍有少数家长选择在家教育儿童，且近年来呈快速上升的趋势；与此同时，美国教育部 2007 年统计的数字显示有 150 万儿童正在接受家庭学校教育。无独有偶，一项以家庭为何选择家庭学校教育为主题的涉及 11 个国家 21545 个家庭的国际调查，显示家庭学校教育的比例：芬兰为 7%，德国为 8%，意大利 9%，尼日利亚为 9%，美国为 10%。家长不选择学校对其子女进行教育的原因通常是：学校课程与生活相脱离、学校教育不利于学生个性的发展，以及学校课程不够深入，妨碍儿童的知能发展等。当然，不仅在国外，我国近年来也出现了不少零星进行家庭学校教育的现象，其中不乏一些名人，如：漫画家郑渊洁坚持要在家教育孩子；著名斯诺克球星丁俊晖也是家庭教育的成功例证。

资料来源：刘炜：《小学学校课程与家庭教育价值取向研究——以人教版小学品德与社会教科书为例》，硕士学位论文，漳州，闽南师范大学，2014。

当然，因为受到家庭条件、家长自身素质等因素的影响，家庭教育还不足以单独担当人才培养的重任，但是随着新课改方兴未艾，家长参与课程改革的呼声日益高涨。因此，我们接下来要面对的问题是：什么样的目标才是有价值的，用什么标准来衡量目标的价值，目标的价值由谁来衡量，它受哪些因素的影响？作为我国学制中处于基础阶段的小学，家长是否能够认同学校课程价值取向？学生家长所持的家庭教育价值取向又是什么样的？学校课程与家庭教育价值取向的差异在何处以及如何调和？我们可以带着这些问题，来做进一步的探讨。

（一）课程目标的类别

从课程发展史上来看，不同学者对课程目标的价值取向做了不同的归纳和分类。其中最有影响的是美国课程理论专家舒伯特（W. H. Schubert）的分类方法，他把课程目标价值取向划分为"普遍性目标取向、行为性目标取向、生成性目标取向和表现性目标取向"[1]；此外有奥恩斯坦（Ornstein）和胡金斯（Hukins）的根据科学与非科学的价值取向划分的"行为目标取向、管理和系统目标取向、人本主义目标取向"[2]。通过对这两种课程目标价值取向划分的分析，我们可将课程目标分为预设性的课程

---

[1] W. H. Schubert, William H, *Curriculum：Perspective，Paradigm，and Possibility*. New Jersey，Prentice-Hall Inc，1997.

[2] Allan C. Ornstein, F. P. Hukins, *Curriculum：Foundations，Principles and Issue*. 2nd. Ed.，New York，Allyn and Bacon，1993.

目标和生成性的课程目标，这两类不同的课程目标分别又体现着不同的价值取向。

1. 预设性课程目标

预设性课程目标，顾名思义，即相关课程目标是先于教育过程而制定的。这种目标取向反映的是一种控制本位的价值观。它有利于教师和学生学习活动的有效进行，有利于学习结果的评价，能够最大限度地达到目标的规定性。在我国课程目标的发展历程中，尤其是当代教育实践中的课程目标，预设性的目标占了较大比重。例如，1978 年制定的小学语文教学大纲中对"听话、说话"这一环节提出的目标是"能听懂普通话，听人讲话能抓住主要意思；能说普通话，能当众说清楚自己的意思"，这样的表达实际上就是属于预设性目标中的行为目标。它从用语的规范和文明、培养听说能力两个方面来定位"听话、说话"的目标内容。这样的目标定位，没有体现"交际"所具有的互动特点，学生难以形成全面的人际交流素养。

预设性目标的产生与其社会背景有着密切的关系，强调培养出来的学习者能够更多地服务于社会，所以，这种目标取向本质上是社会本位的。但这种剥离了教育过程而外设的课程目标，也容易造成课程与老师、学生的割裂；同时，这种追求显性结果的课程目标也容易忽视人的行为的主体性和创造性。鉴于预设性目标的种种弊端，生成性目标被越来越多的专家和学者所倡导。

2. 生成性课程目标

生成性课程目标指的是在课程和教学活动中产生的目标，它更加注重学生的经验和能力，强调培养学习者的完整人格和自主能力。例如，2011 版的《科学课程标准》中 3～6 年级的课程总目标是这样表述的："通过科学课程的学习，知道与周围常见事物有关的浅显的科学知识，并能应用于日常生活，逐渐养成科学的行为习惯和生活习惯；了解科学探究的过程和方法，尝试应用于科学探究活动，逐步学会科学地看问题、想问题；保持和发展对周围世界的好奇心与求知欲，形成大胆想象、尊重证据、敢于创新的科学态度和爱科学、爱家乡、爱祖国的情感；亲近自然、欣赏自然、珍爱生命，积极参与资源和环境的保护，关心科技的新发展。"从这个阐述中我们不难看出，目标所要求的不仅仅是获得知识，更多的是让学生养成科学的素养，用科学的眼光去看待和解决问题。

生成性目标更多地反映学生本位的价值取向，强调把学习者从预设性目标的控制中解放出来，可是另外由于生成性目标本身的发展还不完善，在实施上有一定的难度，还不能根本保证教育质量。鉴于二者都有其优点和不足，当前注重追求科技理性和人本主义的统一，呼吁课程目标不同价值取向之间的互相融合，即以人文主义精神作为新的课程目标价值取向。

(二)课程目标的价值取向

每一种课程定义，都渗透了某种哲学假设和价值取向，隐含着某种意识形态和教育信念。卢梭的经验课程是儿童、自然、知识、社会四因素的整合，杜威基于经验主义哲学观论述了课程是儿童、知识、社会三因素的整合，泰勒则明确提出以学生、学科知识、社会生活为课程目标的三个来源。确定合理的课程目标，应当从整合的角度全面考查学科的发展状况和未来发展趋向、学生的发展状况和需要以及社会的发展状况和需要。但是，在具体的课程实践中，人们制定课程目标往往强调其中的一个因素，而忽视了其他因素。

从历史与现实的角度考察和分析，可以归纳为三种基本的课程目标价值取向：知识本位、社会本位、人本位。这三种课程价值取向都有其存在的合理性，同时也各有其局限性。第一，知识本位。知识本位课程强调系统知识的学习，强调为未来生活做准备，这是教育之所以产生和发展的最初原因所在，课程内容主要是人类长期以来积累下来的文化知识。他们认为，人类文化遗产中最具学术性的知识是课程中不可缺少的因素，学术性是课程的基本特征。这种取向特别重视传授学科结构，要求对学科领域有较深刻的理解，因而特别强调学科专家在课程编制中的重要作用[1]。但过于强调知识则可能造成呆读死记，学到不少与儿童现实生活和社会生活相去甚远的死知识。另外，知识本位的课程价值倾向也容易把学校作为一个封闭的系统，使之成为一个与外界联系甚少的"象牙塔"，这也不利于学生的发展和社会与学校的互动。第二，社会本位。社会本位的课程认识到了课程对国家和社会发展的巨大作用，注重课程与外部因素的互动，强调课程的社会性价值。他们认为，课程不应该帮助学生去适应现存社会，而是要建立一种新的社会秩序和社会文化，围绕当代重大社会问题来组织课程，帮助学生更好地完成从学校到社会的过渡。但过于强调课程的社会服务功能必然会导致把学生作为工具来训练，这反而又背离了教育的根本目的。第三，学生本位。学生本位的课程认为课程应从学生兴趣、需要出发来安排课程，并把课程作为发展人的个性的基本手段，强调课程促进个体成长的价值。人本主义课程理论认为，课程的核心应该是情感（情绪、态度和价值观等）、认知（知识与技能）与学生行动的整合。但这样做的结果是常常忽视知识的学习和能力的培养。

课程价值问题是一个复杂的问题，涉及多种因素的交互作用，从每个因素、每个角度出发，都可以形成不同的价值倾向，它们在特定的条件下是合理的，但随着时代和条件的变化，课程价值取向也应该进行相应的改变和调整[2]。

(三)新课改时期小学课程目标的价值取向

20 世纪 90 年代以来，世界发生了深刻变化，主要表现为以下三个方面：网络化生存、全球经济一体化的冲击、知识经济的挑战与机遇。在这样的新背景下，当今的课程专家呼吁课程改革，呼吁对学习者给予人的尊重，即关注人这一个体，促进每一个学习者的发展，把人文精神作为课程目标价值取向的最终追求。审视我国

---

① 王本陆：《课程与教学论》，62～63 页，北京，高等教育出版社，2009。
② 刘志军：《课程价值取向的时代走向》，载《教育理论与实践》，2004(10)。

当前课程目标价值取向的变革，集中表现在"从以德、智、体全面发展教育方针的条文解释为唯一依据到多元的价值判断视角的形成"①。也就是说，当代课程价值取向是在三种课程价值取向相互融合的基础上形成的，但是融合三种课程价值取向并不是把三者合并为一元，建立一种"大一统"的课程价值体系，而是在充分尊重多元价值观念基础上的多元价值的和平共存、多元共生。其特点具体表现为：

1. 新型知识观

知识是课程研究中应该考虑的重要因素，课程目标、课程内容都与知识有着必然的联系。因此，如何认识知识的性质关系到知识在课程中的作用，也关系到课程的运作过程。

长期以来，人们把知识作为认识的产物来理解，知识一旦产生，就具有相当的确定性和相对稳定性。课程的重要任务就是向年青一代传递千百年来形成的基本文化成果和优秀文化遗产。这里的知识大都被人们认为是确定不变的真理。从 20 世纪后半期开始，人们对知识的认识有了一定的变化。如英国科学哲学家卡尔·波普尔提出的证伪主义把科学知识从绝对正确的神圣殿堂上拉了下来，使之成为一种有条件的命题。德国伽达默尔（Hans-Georg Gadamer）和美国罗蒂（R. Rorty）则从另一个角度重建了知识观，他们强调意义的诠释、理解以及通过主体之间的对话、交往生成具体的知识。

我们认为，知识有确定性的一面，也有不确定性的一面。从历史的角度看，一定知识作为人脑对客观事物的反映，具有确定的内容，这些内容经过了长期实践的检验而能够保持相对稳定，因此，知识具有确定性的一面。但也应该认识到，特定的知识总是与特定的背景条件相联系，随着条件的变化，知识的确定性也会发生相应的变化。从历史上看，任何真理都是相对的，都是人类认识长河中的一个阶段，随着社会条件的变化和人们认识的深化，这种阶段性成果也会发生相应的变化。另外，从建构主义和知识社会学的角度来看，知识很大程度上是通过认识主体与客观事物以及认识主体之间的互动形成的，知识是通过多种不同类型的社会建构得来的。因此，知识并不总是恒定的，知识的确定性与不确定性的统一，是当代知识观的重要内容。

从传统知识观向现代知识观的转变，要求课程价值观中知识理念也应做相应的调整。一方面，要把单纯的知识的识记与掌握转变为知识的建构，使学生体验到知识的形成过程。正如后现代课程学者小威廉姆·E. 多尔提出的，知识"应从断定结果存在的有效性向确定过程的重要性转化"。基于这一理解，"课程不只是传递知识的工具，也是创造和重新创造我们文化的工具"②。也只有通过学习主体之间的互动

---

① 裴娣娜：《论我国基础教育课程研究的新视域》，载《课程·教材·教法》，2005(1)。
② ［美］小威廉姆·E. 多尔：《后现代课程观》，王红宇译，186～188 页，北京，教育科学出版社，2000。

以及学习主体与知识的互动，学生才能够获得教育性经验，达到自我实现。另一方面，要变知识的传授为学习主体的发现创造。过去无论是课程的编制还是课程的实施过程，常常向学生传递这样一种信息：知识是确定无疑的，只要学到更多的知识，就能够解决更多的问题。实际上，这种做法恰恰抑制了学生对知识的进一步追求。因此，我们倡导的课程价值观应该在让学生了解知识的可变性和不确定性的基础上，培养学生的质疑问难的批判精神，鼓励学生对知识的不断探求。学生学习的过程也是一个在已有知识和经验的基础上不断发现和创造的过程，只有这样，培养出的学生才能适应迅速变化的社会，迎接知识经济的挑战。

2. 对课程社会服务观的重新理解

在当代课程价值取向中，满足社会发展的需要仍然是课程研究的一项重要原则。但现在的强调社会服务的价值取向与原来的社会本位的课程价值取向相比，也有很大的不同。课程的社会服务价值长期被理解为，从社会发展需要出发，培养适应社会需要的人才，使之能够最大限度地为社会发展服务。课程目标的确定主要依据对当前社会状况的分析，提出对学生的要求，使学生能适应当下的社会现实。课程设置则从社会效率出发，努力开发人力资源，提高经济效益。从 20 世纪 80 年代开始，受新教育社会学和批判理论的影响，批判课程论的代表人物阿普尔和吉鲁逐渐由原来的"再生产理论"转向"抵制理论"。他们认为，学校课程不仅仅只是对当前社会意识形态的再生产。由于课程也是一种文化创造过程，学生也会以不同于学校提倡的规范进行创造性活动，甚至可能反对占支配地位的知识和意识形态①。课程的抵制理论的提出，一方面提出了学校教育的相对独立性，但也从另一个侧面提出了课程对于社会发展的独特功能，即学校通过课程的影响，培养变革社会的人才。

我们认为，课程的社会服务观首先要考虑课程活动与社会活动的互动，学校课程应与社会进行不断的信息交流，课程发展应充分利用周边的社区条件，开发多方面、全方位的课程。在此基础上，课程还要应对经济全球化和知识经济的挑战，课程设置要服从服务于社会整体的发展，唯其如此，课程的社会服务功能才能得以真正的体现。同时，学校课程的服务对象主要是未来的社会，而不是昨天的社会。为此，学校课程不应成为训练适应社会的工具的课程，而应通过培养有创造意识和创新精神的人来服务社会，通过学校课程培养出能够创造未来社会的人。

3. 人文精神：课程价值取向的最终追求

如前所述，在现时代条件下，关注人、培养具有完整意义的人已经成为时代发展的共识。无论是网络社会对个性发展的要求，还是经济全球化和知识经济对高素质、全面发展的人的需要，都提出了课程如何培养人和发展人的问题。如何培养和发展人，要求当代课程价值取向必须依托深厚的文化底蕴寻求答案，我们的答案就是人文精神。所谓人文精神，是指整个人类文化所体现的最根本的精神，是指向人

---

① 张华：《课程流派研究》，322～326 页，济南，山东教育出版社，2000。

的主体生命层面的终极关怀。它是以追求真、善、美等崇高的价值理想为核心，以人的自由和全面发展为终极目的①。

以人文精神为归宿的课程价值取向体现了人的存在价值对课程价值的要求。人的存在价值作为价值体系中的一种元价值，它是其他一切价值形式的基础和依据。课程价值作为价值体系中的一个分支，也必然受人的存在价值的制约。人文精神作为指向主体生命层面的终极关怀，充分体现了人的存在价值中对人的尊严、自由和权利的确认。因此，强调人文精神的课程价值取向凸显了人的存在价值的价值追求。

以人文精神为目的的课程价值取向体现了"以人为本"的现代发展观的基调。当代课程价值取向是在对当代社会特点分析的基础上形成的，网络社会、经济全球化和知识经济都从不同角度对人的发展提出了要求。这一要求归结为一点，就是"以人为本"。"以人为本"不仅成为当代经济发展的基石，而且还是社会可持续发展的基点。当代社会不只强调经济进步，还提出了"可持续发展"的战略，即在经济发展的同时，还要保持人与社会的同步发展、人与自然的协调发展。当代课程价值取向正确地反映了这一时代要求。

把人文精神作为课程价值取向的最终追求与原来的人本位的课程价值取向也有很大的不同。人本位的课程价值取向主要在课程中强调学生兴趣和需要的满足，以及人的自我实现的达成，有较强的个人倾向。人文精神虽然也包括人本位课程价值取向中对学生内在需要的关注，但它有着更深层次的文化内涵。它虽也强调发展人的个性，但却是以弘扬整个人类文化为基础的。也就是说，这种课程价值取向既要考虑人作为主体面对自然世界的价值，又要考虑人在社会生活中的交往价值。同时，人文精神的丰富内涵不仅包括通常意义上的人本主义和人文主义所倡导的人类价值，而且包括科学文化中内蕴的科学精神。也可以说，我们所谈的人文精神的定位是融合了科学精神在内的人文精神。以这种人文精神为价值追求的当代课程价值取向真正扬弃了单纯的知识本位、社会本位和人本位三种课程价值取向的缺陷，吸取了其合理的内核，成为我们新时代的课程价值取向。②

三、小学课程目标的制定

(一)确定课程目标的依据

课程目标的制定要考虑各方面的依据，一般而言，课程目标的依据主要有三个方面：学习者的需要、当代社会生活的需求和学科的发展。

(1)学习者的需要。课程的价值在于促进学习者的身心发展，因此，学习者需要的是确定课程目标的基本依据。学习是人的内在修为的提升。在制定课程目标的过程中，我们既要关注社会对人才的需求，也要关注个人自己的需要，这个需要不仅

---

① 孟建伟：《论科学的人文价值》，259 页，北京，中国社会科学出版社，2000。
② 刘志军：《课程价值取向的时代走向》，载《教育理论与实践》，2004(10)。

包括人们为了适应社会生存而应具备的外在需求，也包括了因个性发展和兴趣爱好而产生的内在需求，是培养完整的人、促进儿童全面发展的需要。

(2)当代社会生活的需求。学校课程要反映社会政治、经济、文化发展的要求，为统治阶级的发展培养人才，因此，当代社会生活的需求是课程目标制定的另一重要依据。从空间上讲，它指学生生活的社区、民族、国家乃至整个人类的需求；从时间上讲，它既指当前现实的社会生活需求，也指未来发展的需要。

为了体现这一目标，我们可以围绕民主性原则、民族性的国际性相统一和教育先行原则三个原则来制定。第一，民主性原则。当前已进入"大众主义"时代，课程目标应该体现民主与公平的原则。第二，民族性与国际性相统一。国际化的社会趋势要求课程目标既要具有国际视野，又要坚持民族传统的个性特色，把本社区、本民族、本国家的需求与整个人类的需求统一起来。第三，教育先行原则。教育不能被动地适应社会生活的要求，应超越当前的社会现实，走在社会发展的前面。[①]

(3)学科的发展。学校以传授知识为第一要务，而学科是知识最主要的载体。由于各学科专家对该领域的基本要领、逻辑结构、探究方式、发展趋势以及该学科的一般功能及其与相关学科的联系更为熟悉。因此，学科专家的建议是课程标准制定的一个主要依据，事实上，大多数课程的教科书通常就是由学科专家编写的。[②]

学生、社会、学科三个因素是相互作用的，所以我们在制定课程目标的过程中必须综合三者来考虑，过于强调任一因素都会导致极端主义的出现。

(二)确定课程目标的基本环节

(1)确定课程目标的基本价值。社会文化体系中的价值系统，统整了目标界定的各个环节。教师、学生、家长、专家、行政人员都应该表达他们的理想、价值和信念。在确立基本价值、理想和信念的同时，要考虑知识的发展、社会和学生的需求以及法律的规定。

(2)陈述教育宗旨。课程目标是教育宗旨的下位概念，它将国家和社会对人才的要求浓缩在了课程教学中。绝大多数的教育宗旨都是强调培养全面发展的个人，然而个人的全面发展也同样促进了社会的进步。为了陈述教育宗旨，课程的设计和开发必须关注两个问题：第一，这个社会最根本的理想是什么；第二，教育机构在教导人们生活于现在与未来社会方面具有何种责任和功能。

(3)陈述一般目的。课程目标的表述中，总目标的陈述不仅包括教育宗旨，也包括了指导课程设置的教育的一般目的。

(4)确认课程领域。课程领域指一组有计划的学习机会。它是发展各种学习机会的基础。例如学科、科目、活动、独立学习经验、非正式的学校方案及社区经验等。实际上就是确定学校课程所涉及的学科的种类和范围。

---

① 王本陆：《课程与教学论》，66页，北京，高等教育出版社，2009。
② 孙俊三、雷小波：《教育原理》，167页，长沙，湖南教育出版社，2007。

（5）界定次层目的。次层目的是课程设计的基本因素，必须与一般目的保持一致，但比一般目的更加具体详细。根据这个可以设计学生所需的学习机会和学习内容。一般目的包含了两种次层目的：一是有待发展的个人特质；二是有待学习的行为表现。

（6）界定教学目标。列出教学方案的目标，是建立学校教育目的和目标的最后步骤。教学目标是学校提供的一个或一组学习机会希望达成的结果。教学目标是由次层目的衍生而来，有助于一般目的的实现。[①]

（三）课程目标表述方面的误区

正因为课程目标叙写的重要性，许多学者分析了一般书写方式中容易存在的问题和走入的误区，期待能够在以后的表述中加以改正。

误区一：把课程目标当作教学目标来书写。例如，示范应用题的解法；传授五言绝句的写作方式；增进学生的阅读能力；示范光合作用仪器的装置方法。

以上的目标均指出了教师教学时应该做的事情，但是并没有指出课程开设的真正目的，即学生通过学习这门课程以后的行为改变。教师的教学行为并不是课程设置所欲达成的结果，因此不应该当作目标来书写。以"增进学生的阅读能力"这一条为例，如果我们修改为"能阅读日常的书报杂志，能初步鉴赏文学作品，丰富自己的精神世界。能借助工具书阅读浅易文言文"。这样才符合课程目标的表述。

误区二：只列出了教材的大纲、主题、原则或概念。例如，教科版小学四年级下册《食物中的营养》包含下列目标：①营养与食物。②食物中的营养素。③均衡的膳食。④食品的选购。⑤消化与饮食习惯。

上述的叙述，指出学生必须学习的内容，但是，却未显示学生应该做什么。例如"食物中的营养素"主题中，学生究竟只要记忆营养价值很高的食物呢，还是要能够比较各种食物的营养价值呢，或是要能实际分析食物所包含的营养素呢？因此，以教材内容叙写目标，难以进一步引导课程设计工作。

误区三：只指出理想的学生行为，忽略行为所应用的生活领域或内容。例如，发展批判性思考的能力；发展优良的社会态度；养成广泛的兴趣；发展解决问题的能力。

这种方式叙写目标固然指出教育的功能在于引发学生某种行为的改变，但是未提及该种行为改变适用的生活领域或内容，仍然不够完美。例如"养成广泛的兴趣"这一目标过于笼统，我们可以在不同科目中有不同的体现，2011 版《科学课程标准》中 3～6 年级有表述为"保持与发展想要了解世界、喜欢尝试新的经验、乐于探究与发现周围事物奥秘的欲望"。而《语文课程标准》中则有"培育热爱祖国语言文字的情感，增强学习语文的自信心"等表述。

我们在以后的课程目标制定中应该尽量避免走入以上误区，以使得课程目标能够真正起到指导课程设计和教学的作用。

---

① 黄政杰：《课程设计》，228～233 页，台北，东华书局，1994。

第二节 小学课程内容

课程内容是课程中非常重要的问题,课程的设计、课程的目的、课程的评价及课程的实施,都可以理解为围绕着课程内容的安排及其结果展开的。课程设计是关于内容的组织安排,课程目的是决定内容的依据,课程评价是判断内容产生的结果,课程实施是内容的逐步实现。因此,对于课程内容的讨论可以基本包括在上述范畴之内。

一、课程内容的内涵

课程内容是指各门学科中特定的事实、观点、原理和问题,以及处理它们的方式,它是在一定教育价值观及相应的课程与教学目标指导下,对学科知识、社会生活经验或学习者经验中的有关知识经验的概念、原理、技能、方法、价值观等的选择和组织而构成的体系。课程内容以课程目标为出发点,包括三个维度的构成要素:学科知识、社会生活经验、活动。课程内容的基本性质是知识,它具有直接经验和间接经验两种形态。由于课程性质不同,有些课程以直接经验为主,比如说新课程改革后增加的小学综合实践活动类课程;间接经验即理论化、系统化的书本知识,它包含在各种形式的科学中。[1]

从对课程内容的界定中我们可以看出课程目标对课程内容具有方向指导作用。也就是说课程目标一旦有了明确的表述,就在一定程度上为课程内容的选择和组织提供了一个基本的方向。而课程内容是课程目标的最直接的体现,是实现课程目标的手段,直接指向"应该教什么"的问题。

课程内容、教材内容和教学内容三者之间有着必然的联系,但又有所区别。在课程研究中,课程内容、教材内容、教学内容隶属不同的研究层面,分别有各自的研究范围和内容。但传统上人们比较关注教材这一具体的课程材料,误以为教材内容就是课程内容、教学内容。教师理念上的混乱导致实践上的盲目,这是教师"教教材"这一现象的根源所在。为了改变目前这种混乱的现象,我们要明了课程内容、教材内容、教学内容之间的区别。

课程内容一般指特定课程中学生需要学习的事实、概念、原理、技能、策略、方法、态度及价值观念等。课程内容往往以课程标准的形式规定下来,具有法定的地位,因而是相对稳定、不能轻易改变的。课程内容标准主要是对学生在经过某一阶段之后的学习结果的行为描述,而不是对教学内容的具体规定,它不仅包括"知识与技能"领域,还包括"过程与方法""情感态度与价值观"领域。课程标准解决的是

---

① 钟启泉:《课程与教学概论》,70 页,上海,华东师范大学出版社,2004。

"教什么"的问题，而"如何教"的问题则是教材层面和教学层面。"如何教"不仅包括"用什么素材教"，也包括"用什么方法去教"。教材内容实际上说的就是"用什么教"的问题，它包括一切有效的传递、体现课程内容和承载课程价值的文字与非文字材料。教材内容是师生教学活动的中介。

教学内容就是教师在教学过程中根据具体的教学目标和教学情境对教材内容进行方法化处理，形成具体有效的教学设计。也就是说，教材内容进入教师的教学过程，经由教师的加工处理和"教学化"过程转变成为教学内容。

课程内容与教学内容的区别就在于：第一，课程内容规定的是学科某一阶段共同的统一的标准或要求；教学内容则是教师应对具体教学情境的，是具体的、个别的，并存在差异的。第二，课程内容是一种抽象的存在，不能作为学生直接掌握的对象，教学内容是具体、生动并动态变化的，是教师和学生直接操作的对象。第三，课程内容以书面的文字材料进行表述；教学内容则是可以通过多种多样的文字和非文字手段进行表征，不仅包括形式各异的素材内容，也包括一些活动、方法、观念、实践操作等。

二、课程内容的取向

关注课程就是要关注与课程相关的三个基本要素：基础知识、学习者、社会因素。对这不同方面的侧重构成了课程内容的三个取向。

(一)课程内容即教材

课程内容在传统上历来都是作为要学生习得的知识来对待的，重点放在向学生传递知识这一基点上，而知识的传递是以教材为依据的。所以，课程内容被理所当然地认为是上课所用的教材。这是一种以学科为中心的教育目的观的体现。教材取向以知识体系为基点，认为课程内容就是学生要学习的知识，而知识的载体就是教材。这种观点的代表就是夸美纽斯。夸美纽斯从其"把一切事物教给一切人"的泛智教育论出发，提出百科全书式课程的观点。这种把重点放在教材上的课程内容优点在于：第一，考虑到各门学科知识的逻辑性、系统性；第二，在教材取向中，教师与学生有明确的教学内容，容易把握和评价，从而使课程教学工作有据可依。它的不足在于：对学科系统性的强调导致对新知识的排斥和对学生要求的忽视；把课程内容定义为教材，就会顺理成章地把课程内容看作是事先规定好了的东西。这意味着学科专家最清楚教师应该教些什么、学生应该学些什么，忽略了学生自身发展的需要。

(二)课程内容即学习活动

这种观点的主要代表人物是杜威。他将课程内容看作学习活动，认为"课程的最大流弊是与儿童生活不相沟通，学科科目相互联系的中心点不是科学，而是儿童本身的社会活动"。博比特、查特斯(W. W. Charters)和塔巴(H. Taba)等人认为课程应该对当代社会的需要做出反应，通过研究成人的活动，识别各种社会需要，把它们转化成课程目标，再进一步把这些目标转化成学生的学习活动。这就是著名的活动分析法。活动分析法被认为是一种有效的、科学的课程编制技术。

这种取向的优点是：主张学生通过参与活动习得知识，要求课程与社会活动密切联系，这样学习才有意义，才能激发学生的兴趣，是一种探究式的教学。它的缺点是：第一，课程内容的活动取向，往往注重学生外显的活动，而无法看到学生是如何同化课程内容的，无法看到学生的经验是如何发生的；第二，由于对系统学科知识的鄙视，造成了仅关注外显的活动，就不会深层次地研究学习，活动容易流于形式，从而导致教学质量的下降。

(三)课程内容即学习经验

在泰勒看来，课程内容即学习经验，而学习经验是指学生与外部环境的相互作用。他认为，学习是通过学生的主动行为而发生的；学生的学习取决于他自己做了些什么，而不是教师呈现了什么内容或要求做些什么。由此他推断出：教育的基本手段是提供学习经验，而不是向学生展示各种事物。这种取向的优点是：首先，强调学生是一个主动参与者，认为学生是学习活动的主体，学习的质量决定于学生而不是课程；其次，强调学生与外部环境的互相作用。教师的职责是要构建适合学生能力与兴趣的各种情境，以便为每个学生提供有意义的经验。把课程内容视为学生的学习经验，是一种建构主义的观点，他们认为学生是否真正理解课程内容，取决于学生的心理建构，取决于学生已有的认知结构的情感特征对课程内容是否起着支配作用，知识只能是"学"会的，而不是"教"会的。把课程内容视为学习经验的缺点是：加剧了内容选择的难度。因为学生的心理体验，只有他自己了解，教育者没法了解学生的心理是如何受特定环境影响的。这样就导致学校课程总是以学生为主导，受学生的支配。实践也证明，过于强调以学习者为中心，对教育质量提高并没有太大益处。

三种课程内容取向实际上是不可分离的。学科知识和当代社会生活必须转化为学习者的经验，才能成为相应的课程内容，同时，离开了学科知识和社会经验，学习者的经验也就没有意义了。

三、课程内容的选择

课程内容的选择是课程设计过程中非常重要的一个环节，涉及对知识价值的判断和筛选。早在 19 世纪 50 年代，英国实证主义哲学家、教育家斯宾塞就曾发表过一篇名为《什么知识最有价值》的文章，该文以锋利的笔调，尖锐地批评了英国的传统教育，论述了科学知识的价值及其在学校教育中的重要性。而在美国课程专家泰勒的眼里则认为课程内容的选择应包含两个部分：一是知识；二是学习经验。

谈到课程内容的选择，首先需要确定的是哪些内容可以进入课程。有观点认为，内容意指文化，包含社会进展所累积的生活方式；有观点认为，内容意指知识，是学术发展的结果，包含了事实、概念、原理、原则、理论、方法；还有观点认为，课程内容应该被纳入行为模式、技能、态度、价值观念、精神、气质等。根据课程内容均衡的原则，我们应采取最广泛的定义，即课程内容应该包括人类各个层面发展所需要的文化、知识、行为、态度、价值等项目。

内容选择有许多层次，它可以用以指称学习领域的选择，例如人文、社会、自然等大领域，或数学、历史、地理、物理、化学、生物等小领域。它也可用指各领域内学习主题的选择，例如单元、章节或课，甚至于更低的层次，例如各学习主题内的事实、原理、原则、规范等。

内容选择的标准很多，我们主要从以下几个方面来进行考虑。

1. 根据课程目标选择内容

在课程设计的过程中经常会发生目标的偏离，这种现象在内容的选择上尤为突出。例如，课程目标虽然包含了认知、技能和情意三大领域，但是许多教育工作者往往只注重知识领域的有关内容，甚至仅仅关注零碎、片段的事实而忽视了更重要的概念、原理和原则等。课程内容的选择必须要依照课程目标，即有什么样的目标就有什么样的内容，目标和内容要保持一致，这样整个课程才会趋于完整。

2. 根据范围来选择课程内容

范围是内容选择极为重要的标准，范围如果不确定，则根本无法完成内容的选定，许多课程工作者常采取想当然的方式来界定范围，未加深究和反省，因此课程内容经常会发生重复或者是缺失，使得学习效果大打折扣。美国著名课程论专家塔巴曾从深度和广度两个角度探讨过范围的问题。深度和广度看来是互相矛盾的概念，加大深度，便减少了广度；增加了广度，又降低了深度；我们无法让课程的内容既有深度又涉猎面广，因为学习的时间是固定的。但塔巴认为，深度与广度之所以成为相互矛盾的概念，使得课程设计者无法兼顾，是因为我们把内容视为事实的堆积，把深度视为堆积范围的延伸。她认为，如果采取另一种观点，则深度和广度便可以兼顾。塔巴的观点是：深度是对某些基本概念、原则或观念及其应用能充分且清楚地理解。要达到此种理解的深度，需要充分地探讨这些观念，详尽到完全了解其意义，找出观念间的关系，应用于新的问题和情境。例如一开始，可学习光的概念至足够的深度，不必学习所有光的现象。一旦理解光波理论的功用，对于声音的学习，便不必采取同样的做法。

由此观点可见，课程工作者如果能够选择应用性和迁移力最大的概念，设计足够时间去学习，使学生充分理解，则某些概念的深入学习能够使其他重要概念的学习变得简化，因而可以在固定时间内保证课程的内容兼顾广度和深度。

3. 根据重要性来选择内容

在知识爆炸的时代里，不可能所有的知识都进入课程。即使在古代，课程设计者也不能将当时所知的一切全部纳入课程当中，因此，知识、文化和价值都要经过筛选才可能成为课程内容一部分，重要性便是筛选的标准之一。

什么样的内容才是重要的呢？我们可以从以下三个方面来衡量知识的重要性：其一，它应该是知识和文化中最基本的成分。最基本的成分也就是最核心的成分，缺少了这一成分，知识就不能称为知识，文化也不能称为文化，课程内容丧失了本质，学习也就没有意义了。其二，它应该是应用性和迁移力最大的成分。应用性和迁移力最大的成分可以促使学习变得更省心，同时内容间的关系也易于阐明，可以提高学习效率。其三，它应该是属于探究方法和探究精神的成分。探究方法和探究精神是知识文化进步的基石，有了它，事实、概念、原理、原则的发现和建立才成为可能。

4. 根据正确性来选择内容

知识的正确性从三个方面来阐明：第一，课程内容的选择必须避免错误的事实、概念、原则、方法等，这是正确性标准的最基本层面。第二，课程内容必须反映最新的知识体系，陈旧的内容应该排除在课程之外，只有这样才能缩短尖端科学和学校课程之间的差距。所谓陈旧，可指陈旧的事实、陈旧的概念，也可指陈旧的理论和探究方法，陈旧的内容不见得是错误的，而是已经无法适应研究和实际操作的知识。这一层面对于自然及应用科学尤为重要。第三，正确性标准的第三个层面相对比较复杂，人类知识、文化、价值、理想，有许多不是单纯的对或者是错，在这样的情况下，课程选择就必须采取多元的标准，将不同的现象呈现出来。采取单一的标准或观点，隐藏其他不同的标准和观点都是独断的。

5. 根据难度来选择内容

课程组织必须依据内容的难度，使学习者能够循序渐进地参与学习，而课程的选择也必须考虑这一点，以排除难度不适合的内容。所谓难度，可由知识和文化本身的逻辑结构来看。例如，小学数学课程里面的加减法比乘除法要简单，而且是乘除法的基础，所以对于刚刚接触数学的孩子来讲，应先学加减法，再接触乘除法，如果反过来学习，则违背了难度选择的标准。这个难度是针对一般现象而言的，如果遇到特殊情况，则要具体问题具体分析。

6. 根据实用性来选择内容

实用的标准是指课程内容在实际生活中能够有用。人类的知识和文化，常常和社会现实密不可分，我们可以说，知识和文化是源于社会而又融入社会的，但社会变迁以后，某些抽象化的知识和文化就逐渐脱离了社会现实。例如，在语言的学习上，拉丁文在早期的美国社会是有用的，人们用它来进行交流，那么，在这一时期，学校教授拉丁文是有意义的；后来拉丁文在社会上失去了用途，学校仍然继续教授拉丁文，这就不符合实用原则。再如，我国小学的汉字教学是语文教学的一个重要组成部分，但我们不可能在课堂上把所有的汉字都学习一遍，在这样的情况下，我们就要选择那些在日常生活和交流中运用频率高的汉字来教授。

实用性标准在内容的选择上作用非常大，说服力也很强，其中有几个方面需要引起我们的注意：第一，日常生活中出现多的，不见得完全重要，出现少的，也不见得没有用；第二，日常生活不见得是最理想的生活，内容选择如果只以实用性为唯一标准，得到的结果也许是维护了所谓的日常生活，而对社会的发展并没有起到很大的作用；第三，实用性有即时和长远之分，但很多人往往只看到了眼前的实用性而忽略了长远发展上的需要。

由此可见，实用性的标准必须与其他标准配合使用，而且在提到实用性时，必须要了解是对眼前有用还是对长远发展有用，是对维持社会现状有用还是对改造社会有用。

7. 根据"缺失"来选择内容

1979年，美国美学教育家、课程论专家艾斯纳在《教育想象——学校课程的设计与评鉴》(*The Educational Imagination—On the Design and Evaluation of School Program*)一书中首次提出"空无课程"(Null Curriculum)的概念。他认为既往的课程研究只关注显在课程和潜在课程，即学校的实有课程，但仅有这些是不够的。在课程开发过程中，研究者和设计者应考虑学生心智发展的协调性与课程领域的全面性。以此作为标准来审视学校中的课程就可以发现，在实有课程之外还存在着一个空缺的领域，这个领域中有些是应该有并必须重视的，是不应该空无的，这个领域即是艾斯纳所说的"空无课程"。用艾斯纳的话说，如果我们关心学校教育计划的结果并且关心课程在实现这种结果时的作用，那么我们除了要考虑教什么以外，也要考虑学校不教什么。在艾斯纳看来，教什么和不教什么，对这两个问题的研究同等重要，它是从由空缺而未规划的角度去检讨，充实既有课程①。

因此，课程的选择要基于学生需求的评估，参考他们的能力、兴趣、需要来选择内容，把学生的全面发展放在首位，使学校课程能够为学生提供全面发展和终身发展所需要的知识。

8. 课程内容必须具有适度弹性

课程如果能够依照一般均衡的原理去设计，学生的学习与发展就不至于产生偏差，但这只是就一般而言，每个学生根据他们的个性差异都会有特殊的需要，课程设计必须符合这一需要才能使个人的学习获得均衡。要符合个人的特殊需求，就必须给学生选择的权利，所以在课程设计的时候，既要有基本的必要的知识，也要提供给学生变通内容的空间，这就是所谓的弹性课程。但课程的弹性不能完全借由内容的选择来达成，还应该从课程目标和教学活动着手。

---

① Elliot W. Eisner，*The Educational Imagination：On the Design and Evaluation of School Program* (third edition)，Stanford University，1979，pp. 97-107.

9. 根据资源和时间选择内容

课程设计有时候需要根据资源情况来选择内容。例如，小学科学课程中学习树木的知识，当选择所要纳入的树木种类时，要考虑这些种类的树木是不是普遍存在于各个地方，当然，这并不一定构成排除该树种的条件，如果这种树的确很重要，也可以借用实物之外的媒介来学习，但如果这个树种是可有可无的，那么资源的存在与否在课程内容的选择中就显得很重要了。

时间是选择内容的另一标准。有多少时间便学多少内容，在有限时间内勉强要求学生学习过多的知识也许会适得其反，因此，课程内容的选择必须善用时间：第一，先了解可用时间的总数；第二，预留复习、测验、放假的时间；第三，区分基本内容和可选择的内容，尽量把可选择内容的学习时间加长；第四，配合学习活动选择学习内容。在时间问题上还要考虑一个因素，就是活动的性质，根据教学活动的性质来确定内容的分配和比重。①

四、课程内容的组织原则

课程内容组织原则是指对学科课程、经验课程、分科课程、综合课程、显性课程、隐性课程等所包含的事实、观点、原理、问题、个体的兴趣、情感、经验及学习环境中的非预期性的和非计划性的知识、价值观念、规范、态度等进行组织的规范和准则，并且课程内容组织原则是开放的、变化的，不是封闭的、僵死的，是需要在实践中予以更新和补充的。

(一)宏观角度

1. 目的性原则

所谓目的性原则是指对课程内容的组织要在一定的目的指引下进行。例如，对校园文化这样的隐性课程内容进行组织时，如果在一段时期内其目的是要提高学生的基本道德行为素养，那么就会在校园内布置许多诸如"请随手关门""请勿随地吐痰""节约用水"等标语以及与文明行为规范相关的板报等内容；但在另一段时期内如果其目的侧重培养学生的动手创造能力，那么在校园内就会有许多像飞机、宇宙飞船、机器人等的模型，还会有许多音乐、舞蹈、绘画等活动以及一些鼓励创作的标语、条幅、板报等，整个学校洋溢着创造的文化氛围，而讲文明礼貌的内容就降到了次要地位。因此，目的不同，对课程内容组织时其顺序、内容比重就会不同。那么在对课程内容组织时应以什么为目的呢？首先是教育目的，因为所有教育活动都以此为指向，所以课程内容组织也不例外。其次是学校培养目标。不同类型、不同层次的学校，其培养目标是不同的，这也要求课程内容组织要循此目标。最后是课程目标。在组织课程内容时，还要以课程目标为依据。若是指向行为目标，则重点放在基本知识和基本技能的组织上；若是指向展开性目的，则要突出解决问题方面

① 黄政杰：《课程设计》，259～273页，台北，东华书局，1994。

的内容；若要指向表现性目标，则要注重创造力培养方面的内容。

2. 弹性原则

所谓弹性原则是指在对课程内容进行组织时，既要有统一性，又要有灵活多变性。统一是指指导思想的统一，是以教育目的、学校培养目标和课程目标为归宿的统一。在统一的前提下，还要机动灵活。这样才能做到统而不死，活而不乱。所谓灵活多变性，是针对地方课程和校本课程的内容组织而言的。在参照国家课程的前提下，又能根据当地的历史、文化、风俗、思维方式、价值观念、心理特点及学校的类别、层次、培养目标、学生的年龄特征等进行课程内容组织。这样既可避免"一刀切"，又能做到因地制宜，尤其是对活动课程、经验课程、生活课程和隐性课程的内容进行组织时更要注意这一点。

3. 关联性原则

所谓关联性原则是指在对各级各类学校的课程内容进行组织时应当彼此衔接、互相沟通。所谓衔接是指各级学校的课程内容要衔接。如小学课程内容要同初中课程内容衔接，初中课程内容要同高中课程内容衔接，既不重叠又不缺漏。例如小学学过"认识三角形"，通过观察、操作，了解了三角形两边之和大于第三边、三角形内角和是 $180°$ 等基础知识，初中就不能再学，而是在小学对三角形的认识的基础上学习勾股定理等知识，这是对知识的拓展和延伸；如果小学阶段没有学过三角形的任何知识而是在初中阶段直接学习勾股定理就属于知识的缺漏。此外，初中一年级的课程提前到小学六年级来学，这也违反了衔接原则。所谓沟通是指各类学校的课程要一贯。既要突出各类学校的特点，又要注意到它们是属于同一层次上的内容。简单地说，就是课程内容的编制要符合知识的逻辑体系、符合学生的身心发展特征，是相互联系、相互衔接的内容。[1]

(二)微观角度

泰勒提出了课程内容组织的三原则，即连续性原则、顺序性原则和整合性原则，影响深远。目前的课程内容组织原则大都是在此基础上发展起来的。但在现实的课程实践中，常遇到极难调适的矛盾。

首先是连续性原则。又称螺旋式或圆周式、循环式原则。是指将选出的课程要素在不同的学习阶段予以重复，以便学生复习和巩固，但同时会逐渐扩大范围和加深程度。这一原则照顾到了学生的认识特点，加深了对课程内容的理解。但其缺点是过多地重复同一内容会使学生感到厌倦，失去学习的兴趣。因此它受到了直线式原则的反对，认为应把一门课程的内容组织成一条在逻辑上前后联系的直线，前后内容基本上不重复，既可以节省时间，又因为学生面对新的学习内容，有新鲜感和好奇心，从而保持极高的学习兴趣。

其次是顺序性原则。又称纵向组织原则，意指将选出的课程要素按逻辑顺序和

---

① 冯国锋：《课程内容组织原则浅谈》，载《新疆石油教育学院学报》，2004(2)。

心理顺序由浅入深、由简到繁组织起来。强调学习要从已知到未知、从具体到抽象，这符合人类认识的规律，也符合知识的逻辑，学生的心理发展也依此规律展开。但根据维果茨基的"最近发展区"理论和赞可夫的高难度教学原则，以及达维多夫的"智力加速器"计划，学生的学习有时也可以从未知到已知、从抽象到具体、由深到浅的顺序进行。因为适当难度的课程内容可激起学生的求知欲、学习兴趣和挑战感，但其难度要适宜。因此对课程内容的组织在遵循由浅入深、由简单到复杂、由易到难、由具体到抽象总的顺序的情况下，在组织局部的课程内容时，根据知识的特点和学生的心理特征，也可由抽象到具体，深入浅出。

再次是整合性原则。也可称水平组织原则或横向组织原则，即打破学科之间的界限和传统的知识体系，找出各种课程内容之间的内在联系，求同存异，整合为一个有机的课程整体，以使学生获得一个统一的观点，使自己的行为与所学课程内容统合在一起，并有机会探索个人和社会最关心的问题。它强调要以各门课程的独立性为前提对课程内容进行组织。

最后是逻辑顺序和心理顺序的原则。它是蕴含在顺序性原则中的，在此我们把它明确提取出来作为课程内容组织的一个主要的基本原则。逻辑顺序是指按照知识本身的系统和内在联系来组织课程内容；心理顺序是指根据学生的认知发展规律来组织课程内容。

上述四原则，基本上适合所有课程内容的组织，但在现实中大都运用到对学科内容的组织，而对一些活动课程、经验课程、生活课程及隐性课程内容的组织却很少开发①。

总之，对课程内容组织的原则，既要注意到其稳定性的一面，应当遵循，又要看到其灵活多变的一面，不能固守僵死的原则；同时还要看到其开放的一面，要充分挖掘、不断丰富其内容，以求对课程内容进行多角度、多层面的组织。课程内容既要符合知识的逻辑形式，更要有利于学生主体性、能动性、创造性的发挥和学生的兴趣、个性、人格的养成和完善。

五、新课程改革背景下小学课程内容的特征

我国《基础教育课程改革纲要(试行)》明确提出，小学阶段以综合课程为主。小学低年级开设品德和生活、语文、数学、体育、艺术(或音乐、美术)等课程；小学中高年级开设品德与社会、语文、数学、科学、外语、综合实践活动、体育、艺术(或音乐、美术)等课程。

第一，强调课程内容的德育功能。它从三个途径来体现：一是德育课程的开设。例如在小学开设了品德与生活、品德与社会；二是各门学科课程对于德育目标的体现，除了影响课程实施外，这种取向对课程内容的选择也发挥了一定的导向作用，

---

① 冯国锋：《课程内容组织原则浅谈》，载《新疆石油教育学院学报》，2004(2)。

并且这种作用并不局限于人文学科，数学、科学等自然学科也受到影响；三是通过活动课程实现德育功能，主要包括晨会（夕会）、班队活动、社会实践活动等。从1953 年开始设置进行集体教育的朝会和周会被一直沿袭下来，成为我国小学教育重要的德育课堂。

循着课程发展的线索，德育一直是我国基础教育的一个核心词，其最初主要指思想政治教育，而后内涵逐渐扩大，现已涵盖了思想政治教育、道德品质教育、公民素养教育和心理健康教育等丰富的内容。

第二，注重课程内容的基础性。从课程门类来说，从新中国最初借鉴苏联经验确立课程体系开始，小学课程的学科设置就比较齐全。从我国基础教育德、智、体、美、劳全面发展的培养目标来说，我国课程涵盖了各个方面的发展目标，为学生发展所提供的基础无疑是比较全面的。

从学科课程本身的角度来说，小学教育阶段提供的课程内容都是本学科知识体系中学生升学、就业、生活必须掌握的部分，是在某一专业领域进行更深入学习必须掌握的部分。在制定各学科教学大纲、选择教学内容的时候，这是着重考虑的一个因素。在教学层面上，基础知识的掌握、基本技能和能力的培养都是被反复强调的。

第三，课程内容在稳定中求发展。我国小学教育课程内容的另一特征是稳定，并在保持相对稳定的基础上有所发展。一方面与教育的基础性密切相连，另一方面也与我国国情相适应。虽然我国基础教育经历了八次课程改革，但整体的课程结构是稳定的，仍以分科课程为主，必修课程占绝对优势，具体课程的设置也是相对稳定的，各门课程的主要结构和主要内容也是稳定的。

我国课程内容在保持基本框架相对稳定的同时也有所发展，除了细节上的进步与完善外，时代的进步也推动了课程内容体系的发展，影响了学科和活动课程的设置、学科内容的修订等。正是在相对稳定的大环境中种种细微的变化和进步，课程内容体系得以日趋科学和完善。

第四，讲究课程内容的系统性。我国小学教育课程内容的系统性主要是针对各学科内部体系而言的，指各学科课程内容内部结构的完整与系统。小学课程内容的设计需要考虑学生的发展阶段、接受能力，而在选择和安排学科课程内容的时候，不管我们是按"直线式"结构还是"螺旋式"结构组织，学科本身的逻辑顺序都是需要考虑的另一个非常重要的因素，尤其是数学、科学等学科。学科课程内部结构的系统性不仅仅局限于某一教育阶段，它同时也强调学科知识在小学各个教育阶段的连贯。

以系统的学科知识逻辑为主组织课程内容的优点在于能保证课程内容的系统与完整，缺点在于学科之间相互独立，缺乏沟通，不同学科课程内容有重复，不利于对现实生活中很多真实问题的理解与解决，因为这种真实问题的解决往往依赖于多学科、多领域知识、技能和方法的综合运用。

第五，关注课程内容的统一性。由于我国一直实行中央集权的课程管理体制，课程内容呈现出大一统的局面，不同省市、不同地区、不同民族，小学开设的课程门类及各门课程的教学大纲几乎没有区别，使用的教材版本也很有限。在学校课程内容的组成中，国家规定的、统一的内容在地位和比例上都占了绝对优势。从基础教育的性质而言，从国家的公民教育需要而言，课程内容在一定程度上的统一是有必要的，而统一的学校课程内容也有利于进行管理和评价，从而保证教育的一般质量。在我国这样一个疆域辽阔、民族众多的国家，在国家小学教育起点低、起步晚、经济基础薄弱、国民科学文化素质普遍偏低的情况下，要迅速普及文化科学知识，提高国民科学文化素养，使不同地区，尤其是经济不发达地区的儿童受教育的权利不过多受地方经济的影响，不因地方的落后而被隔离于先进的文化，国家集中优势力量确立的课程和教材是重要的文本保证。因此，从某种程度上而言，高度统一的课程内容体系在低成本的条件下，对我国新中国成立以后小学教育的发展仍然是有贡献的。

总之，在新中国成立以来，适应不同历史阶段的国情和社会需求，我国具有特色的小学教育课程内容体系得以建立起来。时代是前进的，21 世纪为中国的基础教育提供了崭新的发展空间。[①]

复习与思考

1. 试分析课程目标与教育目的、培养目标和教学目标的关系。

2. 尝试对本章中课程目标表述方面的误区所举例子进行修改。

3. 根据你的学习经验谈谈你对基础教育新课程目标的认识。

4. 就"什么样的知识能够进入课程"谈谈你的看法。

5. 选择一本目前正在使用的小学新课程标准实验教科书，试分析该教科书是怎样进行内容的选择和编排的。

拓展阅读

1. ［美］雷夫·艾斯奎斯. 第56号教室的奇迹：让孩子变成爱学习的天使［M］. 卞娜娜，译. 北京：中国城市出版社，2013.

2. ［美］雷夫·艾斯奎斯. 第56号教室的奇迹2：点燃孩子的热情［M］. 朱衣，译. 北京：中国城市出版社，2013.

3. 和学新. 课程改革：新世纪的国际视野［M］. 北京：中国社会科学出版社，2018.

---

① 许云昭、石鸥：《超越差距——中美基础教育课程比较》，210～220 页，长沙，湖南教育出版社，2006。

第三章　小学课程类型与课程结构

【本章要点】▶

- 了解课程的基本分类，较深入地认识几种主要的课程类型
- 了解几种层面的课程结构
- 掌握新课程背景下小学课程结构的基本特征

第一节　小学课程类型

小学课程类型是课程类型的下位概念。我们经常听到学科课程、活动课程、分科课程、综合课程、选修课程、必修课程、显性课程、隐性课程等各种课程名称，这些课程名称之间有的是矛盾关系（如学科课程与活动课程），有的是交叉关系（如学科课程与选修课程），有的是反对关系（如学科课程与潜在课程）。下面，先对课程类型进行基本分类，然后再详细介绍几种典型的课程类型。

一、课程的分类

课程分类结果不一，缘于使用了不同的分类标准，而不同分类标准的采用，又缘于人们对课程各种属性与功能的关注程度。

（1）根据学习方式来分，课程可分为学科课程与活动课程。国内以前的教学主要重在教而忽视学，虽然课程门类多，但学习方式却大同小异，基本上都是传统的"静听式"；而经验主义课程观认为，只有那些真正为学生所经验、经历并理解、接受了的东西才能算是课程，所以特别强调学习者的主体地位，注重从学习者的学习角度出发来设计课程，按这种理念设计出来的课程则被称为活动课程（或经验课程）。

（2）根据培养目标来分，课程可分为德育课程、智育课程、体育课程、美育课程、劳技课程等。我国曾长期采用这种分类结果来表述各类课程。

（3）根据内容范围来分，课程可分为文科课程、理科课程、工科课程、商科课程、艺术课程……其中的每一类又可以被进一步划分，如文科课程包括文学课程、语言学课程、传媒学课程……这也是人们经常使用的一种课程分类方法。

（4）根据呈现方式来分，可将课程分为显性课程与隐性课程。显性课程是学校教育有计划有组织的"正式"课程，而隐性课程则是非计划非预期的、隐含在学习环境中的一种课程。

（5）根据开发主体来分，可将课程分为国家课程、地方课程与校本课程三种类型，课程的开发主体分别为国家、地方、学校（含师生）。其中，国家课程由国家统一规定，体现国家教育意志，反映国家对于年青一代各种基本素质的基本要求；地方课程由地方教育行政部门（主要是省级教育行政主管部门）统一制定，旨在通过课程来满足地方社会发展的现实需要，体现地方对当地人才培养的特殊要求；校本课程则由学校自主制定，用以体现本校的办学宗旨与特色，是各个学校自身的特殊身份与价值追求的直接体现。

（6）根据管理方式来分，可将课程分为必修课程与选修课程。在课程管理者眼中，有些课程是学生必须修习的，有的是可以自由选择的，必须修习的是必修课程，可自由选择的是选修课程。其中，必修课程还可区分为专业必修、公共必修，选修课程也可区分为限选课程、任选课程等。

通过对课程分类的认识，可以更好地理解课程的各个要素，开阔课程视野，有助于在课程设计与实施的过程中正确地对待各种类型的课程。

二、几种主要的课程类型

1. 学科课程与活动课程

(1)学科课程。学科课程，是指以学科的分类为基础，分别从各门科学中选择合适的内容，按照各门科学固有的逻辑体系和学习者的认识水平，制定课程标准，编写教材，规定教学顺序、教学周期与学时，进行分科教学的课程。各学科课程(如语文、数学、外语等)彼此分立。

学科课程有悠久的历史，且在现代学校课程体系中仍占优势，主要因其本身具有很多优点，比如，有助于学习者在较短的时间里系统地了解、学习与继承各学科的核心知识，为德、智、体发展打下一定基础，有助于人类社会与科学知识的延续与发现，也有助于教学者在较有限的空间里组织教学和进行教学评价。不过，学科课程也存在一些不足，比如，由于课程教材编排偏重于逻辑系统，所以人们往往偏向采用重记忆、轻理解的教学方式；同时，由于课程被看成是既定、先验、静态的知识，所以也就容易出现另一种偏差，即注重知识传授而忽视了学生健全人格、健康体魄的形成与发展。这两种偏差，不利于学生发散思维的形成，也不利于教师因材施教。20世纪90年代之前，我国中小学所开设的基本上都是学科课程，其中，小学所开设的"思想品德""语文""数学"等10门课程，都属学科课程。

(2)活动课程。活动课程是与学科课程相对立的一种课程名称，其课程思想源头可追溯到法国思想家卢梭，而以实用主义教育家杜威为典型代表人物。杜威认为，儿童有社交、制造、艺术、探索等本能及其支配下的相应活动，所以，应该打破学科界限，以学生的兴趣动机与需求为中心来组织课程，课程实施主要以学生的活动为中心，通过学生的活动，从"做"中学到生活必需的经验与知识。因为活动课程强调学生的主体性活动，强调学生的个体经验，因此也被称为"经验课程"。

在活动课程理念之下，教学重在学生的手脑并用，重在学生的"做"，将直接经验的获得视为教学第一目标，认为教育的作用在于引导学生怎样去发现真理，教师只是学生的参谋与顾问，所有的课程知识都是生成的，教师没有主导权，很难对此进行预设。

20世纪20年代流行的设计教学法基本上就是活动课程的体现。为了更好地帮助理解，下面引用黎锦熙先生所设计的一个实例来作为说明。[①]

---

① 张鸿苓、李桐华：《黎锦熙论语文教育》，50~52页，郑州，河南教育出版社，1990。

【案例 3-1】

小学低年级活动课程"探寻点点"的教学基本流程[①]

一、蒲公英之家：认识校标，熟悉伙伴

学校为什么要用蒲公英作为标识呢？蒲公英的花絮为什么是一只只手掌呀？我们的蒲公英为什么叫"点点"呢？……请带着你的问题，探秘校园吧。探秘之后，孩子们畅所欲言。

蒲公英的花絮团在一起，就像小伙伴们要团结友爱、互相帮助。

大手掌是老师和爸爸妈妈的，小手掌是我们的，这表示大手牵小手。

蒲公英只有一点点大，所以叫"点点"。

蒲公英虽然小，但是每天都在成长，每天都有一点点进步，所以叫"点点"。

……

二、蒲公英之种：情景表演，形象代入

一天，蒲公英"点点"来到了森林里拜访它的动物伙伴。小鸟 Birdy、小兔 Bunny 和小蝴蝶 Butterfly 都来欢迎它，大家一起玩起了游戏——比本领。小鸟会飞翔，小兔会跳跃，小蝴蝶会跳舞，这三个本领"点点"都不会，它有些气馁，伙伴们都来鼓励它。

I can't fly. I can't hop. I can't dance. I'm sad.

But I can sing. Let's sing together.

……

三、蒲公英之歌：歌舞演绎，感受韵味

孩子们都会唱校歌《蒲公英》，接下来的任务是让校歌从手摇八音盒中传出。在教师的指导下，孩子们找到了小音符在纸带上的位置。然后，动手操作，开始依次打孔、制作。制作好八音盒后，欣赏、哼唱这段"天籁之音"。最后，做套手指操，放松放松因制作八音盒而酸胀的小手。一边作手指操，一边还可唱歌谣。

一根手指变成小苗苗，苗苗发芽了；

两根手指变成小剪刀，苗苗要除草；

三根手指变成小溪流，苗苗要浇水；

四根手指变成小栅栏，苗苗要保护；

五根手指变成蒲公英，苗苗开花了。

四、蒲公英之爱：种植观察，呵护成长

请蒲公英做一回模特，大家来为它写生。任务是细心观察蒲公英的外形特点，叶脉部分、其他部分的颜色深浅差异，然后绘出蒲公英。

---

① 改编自寿俊梅、景璟：《探寻"点点"——小学低年级主题式综合活动实践案例》，载《上海课程教学研究》，2018(10)。

五、蒲公英之旅：美化校园，点亮心愿

蒲公英是植物大家庭的一份子，孩子们在"乐游校园"的过程中，通过平板电脑上的"形色 APP"认识"点点"的许多种植物伙伴。在教师的指引下，孩子们制作植物名帖，并将该植物的养护要点贴在了上面。回到教室，孩子们伴随着悠扬的音乐，用色彩缤纷的扭扭棒制作蒲公英仿花，把对学校、老师和伙伴的美好祝福蕴藏于其中。

上海市普陀区新普陀小学这一案例，以学校文化标识"蒲公英"作为主要元素，以学生的兴趣与动机作为主线，涉及了小学多个科目的教学，是一个典型的活动课程教学案例。从这一案例中，可以明显地感受到，因为注重按照学生心理特点安排课程，课程内容又是跟孩童的生活息息相关，所以，对于天生好玩的孩童们来说，活动课程有着学科课程无可比拟的优势，更容易调动学生的积极性，获得孩子们的喜欢。当然，由于学生的直接经验总是十分有限的，同时教学情境与教学活动范围也常常受到时空的限制，所以单纯的活动课程教学所获得的知识难免就会有零星琐碎的不足，不利于系统理论知识的掌握和学生智力的快速发展。所以，20 世纪 70 年代以后，活动课程与学科课程有了不断融合的趋势，而我国的新课程改革也正体现了这一趋势（见表 3-1）。

表 3-1　学科课程与活动课程的比较及关系

项目	学科课程	活动课程
课程观	知识本位。	学生经验本位。
知识类型	间接经验、学术型知识、公共知识。	直接经验、实践型知识、个人知识。
学科关系	大部分属于分科课程。	打破学科界限，是综合课程。
课程组织	按学科知识固有的内在逻辑组织。	按学生心理发展的顺序组织。
课程实施	注重课程活动的结果。	注重课程活动的过程。
学习方式	以静听为主。	以做（行动）为主。
适用范围	成人、高年级学生。	儿童、低年级学生。

2. 分科课程与综合课程

（1）分科课程。通常而言，分科课程就是学科课程的别名。不过，当以"分科课程"这一名称出现时，与它对应的概念就是综合课程而非活动课程。

（2）综合课程。综合课程讲究学科的融合，是一种以对学校课程内容进行统整为特点的课程类型。综合课程的设置，目的在于找到各类知识间的联系，消除它们间的对立，使学生形成世界整体观与全息观。综合课程的设置反映了科学技术发展的综合化趋势，也符合儿童认知偏向整体性与模糊性的特点，有助于培养综合解决问题的能力。

根据学科知识融合度的高低，可将综合课程分为关联课程、融合课程、广域课程。其中，关联课程强调各学科间的关联，注重寻找学科间的联系点，从而使相关学科能相互照应与联系，比如，强调物理课所需要的数学知识，提前安排在数学课中先行学习。融合课程比关联课程更为综合，它是一种由若干相邻、相关课程融合而成一门新课程，比如，目前小学中的"科学"课就是由物理、化学、生物几门课程融合而成的一门综合课程。广域课程比融合课程整合的领域更宽广，比如可把历史、地理、社会学、经济学、政治学、法学、心理学、人类学等学科整合在一起，形成一种社会学科。这种根据学科融合程度高低区分出来的关联课程、融合课程、广域课程，其实也还都是知识本位的综合课程。这种分类诞生于19世纪，旨在解决学科划分过细而产生的知识割裂状况。

除了知识本位的综合课程，人们还在尝试整合儿童本位综合课程和社会本位综合课程。儿童本位综合课程的出发点是儿童的兴趣经验而非仅仅停留于知识本身的关联，强调将日常生活场景作为组织教学的中心，"厨房里的科学""绘制社区绿地图""认识我自己""利用Word软件制作电子贺卡""夏天我们喝什么"等是其经典主题。社会本位综合课程论者认为，教育担负着克服文化危机的社会责任，强调以社会热点问题为核心，让各种社会问题的研究进入课程，"××流域的水质保护""生活中的浪费现象""垃圾分类的标准是什么"等就是该类综合课程的常见主题。

实施综合课程，有利于调动学生主动性，促进学生的全面发展与终身发展，同时也有助于社会与科学的发展。目前，小学综合课程已经占有了较大份额，也有了诸如STS(即 Science，Technology，Social 的首字母大写)等颇有影响力的综合课程。但是作为一种相对新鲜的事物，综合课程如何实施，仍然是当前小学课程教学中的一个难点问题，如何根据儿童特点或社会热点，寻找到各学科间的(或学生生活间的、学生生活与社会间的)内在联系，并以较合理的方式把这些内在联系组织进教学当中，都需要更多的探索。下面以STS课程为例对此加说明。

STS课程设计思想强调科学、技术、社会三方面的关联性，就是一种典型的综合课程思想。小学"科学""信息技术""品德与社会"三门课程就可以整合成STS综合课程。当然，具体实践中，STS综合课程的整合模式应该不拘一格，学科融入模式、局部整合模式、全盘融合模式是其中最常见的三种。①

学科融入模式是指以"科学""信息技术""品德与社会"三门课程中的某一课程内容为主体，从课程的基本概念、原理或观点出发设计主题，使学生在该门课程的学习过程中拓展、应用其他两门学科的内容，加强科学、技术、社会三者间的联系。该模式体现了各学科领域的关联性，但这种联系仅局限于学科或单元内部，在整体框架上并没有体现出明显的综合。如荷兰的物理课程(Dutch Physics Curriculum Development Project)采取的就是这种模式，其高年级课程的每一个单元都结合相应STS专题。例如，在"交通和安全"这一单元中，设计"燃料的守恒、交通安全装

① 吕楠楠、张莉、张义兵：《小学STS课程整合的三种模式》，载《中国教育信息化》，2012(24)。

置";在"物质"单元则设计了"基础研究的社会和科学背景";在"电离放射"单元设计了"各种应用的风险和安全";在"卫星"这一单元中配合了"卫星的现代应用、通信和地球、天文观察"专题。

局部整合模式是在设计学习主题时尽可能多地整合学科内容,不能被整合的内容则设置为单学科性质的主题。即某个主题所涉及的内容,既可以是一门学科的知识,也可能是多门学科的整合,各个主题并不是严格根据学科逻辑进行组织的。通常的做法是将多门课程中容易重复的综合性专题单独提取出来,形成一系列的综合性主题单元,这些主题所涉及的知识在其他单元不再重复。如小学"品德与社会"课程标准中"我的家庭生活"中的部分内容与"科学"课程标准中"生命科学领域"中的"个体的维持""生命的延续"有内在联系,可以设计一个综合性的主题——"人生之旅"。该主题可分为三部分:第一部分为"出生前的变化",涉及父母长辈的养育之恩、家庭成员间的亲情、细胞是生命体的组成单位、电子邮件的使用等内容;第二部分为"出生时的情况",包括出生时身高、体重的统计、电子表格的使用;第三部分为"出生后的成长",包括自身的特点、健康文明的生活方式、人体的各大系统和主要器官的作用、遗传与变异等知识。而对于"我的家庭生活"中未涉及的内容,如"邻里和睦相处""家庭经济来源"等则可以设置成为一些品德与社会方面的单学科性质的主题。

全盘融合模式是综合程度最高的一种设计模式,即不考虑原有"科学""信息技术""品德与社会"三门课程体系结构,以生活中的现象或社会问题构建全新 STS 课程内容体系。这种整合模式将原有学科课程的逻辑体系和概念框架彻底打破,在整体框架上已经看不到各个学科板块的存在,也看不出各个单元的学科划分,科学知识不再被系统讲授,而是服务于如何解决社会问题和技术应用问题。全盘融合模式包括以生活重要现象为中心的设计、以重大社会问题为中心的设计、以具体的探究活动为中心的设计等主题形式。至于如何构建 STS 课程主题,目前仍在争议之中,有的认为应列出世界饥饿与食物资源、人口增长、空气质量和大气、水资源、战争技术、人类健康与疾病、能源短缺、土地使用、有毒物质、核反应堆、植物和动物灭绝、矿物资源 12 种,有的认为应归为环境问题、健康与人口问题、经济问题、交通与传送问题、食物与饥饿问题、能源问题、军事问题 7 大类,等等。

3. 必修课程与选修课程

(1)必修课程。必修课程是指为了保证教学质量而规定学生必须修读的课程。培养目标不同,必修课程就很不相同,但不管何种人才的培养,必修课程基本都包括了基本理论、基本知识、基本技能类课程和政治、体育、外语等课程。有些实践性较强的人才培养专业,还把生产实习、见习、实验、社会调查等课程列为必修课程。小学的语文、数学、外语、艺术(或音乐、美术)、体育、综合实践活动及品德类课程,都是必修课程。

(2)选修课程。选修课程是与必修课程相对的一个概念,是为了适应学生兴趣爱好、就业需要而开设的，允许学生在一定范围内进行自由选择的课程。选修制度最早出现在 19 世纪下半叶的美国大学，中小学的课程选修制则自 20 世纪初出现，不过很快就于"五四"期间传入我国，新中国成立之后忽视了选修课的建设，20 世纪末这种情形开始得到扭转，选修课重新进入我国课程设计者们的视野。

选修课又可分为限定选修课和任意选修课两种。前者是限定在一定范围内供学生选修的课程，即规定学生必须从所提供的选修课中选修其中的一组课程或是从指定的各组中选修一两门课；后者则主要是一些深入研究类课程和扩大知识视野类的课程，是可以由学生根据自己的志趣和需要任意选修的课程。

4. 显性课程与潜在课程

(1)显性课程。前面已经讲过，显性课程是学校教育有计划、有组织实施的正式课程。这种课程反映在学校课程表中，通常都具有预期性的教育影响。

(2)潜在课程。潜在课程又称隐性课程，它以潜在性和非预期性为主要特征，是通过教育环境（包括物质的、文化的和社会关系结构的）有意或无意地传递给学生的非公开性的教育经验（包括学术的与非学术的），它不在课程规划中反映，不通过正式教学进行，通常体现在学校和班级的情境之中，包括物质情境、文化情境、人际情境，对学生起潜移默化的作用，促进或干扰教育目标的实现。显性课程的主导价值在于对学生的发展产生直接的影响，而潜在课程的主导价值在于对学生的发展产生熏陶作用。

自 1970 年奥弗利(Overly)提出潜在课程这一概念之后，许多国家都开始重视潜在课程的开发，而明确其主要范围或类型，则有助于有针对性地进行各种潜在课程的开发。根据张华[①]的总结，潜在课程的主要范围与类型包括：学校的物质、社会和文化环境，比如，学校中的建筑物、设备、景观和空间的布置，学校或班级中师生关系或同伴关系所形成的社会体系（班风、校风）等；学校知识的选择、分类、分配、传递等隐含的价值观念、意识形态；学生的学习态度、理想、信念、价值观形成等情意方面的学习；特殊的认知学习与直觉学习。可以说，我国课程学者对于潜在课程的研究正在走向深入。

第二节　小学课程结构

长期以来，我国不少小学教师特别是乡村小规模学校教师大部分都是一人身兼几科，但大家往往只重视自己所教的那门"主科"，其余如体育、音乐等则只是顺便兼带，很少有教师会用心于这些"副科"的课程内容组织，也很少有教师关注自己所教学科与其他学科之间的关系。这种状况，既是传统教育体制与教育思想的直接结

---

① 张华：《课程与教学论》，313～314 页，上海，上海教育出版社，2000。

果，也是课程结构观念没有得到重视的反映。

一、课程结构的内涵及层次

1. 课程结构的内涵

一般认为，课程结构是课程内容各要素、各成分、各部分之间合乎规律的组织形式。也就是说，课程结构是课程各部分的配合与组织，它规定了课程体系的组成门类以及各课程门类间的比例关系。可以说，作为将课程目标转化为教育成果的重要纽带，课程结构是课程活动得以顺利开展的主要依据。

2. 课程结构的层次

关于课程结构，目前一般分为宏观课程结构、中观课程结构、微观课程结构三个层次。

（1）宏观课程结构。宏观课程结构即学校课程的类别结构，涉及各种类型课程间的关系，比如，国家课程、地方课程和校本课程之间的关系，显性课程和潜在课程的关系，选修课和必修课的关系，等等。我国学者朱冬梅研究了不同时期义务教育阶段各科目课时数占课时总数的比例，部分地反映了我国新课程改革前后义务教育阶段宏观课程结构的变化（见表3-2）。

表3-2　义务教育阶段各科目课时数占课时总数的比例

科　　目	1992年、1994年课程方案	新课程方案
品德类	6.6%（含社会）	7%～9%
语　文	23.8%	20%～22%
数　学	15.7%	13%～15%
外　语	4.3%	6%～8%
艺术（或音、美）	11%	9%～11%
体　育	8%	10%～11%
（综合实践）活动	21.5%	6%～8%
地方课程、学校课程	（含劳动及劳动技术）	10%～12%

一般来说，国家层面的宏观课程结构反映出的是国家对于年青一代的总体规划。

（2）中观课程结构。中观课程结构即课程的科类结构，它较宏观课程结构更为具体，通常指各门类课程（如工具科、人文社会科、自然科、体艺科等）之间的关系以及各门类课程内部各门具体课程之间的关系。另外，活动课程中各类活动项目之间、各具体活动项目之间的关系、限定选修课程与任意选修课程之间的比例关系等等，也是中观课程结构应该观照的内容。

下面，先来看两个一年级的课表（见表3-3和表3-4）。

表 3-3　湖南省长沙市芙蓉区育才学校 2019 年秋季一年级(1)班课表

节次	星期一	星期二	星期三	星期四	星期五
1	数学	语文	数学	体育与健康	语文
2	书法	数学	体育与健康	音乐	数学
3	美术	体育与健康	语文	英语	英语
4	美术	音乐	科学	数学	体育与健康
5	语文	道德与法治	道德与法治	语文	语文
6	自习	自习	自习	自习	语文或班会

表 3-4　湖南省湘乡市月山龙洞学校 2019 年秋季一年级课表

节次	星期一	星期二	星期三	星期四	星期五
	自习	自习	自习	自习	自习
1	校会	语文	语文	语文	语文
2	语文	语文	数学	数学	数学
3	写字	数学	美术	语文	科学
4	数学	体育	品德	品德	体育
5	体育	音乐	体育	美术	劳动
6	音乐	自习	自习	自习	自习

　　比较两个课表,可以发现,两所学校一年级一周的总课时数(除自习外)都为 26 节,且都为 10 门课程。其中语文、数学、音乐、美术、科学 5 门是两所学校共同的课程,而且,数学、音乐、美术、科学的周课时数都分别为 5、2、2、1 节。两个课表的不同之处在于:湘乡市月山龙洞学校开设了 7 节语文课,长沙市芙蓉区育才学校开设了 6 或 7 节语文课;两所学校对归属于语文课程的写字教学有不同的称谓,湘乡市月山龙洞学校称之为写字课(1 节),长沙市芙蓉区育才学校称之为书法课(1 节);体育课程两所学校也有不同称谓,湘乡市月山龙洞学校称为之体育课(4 节),长沙市芙蓉区育才学校称之为体育与健康课(4 节);湘乡市月山龙洞学校另有校会课(1 节)、劳动课(1 节)、品德课(1 节),长沙市芙蓉区育才学校开设的是英语课(2 节)、道德与法治课(2 节)、班会课(0 或 1 节)。以上分析说明,各学校所制定的课程表所反映的基本上就是一种中观层面的课程结构,它在国家课程的基础之上,加入了地方教育行政主管部门和学校对于课程的理解。

　　(3)微观课程结构。微观课程结构即某一门课程内部的结构,是各科目(或活动项目)的内部结构及潜在课程各构成要素内的结构，集中地通过教材结构及活动要素予以体现。如"课文系统"(各种类型课文本身)与"课文辅助系统"(课文目录、编辑说明、课文注释、课文图表等)的关系；各学年(学期)教材间的纵向衔接关系以及各单元(课、节)的设置与纵横关系；整个教材的课程内容与学习活动方式的构成以及相互结合的优化等。在活动课程兴起之前，微观课程结构即学科课程内部的结构。

教师是微观课程结构的重要调整者。表现在：根据课程标准来选择并调整教学内容；参与学校的课程开发；灵活地选择有效的教学方式对各类课程文本(如课程标准、教材等)进行行动式解释。学生对于微观课程结构也起着一定的调整作用，他们参与综合实践活动课程以及其他校本课程开发，或通过自身主动性的发挥，积极干预一般科目的课程教学实际进程。

由于小学语文课程的特殊性，下面特意安排了解一下其在各国宏观与中观课程结构中的地位，以及其自身的微观课程结构构成。

宏观与中观课程结构方面。在美国，"语文是课时最多，分量最重的课程。总体上看，小学语文课时占到总课时数的 30％～50％，初中平均为 22％，高中平均为 18％"[1]。英国 1988 年通过的《教育改革法》一反长期以来中小学没有统一课程设置的传统，明确规定义务教育阶段全国中小学统一开设由 3 门核心课程和 7 门基础课程构成的"国家课程"，英语是其中的 3 门核心课程之一。20 世纪以后，法语曾经的辉煌被英语所取代，但法国人对于法语的高度重视却有增无减。法国人认为语言是一个国家统一和团结的象征，认为法语是世界上最优雅的语言，而小学语言教学则被视为左右学生自由生活和未来学业成就的主要因素。

自身微观课程构成方面。美国小学语文主要包括英语(语言艺术)和阅读两门课，其他和语文有关的科目还有词汇学习、拼写、阅读、现代文学与作文等。目前英国的全国性课程大纲从"说和听""阅读""写作"三方面把学业成就目标具体化，每一项目标都细分为十级，每一级水平都有详尽的描述，并以此作为衡量学生达到哪一级水平的标准。不过，大纲不是简单地把年龄与级别挂钩，而是具有一定的弹性。德国的小学课程标准由各州自行制订，著名的巴伐利亚州小学语文教学大纲，从"阅读"、"书写"、"语言观察"(编者按：类似语法)、"口语应用"和"书面语言应用"五方面提出较为具体的目标与要求。

二、小学课程结构的影响因素

设计小学课程结构必须考虑哪些因素？我们认为，虽然不同层级的课程结构所应关注的因素有所不同，但不管是宏观课程结构、中观课程结构还是微观课程结构，都或多或少地受到了以下因素的影响。

---

① 吴忠豪：《外国小学语文教学研究》，7 页，上海，上海教育出版社，2009。

1. 课程理论发展状况

不管从理论上来说还是从事实上来看，课程理论的发展对事实上的课程结构变化都有着较为明显的引领作用。以布鲁纳结构课程论为例，这种建立在对经验课程理论批判基础上的课程理论，认为经验性、描述性的知识不足为训，学生应重点学习那些有一定理论色彩的知识内容。从课程结构理论的角度来看，布鲁纳的理论实际上是要求：宏观课程结构上，应以精选的高质量学科课程内容作为课程结构主体；微观课程结构上，应以科学的基本概念、关键概念和方法论原理构建学科内部的教学知识体系，要让学生真正掌握最有价值的各门学科课程的基本结构。布鲁纳结构课程论的提出，直接影响到了美国的一系列课程改革，对事实上的美国课程产生了重要的影响，并且到现在都一直具备很强的生命力。

2. 国家意志与时代思潮

国家利益、国家意志是课程改革的最主要推手，而时代思潮则总是以与之博弈的社会力量角色出现。美国的课程结构调整是能够说明这一观点的最典型例子。19世纪初美国的小学核心课程仍然是传统的读、写、算与宗教，这种情况在20世纪初进步教育思潮影响下发生了深刻变革，读、写、算比重几乎下降了50％，起而代之的是注重"做中学"的活动课程。但1957年苏联的人造卫星上天很快使美国认识到了这种活动课程的局限性，1958年《国防教育法》及之后的修正案将数学、自然科学和现代外语确定为核心课程以培养学术与科技人才。对于智力型课程的重视导致了之后的一系列精神颓废问题，于是新人本主义思潮很快又于20世纪70年代掀起了新一轮课程改革风潮，"关联课程"和"人文课程"成为此时的新口号，相应地，课程结构中，必修课比例下降、职业课程大量增加。不过，此次改革没有产生太多太久的影响，因为70年代中叶开始的"恢复基础教育运动"及与之一脉相承的80年代"高质量运动"、1983年《国家在危机中：教育改革势在必行》、1990年《全美教育目标》、1991《美国2000年教育战略》、1993年《2000年目标：美国教育发展》等，使英语、数学、自然科学、历史、地理、外语、艺术等课程的地位得到了不断巩固。

国家意志与时代思潮的博弈远远不仅止于美国。比如，在英国，当20世纪70年代严峻的经济形势对学校教育质量提出了紧迫要求之时，《1988年教育改革法》就马上调整了课程结构，设立了"强迫性核心课程"或"保护课程"（其中，英语、数学、科学三门课程被规定为小学的核心课程，历史、地理、设计与技术、艺术、音乐、体育六门基础课程被规定为保护课程），用以保证所有学校都能提高学科教学质量。再比如，当学生们在国际学生评估项目（Program for International Student Assessment，PISA）考试中的失败打破了人们对传统教育体制质量的自信之时，德国于2004年9月的教育部长联席会议改变了各州核心课程不变的格局，赋予学校更多的教育机会和权利，并通过建立服务于这种多样性的集中控制机制以确保教育质量。

3. 小学生的特征要求

小学课程结构设计，还必须考虑到小学生的年龄、心理特征及其认知规律。人们常常说，大人与小孩是两个世界里的人，成人世界里的课程结构设计者们，只有真正了解、理解了小学生的主要特征，才有可能设计出孩子们喜欢的、能够帮助孩子们尽快社会化(不等于成人化)的课程结构。

小学生特征对课程结构的影响表现在多个方面。比如，在课程的设置上，因为小学生对于世界的认识更多地依赖于自身生活体验，所以小学第一学段的品德类课程是品德与生活，而第二、第三学段则将该课程分化为品德与社会、科学两门课程；又因为小学第一学段学生刚刚开始母语书面语学习，为了减少混淆，国家课程不要求该学段开设英语课程，但不少城市小学却因生源结构优异而将之列入了课程表；此外，第二、第三学段增开的综合实践活动课程，也是基于对八九岁儿童心理特征及相关学习能力的考虑。当然，小学生特征对课程结构的最主要影响还是体现在微观课程结构上。因此，一方面，教科书、配套练习册与课外读物等的规划设计，内容设置应尽量联系孩童生活实际，编排形式要生动有趣、富有悬念；另一方面，作为重要课程资源的教师本人，也应在课程内容的实施安排上充分考虑各年级学生的不同特征，要让每一个学生都能不断体验到成长的喜悦。

为了更好地把握学生特征以进行课程教学，我们将相关研究者[①]对小学各阶段学生的特征分析援引如下。

一年级学生生性好动，而且心情与动作一致，多用体形动作来表达自己的心情。在成人的眼里，他们总是高声喧闹，奔跑追逐。这些孩子一想到什么就立刻付诸行动，意识中几乎既无学校的规则，又无成人的意识。二年级学生比一年级稍微沉着一些，他们有时在静静地思考着什么，能觉察到老师或朋友的细小差错，对板书的错字、讲课时的口误等，都会当场提出来纠正并因得到了发言机会而沾沾自喜。三年级时各人的个性就清楚地显露出来了，动作变得敏捷利索，手脚动作、耳目配合都协调起来了。在游戏、跳舞等方面，男女学生的心理分化现象越来越显著。大部分孩子自三年级开始变得爱好读书，书写速度也有所增进，但还不能单凭脑子进行概念思维操作。四年级学生常被人称为一群调皮鬼，他们不愿依附父母或老师，而更多地听从小伙伴的意见，他们都好恶作剧，但并无恶意。他们厌恶别人打断自己的工作，能清楚地表达自己的意见，也能够遵守学校纪律，上课时学习态度比较端正，很少违反老师的指示或随便活动，游戏时，男生、女生各自组成小团体，互相蔑视、排斥。开始制订自己的计划，为了去玩耍，在学习或办事时总是心急如焚。五年级学生求知欲强，爱做种种探索，不过却并非为了追求知识的系统化而仅仅是对能了解事物深感喜悦。他们开始阅读参考书并往往为了享受向朋友们讲述的喜悦而特意去强记一些见闻，喜欢以书报、电视为权威，并且喜欢在发生争执时固执己见地把引用的主张当作自己的主张，而且还会运用掌握的知识进行狡辩或者钻对方的空子以使之正当化。六年级的学生对于知识的态度更为客观，也能设身处地理解

① 岸俊彦：《小学一年级至六年级学生的特征》，宓平琪，摘译，载《外国中小学教育》，1985(2)。

场景，能对事物做较为精细的描写。当然，个体的发展受到诸如家庭文化资本、时代精神文化等很多因素的影响，上面所述只是一些明显的共性。

三、新课程背景下小学课程结构的特征

自新中国成立后，我国中小学课程一直基本上只是单一的学科课程，实用的、适应地方需要的生活教育及艺术类课程十分薄弱。这种情况在 1992 年颁布的《义务教育全日制小学、初级中学课程计划（试行）》中得以改变，因为该课程计划确立了以必修课为主、选修课为辅，以分科课为主、综合课为辅，以文化教育为主，适当增加职业技术教育的课程结构体系，并确保了活动课程（如校会、班会、社会实践、体育锻炼、科技、艺术等）在整个课程结构中的地位。21 世纪初开始推行的新课程改革则在此基础之上，进一步提升了选修课、综合课、活动课的地位，增加了这些课程在整个课程结构中的份额。

一般认为，在新课程背景之下，小学课程结构具备了以下特征。

1. 可选择性加强

新课程改革使各级地方教育主管部门、学校校长及教师、学生的自主选择性得到了增加。这种可选择性除了通过没有统一的国定教材体现之外，还集中体现为以下三点。

（1）本土化课程开始受到重视。本土化课程即除国家课程以外的地方课程、校本课程。我国幅员辽阔，东西部地区差异、城乡差异、民族文化差异等都比较大，新课程重视地方课程与校本课程的开发，希望通过这些课程，以充分利用当地课程资源，满足当地经济文化需要。三级课程管理体制使地方、学校也成为课程结构的设计者与课程的开发者，增加了课程内容与课时安排的弹性，让地方和学校有了选择的余地。据统计，新课程方案为本土化课程提供了 10%～12% 的弹性空间。除此之外，以国家课程面貌出现的 6%～8% 的综合实践活动课，由于机动性很强，实际上也非常有利于开设地方特色课程和学校特色课程。

在新课程的引领之下，不少地区的地方课程与校本课程都得到了蓬勃发展。比如，在有民间剪纸传统的延川县，剪纸已进入四所试点小学的课程表，当地教育局要求每周至少安排一节剪纸课，而推行该课程的目的则是要在三年之内实施"延川中小学剪纸艺术教育计划"，以弘扬延川县的民间剪纸艺术，并为全国民间艺术教育提供了成功案例。成都市菱窠路小学则将攀岩、结绳、搭灶、露营、定向越野等户外运动知识列为校本课程，各个年级接受不同项目的训练，其中，一、二年级是基础训练，从三年级开始就排入课表。宁波首南第一小学还引进家长助教，开设了美图绣秀、手工布艺、魔法烘焙、花样线编、巧手结绳、发型创美、七色花艺等动手实践校本课程。[1]

---

[1] 本刊讯：《宁波：首南第一小学开技能选修课聘家长当助教》，载《中国校外教育》，2016(15)。

（2）选修课比重增加。与必修课旨在培养、发展学生的共性不同，选修课的开设主要在于满足学生个性发展的需要。随着新人本主义思潮的出现，世界各国近几十年来都非常重视发展学生的内在需要，选修课逐渐受到重视。据统计，加拿大各省的高中选修课所占比重一般达到 45%～50%；苏联在 20 世纪 80 年代前选修课最高比重为总课时的 5%左右，现在的俄罗斯则已达到了 11%左右。[1] 我国在 20 世纪 90年代之前曾有很长一段时间没有选修课这一概念，学生的个性被基本忽视，新课程改革改变了这一情况，很多小学都开设了校本课程性质的选修课，一部分地区还开设了地方课程性质的选修课。很多小学的选修课都开展得有声有色，获得了广泛的社会声誉（见表 3-5）。

表 3-5　北外附属苏州湾外国语学校小学部选修课、兴趣课及特色课程一览表

时间	课程名称
星期一	弦乐团训练、小提琴 1、中国舞、卡通形象画、趣味手工、创意手工、奇趣大自然、趣味物理、瑜伽初级、绘本故事、日语基础班、合唱团训练、古筝基础班、茶艺、钢琴一对二、篮球操、羽毛球、篮球队、初级棒球 A、网球、皮划艇、啦啦操、大提琴零基础、小提琴零基础、钢琴小课、水墨画（山水、花鸟）思维导航、世界旅行、好声音 1 对 2、IGCSE 英语、星空合唱团。
星期二	小提琴 2、大提琴、舞蹈队、素描、英语绘本、探索发现、心理小游戏、非洲鼓、环球文化 2、古筝提高班、陶艺、刺绣、玩转图书馆、拳击、跆拳道、钢琴、乒乓球、拉啦操、初级棒球 B、初级滑轮 A、足球、绘画写生、击剑、3 Arduino 平台初级机器人设计、古筝、魔法数学、前沿科学双语、探索生命世界、近代军事史、英美历史、跨文化交际、物理实验、拳击体能、快乐足球、篮球队。
星期三	同星期一。
星期四	同星期二。
星期日	课本剧、电影课、阅读。

资料来源：《北外附校小初部选修课一览表》，引用时有改动。

（3）九年一贯制整体安排课程。九年一贯制整体安排课程是系统论思想影响下的一种课程体系优化思想。其中，"整体"是指将各类课程按照横向关系组织，使各门课程在差异得以尊重的前提下互相整合，以消除以往学科本位造成的学科之间彼此孤立的局面；而"一贯"指的是各类课程按纵向发展序列组织，从一门课程来看，课程内容在循环中加深拓展并不断强化和巩固，就各门课程关系来看，则强调不同课程有序开设，前后相互连贯，同时使课程门类从低年级到高年级逐渐增加。[2] 应该说，九年一贯制整体安排课程是解决我国以往课程安排缺乏弹性的一项基本理念，

① 李敏：《世界发达国家中小学课程结构的特点》，载《教育科学研究》，2006(12)。
② 李三福：《小学课程与教学论》，30 页，长沙，湖南科学技术出版社，1990。

这一理念强调在九年内通盘安排课程，强调消除不同课程间交叉内容的不必要重复，强调同一课程内部教学内容的连贯性与梯度化，支持各地、各校在遵循国家课程的前提下，因地制宜地对各年级课程的安排进行有计划的系统性调整。

目前，在九年一贯制整体安排课程的理念指引下，一些九年一贯制学校在课程设置与教学内容改革方面已经做出了不少有益探索。比如，上海静安区教育学院附属学校就对一年级的课表动了"大手术"：把抽象思维较强的数学课重心往上移，一年级"数学"必修课变成了用准英语教学的"数学活动课"；把英语、语文等形象思维比较强的学科重心下移，英语的口语听说成了一年级的重头戏。这种学校"自由"地对课表动大手术的现象，在新课程改革之前是不太可能发生的。

2. 课程综合化

课程综合化是各国课程改革的趋势，也是基础教育课程改革的总体特征之一。课程综合化可以通过学科课程、综合课程、综合实践活动课程三个方面来体现。

（1）加强学科课程的综合性。学科课程的综合性，是指在某一门学科课程内部，除了要注意逻辑顺序之外，还要注意联系儿童经验和生活实际，重视将学科知识与儿童的社会生活和学生经验结合起来。以语文学科为例，生活化识字、本色作文等就是重视这种综合性的表现。

（2）开设系列综合课程。系列综合课程的开设是学科中心被有意识淡化的主要体现。综合课程是与分科课程相应的概念，它寻求学科间的彼此关联，以多科综合的方式把几个单科的内容综合起来，以达到相互补充与促进的作用。新课程改革不仅开设了综合课程，而且规定小学阶段以综合课程为主，比如，一、二年级的"品德与生活"，三、四、五、六年级的"品德与社会"，由物理、化学和生物各科相关内容整合而成的"科学"，由历史、地理相关内容整合而成的"历史与社会"，由美术、音乐相关内容整合而成的"艺术"，以及"体育与健康"等，都是小学阶段开设的综合课程。

（3）综合实践活动课。新课程规定，从三年级开始开设"综合实践活动"课。这是一门高度综合的非学科领域的课程，是所有课程领域中综合程度最高的课程，也是我国新课程改革的一大亮点，它主要涉及研究性学习、信息技术教育、社区服务、社会实践、劳动技术教育等几个领域。与其他课程不同的是，虽然是一门国家课程，但综合实践活动课的灵活性却特别大，因为按照新课程理念，这门课的设置起点不是教师而是学生，强调从学生的自身经验中形成问题，从经验中去获得解决问题的途径与方法。由于这种以学生经验与生活经验为核心的实践性课程的生成性很强，且刚刚在我国开始实施，实施难度还比较大，但学校及教师一定要认识到该课程对于学生探索自然、体验社会、发展自我素质的重要意义，要让每一个学生参与到真正的实践探索当中去。案例 3-2 即是一个有特色的综合实践活动课例。

【案例 3-2】

《水乡的饮食文化》综合实践活动案例

中山市石岐第一城小学 黄荣胜

【教材分析】

"水乡的饮食文化"这个主题的综合实践活动是中山市综合实践活动教材五年级下学期第六课《水乡文化》中的第二个主题，其目的就是让学生通过开展"水乡的文化活动""水乡的饮食文化"和"水乡的节日文化"三个主题的活动，领略极富岭南特色的水乡文化，学会传承传统文化，培养学生爱祖国、爱家乡的情感。

【学情分析】

《水乡文化》这个主题活动的对象是五年级学生，他们有开展实践活动的经验，因为他们从三年级就开展综合实践活动，而且，我们学校每学期都开展实践亲子活动，近几年，先后开展"走进霞湖世家""大涌红木家俬调查""攀登大尖山综合实践活动"等活动，学生在参与活动中积累了一定的经验。五年级的学生合作能力和实践能力都比较强，而且他们有一定的收集能力，只要给他们进行合理分工，指导他们选择调查内容，应该可以完成这个主题的任务。但我们的学生地处城区，考虑到他们对"水乡"不是很了解，对"水乡文化"不是很感兴趣，为了顺利开展活动，我们需充分利用家长的资源。

【活动方案】

(一)调查活动目标

(1)给学生创设活动环境，激发学生参与活动的兴趣，培养学生自主参与活动的能力。

(2)指导学生开展活动，提高学生收集资料、处理信息、大胆实践、勇于创新的能力。

(3)交流汇报，提高学生互相交流、展示自我、超越自我的能力。

(4)通过调查水乡饮食和生态种养的情况，提高学生的环保意识。

(二)调查活动内容

走进中山民众水乡，调查水乡的饮食文化与绿色生态种养的情况。

(三)活动对象

五(3)班全体学生。

(四)调查对象

中山市民众水乡的居民、当地餐馆的管理人员、种养人员。

(五)组员分工

各小组设组长、资料员、表格设计人员、采访人员、拍摄人员、整理人员、撰写报告人员和展示汇报人员、

（六）活动过程

(1)查找资料，设计表格。（时间：一节开题课和一周的准备）

①开题课，了解活动的目的和要求。水乡的文化离城区学生有一点距离。开题课上，首先让学生了解"水乡"指的是什么？通过播放大量的视频，让学生感受水乡的美丽，并且让学生知道本次调查活动的目的不只是活动，而是通过活动，了解水乡的变化、发展和文化的保护，并提高环保意识。以此充分调动学生主动参与活动的积极性。

②拆分主题，组成小组。拆分主题，合理安排调查小组。让学生通过看书，了解活动的内容，然后根据内容讨论、思考从哪些方面进行调查，然后把这个主题拆分成"水乡名菜小组""家乡特色菜小组""水乡蔬菜小组""水乡水果小组""水乡养殖小组"等。让学生根据自己的兴趣选择小组，老师再进行调整。

③小组准备，查找资料，设计表格。（一周）

a. 了解水乡富有特色的名菜。

餐馆名称	特色名菜	使用材料	食客评价

b. 调查自己家乡一道名菜。

时间：_____

地点：_____

菜名：_____

使用材料：_____

制作方法：_____

c. 无公害蔬菜。

蔬菜名称	主要作用

d. 无公害水果。

水果名称	简单介绍

e. 采访种植专业户。

采访内容

_____

_____

_____

_____

(2)走进民众，实地实践。（时间：两周）

①利用一天休息时间，组织学生到中山民众水乡和裕安生态农业基地考察。

②个别学生可由家长组织其他的考察。

(3)整理资料，撰写报告。（时间：两周）

①对考察的资料进行整理。

②小组设计展示的各项内容。

(4)总结汇报，展示成果。（时间：一节展示课，两周调查展示）

①撰写报告的人员撰写调查报告。

②各小组在展示课上展示。

③班级利用走廊和黑板报展示各小组的调查。（两周）

复习与思考

1. 常见的课程类型有哪些？

2. 小学各年段主要课程各是哪些？这些课程各归属于怎样的课程类型？

3. 宏观、中观、微观三个层面的课程结构，你平时对哪个层面关注得最多？为什么？

4. 美国国家优质教育委员会 1983 年发布的《国家在危急中：教育改革势在必行》在谈到选修课时认为：美国"有的是自助餐式的课程"，而学生往往"容易误把开胃菜和甜点当作主菜"。如果你是一名小学校长，你准备为你领导的小学开设哪些选修课？为什么？

5. 新课改要求从小学三年级起必须开设综合实践活动课程，但目前综合实践活动课程的开设状况不容乐观，不少小学都没有按照规定开足课时量。请分小组进行相关调查，然后分析综合实践活动课程遭遇困境的具体原因，并在班上展开集中讨论。

推荐阅读

1. 张华. 课程与教学论[M]. 上海：上海教育出版社，2000.

2.［美］林恩·埃里克森，洛伊斯·兰宁. 以概念为本的课程与教学：培养核心素养的绝佳实践[M]. 鲁效孔，译. 上海：华东师范大学出版社，2018.

3. 靳玉乐. 潜在课程论[M]. 南昌：江西教育出版社，1996.

4. 王鉴. 课程与教学基本原理[M]. 北京：人民教育出版社，2014.

5. 郑富兴，周利. 学校德育活动课程体系构建的结构化问题[J]. 中国教育学刊，2019(12).

6. 杨清. 论学校课程结构设计[J]. 河北师范大学学报(教育科学版)，2019(6).

7. 杨德军，江峰. 中小学三级课程整体建设的北京经验[J]. 教育科学研究，2019(10).

第四章 小学课程实施和课程评价

【本章要点】▶

- 了解课程实施的内涵、取向和影响因素
- 掌握课程实施的基本模式
- 理解课程评价的内涵、功能、类型及对象
- 熟悉课程评价的主要模式

第一节　小学课程实施

"课程实施"问题的研究是在理解和评定课程变革的过程中兴起的。[①] 回顾课程发展史，不难发现，许多重大的甚至影响深远的课程改革计划或中途夭折或因未达到预期目标而惨遭失败。究其原因，人们发现：这些课程改革的倡导者过多沉醉于描绘改革的理想或蓝图，而对课程计划的实施缺乏必要的关注和热情，也没有对它进行必要的监控和完善。20 世纪 50 年代末至 60 年代末的肇始于美国影响波及全球的"学科结构运动"的失败，便是一例。而对其的反思使得人们对课程实施这一领域日益关注。

一、课程实施的内涵

人们对课程实施的含义一直存在着不同理解，归纳起来，主要有两种观点。

第一，课程实施是将课程方案付诸实践的过程。这一观点由美国学者富兰（M. Fullan）等课程研究先驱在 20 世纪 80 年代提出。富兰认为，课程实施是指任何课程革新的实际使用状态，或者说是革新在实际运作中所包括的一切。这种定义指出了课程实施与课程方案的区别。

对于将课程实施看作是改革方案付诸实践的观点，又有两种理解。一种认为课程实施是把编制好的课程具体化，并使之发生效用的过程，课程实施包括三个阶段：课程采用阶段；实施或最初使用阶段；常规化或制度化阶段。而另一种则认为，课程实施是作为一个动态的过程而存在的，注重结果，更注重过程。在理解课程实施问题时，应当将课程计划看作可以调整和改变的，考核课程实施的效果也不应以对原有计划的执行程度为标准，而应关注执行过程中教师在特定的情境下对课程计划的调适和改造。这种分歧说明，将课程方案付诸实践理解为课程实施，尽管能够厘清部分相关概念，但的确难以反映课程实施的全部本质。

第二，课程实施就是教学。这种观点主要针对课程与教学割裂的问题提出。持"大课程论"的学者认为，课程实施把计划变成行动是在课堂教学中进行的，课程实施内在地包含着教学，教学是课程实施的主要途径。教学与课程是内在统一的，课程实施就是教学。[②] 课程实施就是教学的观点，的确能够解决课程与教学分离的困境，有助于教育过程的展开。但是，课程实施不可能与教学画等号，彼此都有不可以包容的范畴，有着来自不同方向的规定。

[①]　张华：《论课程实施的涵义与基本取向》，载《外国教育资料》，1999(2)。
[②]　黄甫全：《现代课程与教学论学程》，529 页，北京，人民教育出版社，2006。

我们认为，课程实施是把设计和编制好的课程计划纳入具体的教育教学工作实践中，通过教师和学生的执行、操作、开发，使新的课程计划得以落实的过程。简单地说，课程实施就是把新的课程计划付诸实践的执行、开发和维护的动态过程。

为了明确把握和理解课程实施的内涵，我们需要区分两对概念：

第一，课程实施与课程编制、课程设计。课程编制是一个上位概念，指完成一项课程计划的全过程，包括确定课程目标、选择和组织课程内容、实施课程和评价课程四个主要阶段。课程实施是课程编制的一个阶段。课程设计主要指课程计划的制订，涉及确定课程目标和选择组织课程内容。课程实施是实施课程计划，课程计划是课程实施的对象，两者都是课程编制过程中的环节，如图 4-1 所示。

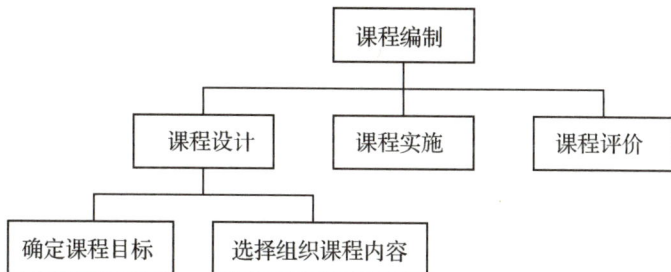

图 4-1　课程编制、课程设计、课程实施的关系

资料来源：王本陆：《课程与教学论》，86 页，北京，高等教育出版社，2004。

第二，课程实施与课程采用。课程改革总是由三个阶段组成：起始阶段、实施阶段和常规（或制度化）阶段。起始阶段指做出使用课程计划的决定；课程采用是一项课程变革正式启动的第一阶段，其关注的焦点是在众多体现不同目标和内容的课程计划之间做出选择；课程实施是将采用的课程计划付诸实践的过程。由此看来，一个完整的课程变革过程包括课程计划、课程采用、课程实施几个环节，如图 4-2 所示。

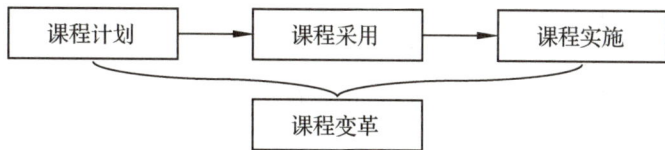

图 4-2　课程变革与课程计划、课程采用、课程实施的关系

资料来源：张华：《论课程实施的涵义与基本取向》，载《外国教育资料》，1999(2)。

过去人们一般认为新的课程计划一经采用就能得到实施，但事实更为复杂。课程采用可以有多种方式：有的严格执行课程计划；有的只是表面上采用，在实施过程中走样甚至与课程设计者的意图背道而驰；有的完全不予理会。因此，课程计划与课程实施是理想与现实、预期的结果与实现结果的过程之间的关系。[1]

---

[1]　张华：《论课程实施的涵义与基本取向》，载《外国教育资料》，1999(2)。

综合来说，课程实施是课程编制的必要环节，是验证和发展课程的重要形式，是课程改革的一个实质性阶段和有机组成部分。

二、课程实施的取向

课程实施的取向是指对课程实施过程的本质的不同认识以及支配这些认识的相应的课程价值观。[①] 在课程实施过程中，由于持有不同的教育价值观，每个人会对课程实施有不同的认识，并用不同的方式和态度来参与课程实施。

迄今为止，人们普遍认同美国学者辛德(J. Synder)提出的三种取向：忠实取向、相互适应取向和课程创生取向。[②]

(一)忠实取向

忠实取向是课程实施研究最初的取向。忠实取向的特点是：完全信任课程专家的学术权威，认同课程计划的重要性和有效性，无条件地接受并忠实执行方案。

持忠实取向者把课程实施过程看成是忠实地执行、落实新课程方案的过程。根据这一取向，预期课程方案是否实现就是衡量课程实施成功与否的基本标准。课程方案实现程度高，则课程实施成功；反之，课程方案实现程度低，则课程实施失败。显然，坚持忠实取向将课程实施的本质理解为忠实执行，按部就班，不可能对课程方案做出变革。

在忠实取向者看来，教师就是课程的"消费者"，他应当按照专家对课程的"使用说明"循规蹈矩地实施课程。作为课程传递者，教师对课程的成功起着关键作用。如果教师不能按照预期的计划实施课程，那么课程就不能达到其目的。所以持忠实取向的课程学者认为，在课程实施之前应对教师进行适当的培训，在课程实施过程中应对教师的行为进行有效支持与监督。课程忠实取向不给教师太多自由发挥的空间，不鼓励或不允许教师在自己的课堂情境中修改课程内容。在这种取向下的教师没有课程意识，也没有课程开发权力，是标准的"教书匠"。

忠实取向强调课程专家在课程变革中的重要地位，视课程变革为一种线性过程：课程专家在课堂外制订出变革计划，教师在课堂中实施变革计划。我国曾长期采用全国统一的课程计划和统编教材，广大教师总是思考如何尽可能忠实地反映课程设计者的意图，在主观上具有忠实取向。但是，每个教师在知识结构、价值取向、教育期望上的不同，以及对教材的把握能力的差异，会对课程内容做出各自的取舍，因此客观上绝对的忠实和精确取向是不存在的。

忠实取向的课程实施适用于某些特定的课程情境，特别适用于课程内容极为复杂、困难且不容易掌握精熟的新课程方案，或是学生的理解有赖于配合课程内容的

---

① 李子建、黄显华：《课程：范式、取向和设计》，314～315页，香港，香港中文大学出版社，1994。
② 钟启泉：《现代课程论》，499～500页，上海，上海教育出版社，2003。

特定安排。① 但是在课程实施中，不应限制师生对课程内容的最大选择范围与最高成就标准，更不应该限制师生对学习方法的选择。

（二）相互适应取向

相互适应取向，指课程实施是预定课程方案与学校情境之间相互适应的过程，主张根据学校或班级实际情境在课程目标、内容、方法、组织形式等方面对课程方案进行调整和改革。持相互适应取向者强调课程实施不是单向的传递和接受，而是双向的互动与改变。事实上，所有的课程方案在实施过程中都必须经过修正调整才能适用于特定而变化的课堂情境。只有如此，教师才能使学生的学习获得最大的效能。

相互适应取向认为，一项课程方案付诸实施之后会发生两方面的变化：一方面，既定的课程方案会发生变化，以适应各种具体实践情境的特殊需要；另一方面，既有的课程实践会发生变化，以适应课程方案的特定要求。课程实施过程中发生相互适应现象是必要的，也是必然的。人们相信，课程实施不可能只是一个事件，更重要的是个过程，在过程中实施者不可能不对课程方案进行修订，甚至改变，以适合其自身的目的。

与忠实取向的课程实施模式不同的是，教师不再是纯粹的课程执行者，他们可以根据自己的经验、学生状况、实际需要等因素调整自己的教学活动。因此，教师具备一定的课程影响力和相当的课程参与意识；但总的来说，课程专家还是居于主导地位。教师对学生也不再进行绝对的控制，会考虑和关注学生的兴趣、爱好和实际情况，不再把学生当成知识的容器和被动接受指令的机器。

相互适应取向倾向于把课程变革过程视为一个复杂的、非线性的和不可预知的过程。因此，应该关注课程实施过程中的社会情境因素的分析，以此揭示课程变革的深层机制。相互适应取向考虑了具体实践情境，如社区条件、学校情境、师生特点等对课程实施的影响，反映了师生的主动性、课程实施的复杂性、不确定性和过程性。所以，它与忠实取向相比，更符合课程实施的实际情况。

（三）课程创生取向

课程创生取向把课程实施过程看成是师生在具体情境中共同合作、创造新的教育经验的过程。其基本理念是：教师和学生具有创造性，课程专家的预定课程方案只是教师和学生进行或实现"再造"的材料或背景，是一种课程资源。真正的课程并不是在课程实施之前就固定下来的，它是情境化、人格化的。课程实施在本质上是具体的课堂情境中"创生"新的教育经验的过程。

创生取向认为课程是课程专家、教师与学生共同参与的结果，教师和学生是课程的主动开发者而非消极的"消费者"。在这种模式中，教师具有了充分的课程参与

---

① 关文信：《初等教育课程与教学论》，80～81 页，北京，中国人民大学出版社，2006。

和决策的权力，教师的兴趣、专长、经验和能力等都成为影响教师进行课程开发的因素。师生在教学活动中共同体验和构建课程。由于创生取向强调教师和学生在课程开发中的创造性，重视教师和学生在课程制定过程中的作用，因此这一取向对教师和学生的要求很高，推行范围相对有限。

应该说，以上三种取向从不同角度揭示了课程实施的本质，各有其适用范围，各有其存在价值。从忠实取向到相互适应取向，再到课程创生取向，体现了课程变革从追求"技术理性"到追求"实践理性"再到"解放理性"的发展方向。

随着我国新课程改革的实施和进展，我们越来越明白，课程是一个开放性的大系统，课程标准和计划、课程专家、教材、教师、学生、师生的生活和经验以及所处的环境、所接触的人事等都是课程系统的组成部分。这种模式尊重了课程系统各成员在开发和实施课程过程中各自所扮演的角色及其应该发挥的作用，因此，应该成为小学课程实施的追求和发展趋势。在小学教育领域中，我们需提倡的是，尊重教师和学生在课程实施过程中生成的教育经验，并发展他们的能力，使之能开发、挑选和整合课程资源，高效地完成所有的课程实施环节。[1]

三、小学课程实施的影响因素

新的课程计划运用到教学实践中，有的卓有成效，有的却无法取得理想效果，甚至根本不能实施。这是由课程变革过程的复杂性决定的。富兰曾提醒我们：影响变革的力量本来就已有很多，再考虑到不可避免的一些意外因素，以及所有因素的同样不可避免的变数，那么，课程实施的复杂性再怎么强调也不过分。[2] 但是，这并没有阻碍研究者在庞杂的变量中寻找课程实施影响因素的分析框架。自20世纪70年代开始，国内外的一些学者开始关注课程实施的影响因素问题。[3] 课程实施的影响因素众多，大致可以归纳为六个方面。

(一) 课程实施背景

课程实施的背景包括课程实施的取向、课程变革的民主化程度和学校及社区的历史文化等。

课程实施取向常常左右着人们的行动，不同价值取向导致不同的课程实施行为。课程忠实取向，使得课程实施者按部就班地执行预定的课程方案；相互适应取向，则激励实施者积极主动地"消费"预定方案，并根据实际情境不断进行调整；而创生取向，让实施者成为课程开发者，积极建构新课程。因此，一个新的课程方案的实施，对原有课程实施价值取向改变的要求越强烈，课程改革的难度就越大，也就越

---

① 汪霞：《小学课程与教学论》，160～161页，上海，华东师范大学出版社，2011。

② [加]迈克尔·富兰：《变革的力量：透视教育改革》，中央教育科学研究所、加拿大多伦多国际学院组织翻译，29页，北京，教育科学出版社，2000。

③ 国外学者对课程实施影响因素研究有三种有代表性的观点，参见尹弘飚、李子建：《基础教育新课程实施的影响因素分析——重庆北碚实验区的个案调查》，载《南京师大学报(社会科学版)》，2004(3)。

难以实施。普拉特(Pratt)研究指出,人们对课程实施的态度一般类似于常态分布:反对者占5%,推诿者占25%,沉默者占40%,支持者占25%,热诚者占5%①。这说明课程实施者对课程实施的态度是非常复杂的。课程实施要达到理想的目标,必须使课程实施者对课程改革有积极心态,能主动参与,善于创造。

课程变革有各种不同的模式和策略,民主化程度各不相同。自上而下的课程变革,主要是在国家教育行政部门的统一组织和领导下有计划、有步骤地进行。课程决定权集中于中央机构和课程专家手中,课程计划统一性强而灵活性弱,常常忽视教师和学生在课程改革中的主体性,不利于课程有效实施。自下而上的课程变革,重视课程编制者与实施者之间的对话和沟通,民主化程度高,容易激发教师、学生、家长的责任感和积极性,能更好地促进课程成功实施。

学校及社区的历史文化是课程实施的历史限定因素。要推进课程实施,必须研究学校既有的历史文化背景,分清其有利和不利因素,有针对性地加以控制。学校若存在改革的氛围,对推进新改革将大有帮助;如果学校缺乏改革的风气,或者积淀着一些不利于改革的滞后因素,则会在推进改革过程中遭遇各种阻力。同时,学校是社区的学校,如果社区公民有对学校教育改革的热诚,就非常有利于课程实施,至少在开发社区课程资源方面不会遇到太多阻碍。

(二)课程实施主体

课程实施的主体主要包括教师、校长和学生等。

1. 教师是课程实施的决定因素

教师的决定作用主要表现在三个方面。

首先,课程实施是教师的学习过程。教师需要在理解课程的理念、目标、内容和方法等之后,才能决定是否接受这个方案。如果教师拒绝学习或"假学习"课程方案,课程实施就失去了前提。

其次,课程实施是教师之间支持与合作的过程。教师在课堂教学中拥有相当大的自主空间,这容易使每一个教室自成一个王国,每位教师的教学,彼此孤立。而整体性的课程教学问题,则需要教师之间的合作共同解决。有鉴于此,只有教师之间加强相互支持与合作,才能推进课程实施。

最后,课程实施是教师观念和知识重构的过程。教师转变旧有观念,确立对新课程的正确态度,掌握新课程所需要的知识经验,方能保证课程实施的顺利进行,但是并非每位教师都愿意积极重构观念和知识,因此,课程实施的最大阻力和动力都来源于教师。

2. 校长是课程实施的引领因素

校长对课程实施的作用不容忽视。校长若支持课程改革,并有意识地引导整个学校从内部组织结构到思想观念都发生一系列的调整与变革,形成一种学习、探究、

---

① 李臣之:《浅谈影响课程实施的六大因素》,载《教育导刊》,2001(23)。

交流的学校文化氛围，对于课程的顺利实施是非常有利的；反之，则不利于课程实施。

目前，人们较为关注校长的领导风格对课程实施的影响。专题研究发现：校长的远见、推动力和决策的一致性等，是促使教师实施课程创新的重要因素；课程实施的成功，需要校长致力于学校合作性文化的建设，鼓励教职员进修，经常性地运用沟通文化规范、价值和信念，增强个人责任感，与他人分享权力等措施。[①]

3. 学生是课程实施效果的体现者

课程变革的最终目的是使学生出现正面的、合意的变化，而学生是造就这些变化的主角，即使是教师也无法替代学生投入学习，因此成功的课程实施需要得到学生的积极配合。将学生纳入课程实施、增加学生对变革的理解，不仅能够促进其学习，而且可以改善课程变革的成效。

学生参与课程实施及研究有四种方式：学生作为数据来源；学生作为积极反应者；学生作为共同研究者；学生作为研究者。[②] 然而在课程变革实践中，学生仍然没有得到人们的真正重视。人们习惯于把学生当作课程实施的对象，很少有人去了解和倾听学生对课程变革的感受和意见，更不用说在变革方案中采纳他们的建议了。正如富兰指出的那样，"当成人考虑到学生时，他们把学生当作变革的潜在受益者，而很少将学生视为变革过程与学校组织的参与者"[③]。为了深化对课程实施的认识，提升课程实施的成效，我们迫切需要将学生纳入课程实施和课程研究之中。

(三)课程实施对象

课程实施的对象即课程自身，包括课程方案、课程材料等。课程方案的明确性、实用性及课程材料的质量等，是影响课程实施的重要因素。

课程方案的明确性，即课程目标与手段的明确性。如果课程方案使教师不知道为什么要改革，或者虽然对课程改革产生了强烈的需要，但不清楚应该做些什么，或者感到非常复杂、含糊不清，那么教师就会出现回避方案或采取较为容易的对策。

课程方案的实用性指课程计划与流行的价值取向和行为方式之间的一致性程度，以及使用它们的方便程度。只有符合社会和个人发展需求，并能促进其需求的满足和实现时，课程计划才会被家长、教师和学生接受，才能得到社会的认可和支持。同时，课程计划所要求的实施能力必须在实施者的能力范围之内。如果新课程改革的力度大、范围广，而课程资源的开发、教师队伍的整体素质和数量等不能很快跟进，那么新课程实施就会面临巨大挑战，实施过程中困难重重。

课程材料的难度、实用性、清晰度及其与学生接受水平之间的协调性等，常常也容易改变教师实施新课程或学生学习新课程的态度。为保证课程顺利实施，要求

---

① 黄甫全：《现代课程与教学论学程》，535页，北京，人民教育出版社，2006。

② 尹弘飚、李子建：《论学生参与课程实施及其研究》，载《课程·教材·教法》，2005(1)。

③ Fullan M. *The New Meaning of Educational Change*. New York：Teachers College Press, 2001：151.

课程材料及其组合方式"反映一种新的教学观念，具有一定的理论基础，有新意，而且能够达到课程研制的目标"，课程材料体系"内部符合循序渐进的规律，外部与其他学科能够相互配合"。[1]

(四)课程实施管理

地方教育部门对课程实施的管理直接影响到课程实施的效果。如果地方教育部门采用优先发展教育的策略，并将课程改革置于教育发展的核心地位，那么对课程实施的经费和人力投入就会较为充足，课程实施就有了良好的基础。同时，教师聘用制和校长聘任制是否有效实施，会明显地影响到教师和校长参与课程实施的责任感和积极性；师资队伍建设和发展体制的合理健全，可以提升课程实施的质量；而督导机制的科学化，也有效地指引课程实施朝着科学的方向前进。

(五)课程实施环境

课程实施的环境主要包括学校现有教育条件和社区课程资源。

学校现有的教育条件，包括活动场所与设施、教育媒体和教育辅助手段等，是课程实施的必要保证。需要说明的是，并非教育条件越好，课程实施水平就越高。当教育条件达到一定程度之后，真正决定课程实施水平的还是课程实施主体。

社区课程资源包括博物馆、科学馆、图书馆、教育网络资源中心、青少年活动中心，以及学校周边的自然资源等，这些都是学校课程实施的可利用资源。此外，学校所在社区的各种改革计划、方案，社会群体现实舆论，家庭的支持程度等，对教育改革也可能产生相应的影响，进而作用于课程实施。

(六)理论基础

课程实施的理论基础(如课程论发展状况、心理学研究进展、教学论研究成果等)对课程实施有很大影响。尤其是关于课程实施策略的研究成果，诸如教师进修策略、资源支持策略、教师参与课程策略等，都会直接作用于课程实施的全过程。以教师进修为例，教师训练越充分，课程实施程度越高。但是，在职进修教师进修的课程模式如何设计？由谁来实施？采用什么方式？在什么时间？实施多少次？经费与人力如何保障？如何确定教师参与课程实施的性质、时间、范围、策略？教师怎样再造教材，使之与学生的生活、已有认知基础、认知发展特点紧密结合……这些都是值得研究的问题，亟须开展系统而深入的理论研究。

四、小学课程实施的基本模式

基于不同的课程观、知识观和课程取向，在课程实施过程中形成了不同的实施模式。其中，有代表性的课程实施模式有"'研究—开发—推广'模式""兰德变革模式""变革阻力消除模式""组织发展模式""情境模式"五种。

---

[1] 钟启泉：《课程设计基础》，457 页，济南，山东教育出版社，1998。

(一)"研究—开发—推广"模式

"研究—开发—推广"模式认为课程实施是一种理性化和技术化的过程,认为课程变迁是指由学科专家和课程专家对具体的学科或课程问题进行研究,再根据研究结果开发新课程方案,最后把方案投入学校推广使用。[①] 因此,这种实施模式通常被认为是忠实取向的反映。

"研究—开发—推广"模式包括四个相对独立的、有顺序的步骤。[②] ①研究。通过研究确立课程与教学的基本原理,这是课程变革的基本价值取向和指导原则。②开发。将研究发现的基本原理运用于课程资料的开发过程,由此设计和开发出新的课程方案。③推广。将开发出的新课程方案推广到学校,系统传播给具体教育情境中的教师,供其使用。④采用。教师使用新课程并将其整合于学校课程之中,但无权对课程方案进行修改或调整,只负责使用。

"研究—开发—推广"模式具有下列特征:①课程实施所需要的技能是可以学习的及可以特定化的。②课程方案由专家设计并使其臻于完美,并且假定课程方案能适合不同的学校情境,教师很少有机会进行现场修改。③假定课程目标已得到课程开发者、教师和学生的认同,并且这些目标会成为评价学生的主要基础。④课程实施以"忠实"程度作为评估的基础,课程方案的使用者是变革的被动接受者。

(二)兰德变革模式

"研究—开发—推广"模式应用效果不佳,学者们开始怀疑它的合理性。兰德(Rand)社团于1973年至1977年对美国联邦政府资助的教育变革展开研究,认识到课程实施必须关注教师依据特定的教育情境对课程方案的调适,成功的课程实施在于它是一个相互调适的过程,进而提出了兰德变革模式。

兰德变革模式的研究者认为实施变革的主要障碍在于学校的组织动力,因此他们强调在实施阶段给学校加入一些鼓励变革的组织变量。这一模式由以下三个阶段组成:①启动。变革的发起者致力于使人们支持课程变革计划,这需要对课程变革计划的目标做出解释,寻求教育实践者的理解和支持。②实施。成功的课程实施取决于课程变革的特征、教学和行政管理人员的能力、社区环境以及学校组织结构等因素。因此,课程实施的关键是对既定课程变革计划做出适当调整。③合作。所实施的课程方案已经成为现行课程制度的一部分,需要课程专家、教育行政管理人员、教师、社区代表甚至家长等密切合作,相互适应,使变革计划不断进行下去。[③]

兰德变革模式的特征表现在:①课程实施的关键在于课程专家、校长与教师等方面的相互适应;②良好的教材知识是缄默知识,最好是让教师通过观摩相互学习,而不是让有关专家或顾问来界定和传授知识;③课程实施并非由一套预设目标指引,

---

① 尹弘飚、靳玉乐:《课程实施的策略与模式》,载《比较教育研究》,2003(2)。
② 张华:《课程与教学论》,348~349 页,上海,上海教育出版社,2000。
③ 同上书,350~351 页。

而是由一套与学生、教学方式、教学内容以及学校教育等有关的信念指引；④教师可以根据特定的教育情境对课程方案进行调适，课程实施是教师对课程方案的多元诠释过程，他们会从多个侧面来认识与实践课程方案。[1]

(三)变革阻力消除模式

变革阻力消除模式认为，计划性课程变革的成败取决于课程领导者是否有能力克服教师对新课程计划的抵制。[2]

消除对变革的抵制的方法之一是在学校管理层和组织成员之间建立一种权力平衡。课程领导者应该将权力与教师共享，让教师参与课程计划的制订，使得教师把变革视为自己的分内事，感到自己是变革的主人，从而认真负责地来推动变革。消除变革阻力的另一种方法是确定和处理好教师都关注和忧虑的事情。这种模式假设个体的改变要先于组织的变革。变革也指一种个人的经验活动，必须允许教师的个性特点在课程变革与实施中有所体现。此外，在课程变革中必须明了教师和其他参与者的需要。

霍尔(Hall)和洛克斯(Loucks)的研究指出，人们对课程改革的关注可以分为四个发展阶段：①无关关注。在这一阶段，教师们还没有明确他们与课程变革之间的关系。如学校设置了一门新课，某位教师意识到这需要有人为之付出努力，但认为这是与己无关的事。这位教师不会抵制这项变革的原因是其还未意识到自己的专业领域会受到影响。②自我关注。这一阶段，教师已经把自己和课程变革联系起来，他们关心新的课程与现行课程之间的异同，意识到自己必须投入课程实施中去，发现自己面临着如何教好新课程的问题。③任务关注。现在教师关注课程变革在课堂上的实际推行。如：教授新课程要花多少时间？提供的材料足够吗？最佳的教学方法是什么？④影响关注。到了这一阶段，教师会更多地关注新课程对学生、同事和教育团体的影响上。教师会考虑，新课程是否有助于学生的未来生活，学生学习新课程需要哪些新的有效方法。

采用变革阻力消除模式，必须处理好教师在第二、第三、第四阶段所关注和忧虑的事项。如果忽略这些，教师不仅不会认同课程变革，还会以与变革不相关的方式进行工作。因而，课程领导者应使全体教师理解课程变革的情况，让他们在一开始就直接参与课程计划的制订工作；并且应该让教师们聚在一起彼此分担所关注和忧虑的事情，共同找出解决问题的办法。当教师明确了各自所关注的问题后，就会接受变革，而且会充满信心去努力实现相应的变革，进而按既定的方式推广新课程。

(四)组织发展模式

斯迈克(Schmuck，R. S.)和迈尔斯(Miles，M.)指出，许多教育改革方法没有

---

[1] 黄甫全：《现代课程与教学论学程》，543～544页，北京，人民教育出版社，2006。

[2] ［美］艾伦·C.奥恩斯坦、费朗西斯·P.汉金斯：《课程：基础、原理和问题》，柯森译，325～326页，南京，江苏教育出版社，2002。

成功的原因是教育领导者把方法的应用视为一种理性化的过程，过于强调进行技术层面的推广，而忽视了实施过程中学校组织需要不断地发展和革新，进而提出了组织发展模式。[1] 组织发展模式强调学校组织的发展，强调提升学校组织解决问题与自我更新的能力，强调进行团队工作与形成组织文化。

弗伦奇(French)和贝尔(Bell)进一步描述了组织发展不同于传统的组织介入方式的七个特点：①重视团队在处理问题中的作用；②重视团体的活动过程和团体间的活动过程；③运用行动研究；④强调组织内部的合作，并将之作为主流文化；⑤文化视为整个组织系统的一部分；⑥让组织的负责人充当顾问和促进者；⑦赞赏组织在不断变化的环境中所表现出来的动态性。也正是因为组织发展模式的动态性特点，有学者认为它是课程创生取向的体现。

组织发展模式的一个重要假设是"个体关注未来"。基于此，这一理论认为人们渴望积极地参与到设计、发展、实施和评价教育系统的活动中去；他们期望通过实施新课程，使师生们达到他们的目标，并鼓励主要参与者确认新的使命，以最终促进社会的进步。因此，组织发展模式认同课程实施者的主体性，赞同教师与学生对课程知识进行个性化处理，认为课程实施是人类的社会活动，是一个新观点不断产生，新材料和新方法不断涌现的永无休止的过程。通过不断地创生和实施课程，教师和学生在丰富多彩的学习活动中得到发展，并达至最佳的学习状态。

(五)情境模式

美国学者帕里斯(C. Paris)对课程实施持课程创生取向，由此提出了课程实施的情境模式。情境模式基于以下三个假设：第一，课程知识包括情境知识，这些情境知识是教师在不断前进的教与学的实践过程中创造的；第二，课程变革是个体在思维和行动方面成长与变化的过程，而不是课程设计与实施的组织程序；第三，教师不论是创造和调整自己的课程，还是对别人创造和强加的课程做出反应，他们的课程实践总是基于他们对特殊情境的知觉而发生变化。

帕里斯认为，有必要把课程作为教师在复杂的情境中所创生的东西来考察，有必要用对教师有意义的观点来解释课程实施的过程、结果和情境。从这一观点出发，教师就是课程知识的创造者而非接受者；创生课程所需要的知识与技能是情境性和具体化的，是教师通过探究性的实践而不断获取与更新的。创生课堂的最佳途径是课堂探究、与同事的讨论以及共同观察、正规教学。通过这些途径获取的课程与教学的理念，不再是别人强加给自己的，而是教师在实践活动中的体悟和收获。

---

① Allan C. Ornstern, F. P. Hunkins, *Curriculum: Foundations, Principles, and Issues*(4th ed.), Boston, Pearson, 2004, pp. 314-315.

第二节 小学课程评价

课程评价是当前教育研究领域中广受关注的主要课题。在课程研制过程中，评价是一个十分重要的阶段；在课程实施中，评价又是一个不可或缺的要素。经过长期的发展，课程评价已经获得了较清晰的概念，建构了多种评价类型，形成了丰富而明确的评价对象。

一、课程评价的内涵和功能

(一)课程评价的内涵

评价是一个在社会生活中应用很广的概念，我们可以用一个公式对其加以简明的表述：评价＝测量(量的记述)或非测量(质的记述)＋价值的判断。简单地说，评价就是根据一定的价值观对事物及其属性所做出的价值判断，它包括评价标准、评价主体、评价方法、评价客体和评价结果等要素。课程评价作为一个重要的评价领域，不同时期的人们对其有着不同的理解，不同的理论学派也有着不同的诠释，目前仍是一个颇有争议的问题。人们站在不同的角度对其进行过不同的界定。

在西方，主要有三种观点。一是最早提出评价概念的泰勒，他指出"评价过程实质上是一个确定课程与教学计划达到教育目标的程度的过程"[1]。泰勒把评价看作为对目标达成与否的判断，注重结果与目标的对比。二是如美国学者克隆巴赫(L. Cronbach)所认为的，评价是"为做出关于教育方案的决策，收集和使用信息"的过程。[2] 斯塔弗尔比姆(D. L. Stufflebeam)继承了克隆巴赫的观点，也明确指出"评价最重要的意图不是为了证明而是为了改进"，评价是"为决策提供有用信息的过程"。他进一步阐述"评价是一种划定、获取和提供叙事性信息的过程。这些信息涉及研究对象的目标、设计、实施和影响的价值和优缺点，以便指导如何决策和满足教学效能核定的需要，并增加对研究对象的了解"。[3] 他们都强调评价的决策和改进功能，注重评价的过程；第三种观点把评价定义为"确定某事物的价值。它包括获取信息以用于某一方案、产品、程序或目标的价值，或者旨在达到指定目标的备择方法的潜在效用"[4]。这一看法强调课程与人的需要之间的关系。

在我国，人们往往把评价看作是评定价值的简称。由于各种原因，课程评价在我国长期没有得到应有的重视。20世纪80年代后学者们对课程评价逐渐进行了系统的研究。随着国外课程理论的不断引进和国内课程专家对课程评价问题的持续关

---

[1] [美]拉尔夫·泰勒：《课程与教学的基本原理》，施良方，译，85页，北京，人民教育出版社，1994。
[2] 瞿葆奎：《教育学文集·教育评价》，160页，北京，人民教育出版社，1989，引用时有改动。
[3] 陈玉琨：《中国高等教育评论论》，17页，广州，广东高等教育出版社，1993.。
[4] 廖哲勋、田慧生：《课程新论》，400页，北京，教育科学出版社，2003。

注，课程评价的研究成果日益丰富，课程评价在研究的广度和深度上都得到了快速的发展。目前，虽然有关课程评价的研究有了长足发展，但是对于课程评价的内涵尚未达成共识。国内各种相关著述中均对课程评价的定义做了深入的探讨。① 常见的定义有：①课程评价是根据一定的课程价值观或课程目标，运用一定的科学手段，通过系统地收集信息、资料，分析、整理，对课程方案、课程实施过程和结果等的价值或特点做出判断，从而为课程决策提供可靠信息的过程。②课程评价作为教育评价的重要组成部分，是通过系统调查、收集数据资料，对学校课程满足社会和个人需要的程度做出判断的活动。③所谓课程评价，就是以一定的方法、途径对课程的计划、活动以及结果等有关问题的价值或特点做出判断的过程。这些观点各有侧重，但他们之间并不相互排斥，每种定义都从不同的视角反映了课程评价的本质属性。总的来说，我国主要倾向于把课程评价看作是一种在广泛收集必要的事实信息的基础上，依据一定的标准，对课程编制和实施的全过程中的各个环节、各种因素，以及对教学系统的整体或局部进行价值判断的过程。

综上所述，小学课程评价作为课程评价的重要组成部分，是在遵循小学生身心发展规律的基础上，通过合理的方法、途径，结合所涉及的相关因素，对小学课程设计、小学课程内容、小学课程实施过程及结果等方面进行价值判断的过程。其内涵既体现了课程评价的一般特征，又有自身的特殊性。

(二)课程评价的功能

课程评价的直接目的是了解课程实施中显现出的长处和缺陷，获取课程修订的信息，确认课程实现教育目标的程度，具有诊断、反馈、激励、定向、管理、研究等功能。

(1)诊断。课程评价是检查课程和教学工作的重要手段。根据搜集到的信息和对信息的整理与分析，可以诊断课程方案、教材、教学，找到问题所在；能够对课程的各个因素或各个方面的优良程度进行鉴定，确定其价值的大小，发现课程不能充分满足社会需要和学生需要的主要表现与原因。

(2)反馈。通过课程评价，可以给教育工作者提供丰富而比较准确的反馈信息，将在课程理解和执行过程中产生的疑问、建议等信息反映出来。通过评价，建立课程的反馈通路，使课程实现自我调节和良性循环，从而不断提高课程质量。

(3)激励。评价可以激发评价对象的成就动机和工作积极性。课程评价往往要区分水平高低、评定等级，这些直接影响着评价对象的形象、利益和荣誉等。因此，评价活动能促使评价对象积极进取，不断努力。

(4)定向。课程评价以教育目的、评价目的、评价理论作为判断价值的标准，设

① 参见钟启泉、汪霞：《课程与教学论》，251页，上海，华东师范大学出版社，2008；廖哲勋、田慧生：《课程新论》，402页，北京，教育科学出版社，2003；李雁冰：《课程评价论》，2页，上海，上海教育出版社，2002。

置评价指标体系，然后根据评价标准进行评价。由于指标体系的指导和定向，通过评价能进一步明确课程开发的原则，理解课程的价值，澄清对课程的模糊认识，纠正课程实施中的不恰当做法，指导课程开发和使用的方向与过程。另外，课程与教学工作的路向和侧重点也常与评价标准的指向和侧重点相关，师生通常会围绕评价指标展开教与学的活动。适时而客观的评价，可以使师生明确需要努力的方向。

（5）管理。通过课程评价，有助于对课程的管理者、实施者甚至实施对象进行监督、激励、奖惩等。评价者通过奖励和处罚等手段可以对与课程的制定和实施有关的人员、物体进行管理，根据情况不断协调他们之间的关系，确保课程方案得到有效实施。

（6）研究。通过课程评价，有利于开展教育研究活动。评价活动本身就是严肃的科学活动，其结果就是科研成果。评价的结果对于探讨和解决教育上的种种问题，也有着极大的启示作用。

二、小学课程评价的类型

小学课程评价的类型有很多，根据不同的标准，可以归纳为特征不同的若干类型。下面就主要评价类型分类进行分析。

（一）以评价主体为依据

根据评价主体的不同，课程评价可以分为内部评价与外部评价。

内部评价指评价对象作为评价主体对自我进行评价，它有时是内隐的，有时具有外显性。内部评价建立在对评价对象信任的基础上，能够激发评价对象的自尊心、自信心，增强自我评价意识和能力。内部评价的好处是评价者对课程的精神实质有较好的把握，可以揭露深层次的信息，揭示问题的本质，及时反馈和调适。其缺陷是，评价者有可能局限于自己的设计思想，缺乏外界参照体系，评价结果的可靠程度较低。

外部评价指作为评价对象之外的其他主体对评价对象的评价，是外部的显性评价。外部评价从外部反映评价对象的情况，评价面广，容易做到公正客观，信任度比较高。其缺陷在于组织工作过于繁杂，耗费时间和人力较多。

（二）以评价作用为依据

根据评价所起的主要作用的不同，课程评价可以分为诊断性评价、形成性评价与终结性评价。

诊断性评价一般指在某些课程活动开始之前，为使其计划更有效地实施而进行的预估性或测定性的评价。其主要目的是为了了解评价对象的基础和情况，判断是否具备进行某项活动的条件，为下一阶段工作做准备，为因材施教提供依据。诊断性评价既重视诊断现状，也重视指导。

形成性评价又称过程评价，是在课程计划方案实施过程中进行的评价，目的是及时收集相关信息，了解及反馈信息，以便对课程改进、修订和发展。这种评价不注重区分等级，而且频率高、一次涉及的内容分量少、评价内容概括性水平低，常常伴随着各项改正程序。

终结性评价是在课程计划方案实施结束之后进行的评价，主要目的是评定成绩，给出结论，也可以就评价本身进行有效与否的鉴定。终结性评价实施的频率较低，评价内容概括性高，其着眼点在于对评价对象的总体认识。

以上三种评价在实际评价工作中是相互联系和相互渗透的。比如，诊断性评价一般是在工作初始时的准备性评价。但是，实际上由于任何一项工作都是连续性的，阶段的划分也是相对的，无论是形成性评价或终结性评价都带有诊断的性质。而评价的根本目的是为了促进工作，促进发展，所以任何评价都带有形成性的性质。

（三）以评价方法为依据

根据评价过程中运用的主要方法的不同，可以分为定量评价和定性评价。

定量评价，又称量化评价，是指采用数学的方法，收集和处理数据资料，对评价对象做出定量结论的价值判断。如运用教育测量与统计的方法，模糊数学的方法等，对评价对象的特性用数值进行描述和判断。定性评价，又称质性评价，不采用数学方法，而是根据评价者对评价对象平时的表现、现实的状态或文献资料的观察和分析，直接对评价对象做出定性结论的价值判断。比如，评出等级、写评语等都是定性评价。教育活动是复杂的，具有模糊性，许多因素难以量化。因此，定性评价是不可缺少的。

定量评价和定性评价各有其优缺点，各有其适用范围。现代评价理论和实践发展的趋势是将两者结合，以求得到更客观和更全面的评价结果。

（四）以评价与预定目标间关系为依据

根据评价与预定目标之间的关系，课程评价还可以分为目标本位评价和目标游离评价。

目标本位评价以课程计划的预定目标为依据进行评价。它通常要判断的是目标实现的程度，因此这种评价往往要求精心地描述可以辨别的目标。目标本位评价在课程评价实践中运用广泛，其特点是标准清晰，任务重点集中，易于把握。但是它只强调目标，就使得评价的范围过于狭窄，一些有教育意义的结果却落在了评价的范围之外。此外，目标本位评价只强调对目标实现程度的评价，忽视了对目标本身的评价。

针对目标本位的缺陷，斯克瑞文于1967年提出了目标游离评价。目标游离评价要求脱离预定目标，以课程计划或活动的全部实际结果为评价对象，尽可能全面客观地展示结果。由于目标游离评价抛开目标对评价的约束，试图通过对课程计划的全面评价来判断该计划是否符合教育者和学生的需要，因此也被看作是"需要本位的评价"。尽管目标游离评价不是完善的评价模式，但是其强调评价相对于课程计划的独立性，强调对所有结果进行考察和对预定目标进行价值判断的重要性，拓宽了评价的视野，对评价的发展产生了重要的影响。

（五）以评价标准为依据

根据评价标准的不同，课程评价可以分为相对评价、绝对评价和个体内差异评价。

相对评价是依据评价对象的集合来确定评价标准，然后利用这个标准来评定每个评价对象在集合中的相对位置的评价。相对评价重视区分个体在群体中的相对位置和名次，适合于以选拔为宗旨的课程评价活动。但是其评价结果不能完全代表评价对象的实际水平，体现的只是个体在群体中的相对位置，容易导致激烈竞争，以至于对课程实施产生负面影响。绝对评价是一种在评价对象群体之外，预定一个客观或理想的标准，并运用这个固定的标准去评价每个对象的评价。只要保证评价过程的科学合理，绝对评价的结果就可以在很大程度上反映出评价对象掌握客观标准要求的水平。这种评价适用于以鉴定资格和水平为宗旨的课程评价。在实际工作中，确保评价标准的稳定性、客观性和准确性，是提高绝对评价科学化水平的关键。

个体内差异评价是对同一评价对象的不同方面或某方面的前后变化进行比较的评价。个体内差异评价照顾到了评价对象的个体差异，又可以综合地和动态地考察评价对象的发展变化。它的缺点是没有客观标准，也没有外部比较，很难确定评价对象的真实水平。

上述各种分类向我们揭示出课程评价的多样性和复杂性。各类型之间并非相互排斥，而是可以彼此相容的。即使是某种分类的内部，也并非十分严格，只是一种典型的概括。分类本身不是目的，它只是为人们更好地把握和选择评价方式提供了一条便捷的途径。

三、小学课程评价的对象

课程评价对象通常是指课程评价的客体。由于课程自身系统的复杂性，课程评价对象既是复杂的，也是多元的。从课程编制的完整流程这一角度分析，小学课程评价的对象可以包括小学课程设计、小学课程内容、小学课程实施过程及结果等几个方面。具体来说，课程评价的对象至少包含如下方面：课程设计的评价；课程表现形式（课程计划、课程标准、课程材料）的评价；教师使用课程的评价；课程实施范围、实施人员、实施程序的评价；课程对学生学业成就的实际效用的评价等。下面就课程计划、教师教学、学生学业成就、课程材料做简单介绍。

（一）课程计划

课程计划是在教育目的的规范下对不同学校的课程进行全方位规划的指导性文件，它规定课程设计的指导思想、培养目标、课程设置、学业评价及课程计划实施的要求。对课程计划的评价侧重点在于其合理性和可行性。课程计划评价主要有：

(1)课程编制的指导思想评价。包括对现行课程的问题的诊断性评价、社会各界对课程客观需求的评价以及课程改革的必要性和可能性评价。

(2)课程目标评价。包括课程目标与培养目标的一致性，课程目标的全面性与充分性，课程目标实现的现实可行性，课程目标表述的准确性。

值得注意的是，课程目标在传统课程评价中，作为制定评价标准的重要依据，是不能被评价的，而泰勒的学生澳大利亚著名课程理论家惠勒（D. K. Wheeler）却提出"必须对课程目标本身进行评价"这一著名观点。他认为，课程目标应该成为评价者对课程进行评价的一个重要角度。[①] 其实，课程是一个过程，如果用一个静止不变的目标来控制一个发展不定的过程，其后果可想而知。因此，只有随时对课程目标进行评价、改进，才能适应整个课程的发展过程。

(3)课程设置评价。课程设置指学校中各类课程的开设及顺序与学时安排。其评价包括：课程设置与课程目标的一致性；课程结构合理性和课时安排合理性。

关于课程结构的评价，需要考虑的问题有：国家课程、地方课程与校本课程的比例；基础性课程与发展性课程的比例；学科课程与活动课程的比例；分科课程与综合课程的比例；人文社会学科与自然科学学科的比例；必修课与选修课的比例；再现型课程与探索型课程的比例。

课时安排的评价，首先要考虑课程总量的合理性，这直接涉及学生合理的学习负担；其次是各年级课时安排的合理性，即是否根据不同学生的身心特点做了合理安排；最后还要考虑周课时安排的合理性。

(二)教师教学

教师教学评价主要包括教师教学过程评价和教学绩效考核。教学过程评价是对教学各环节的考察，主要考察和评价教师钻研和使用课程材料的活动以及教师运用相关的教学方法、手段的活动。如考察教师是否以课程材料作为课程与教学活动的基本依据。同时，它也考察课程材料对教师实现教学目标的适应性、可行性和有效性。教师绩效考核，主要通过考查学生学习习惯与方法、学业成绩以及能力发展来进行。

(三)学生学业成就

学生学业成就评价是在系统地、科学地和全面地搜集和整理学生信息的基础上，对学生的发展和变化做出判断的过程。学生评价不仅关注学生最终的学业成就，还注重通过评价促进学生的发展与成长。学业成就评价主要体现在各类考试与测验结果上，而诊断性和形成性评价能更有效地帮助学生发现问题，改进学习，从而促进学生的成长与发展。

(四)课程材料

课程材料是指教科书、讲义、教具、教学录像片、幻灯片和考试卷等教学实物。

---

① 易森林、袁桂林：《试论课程评价多元化趋势》，载《外国教育研究》，2001(2)。

对课程材料的评价的侧重点在于内容的正确性、可理解性和可行性。课程设计的外在表现，它是为了促进教师的教和学生的学而存在的。因此，除了课程材料本身的科学性以外，评价课程材料的基本标准就是是否有助于教师的教和学生的学，尤其是学生的学。当然，课程材料也应具有美感，但是绝不能因为片面追求课程形式上的美观而忽略了它的基本要求，更不能为了评比等目的去摆花架子，让内容服从形式。

【**案例 4-1**】中国台湾地区课程评价[①]

一、总体的课程评价标准

(一)课程决策阶段

(1)政策规划。①成立一常设的课程研究及发展组织。②成立课程政策规划的组织。③搜集、参考与评估课程政策规划的相关资料。④拟定完整的课程政策。⑤研订课程决策的相关配套措施。

(2)决策过程。①提供决策过程中多元且开放的咨询管道。②课程政策经过试用才做最后的决定。③决策过程具有正当性。

(二)课程实施阶段

(1)组织运作。成立课程实施推动与辅导小组；掌控课程实施的时程与进度。

(2)沟通协调。相关单位的纵向与横向之间的联系与协调；建立支持、咨询、回馈系统；办理分区新课程说明会。

(3)专业成长。提升实施新课程相关人员的专业知识；办理课程研讨会；配合新课程修订师资培育相关事项；鼓励或补助师资培育机构办理新课程研习与研究。

(4)课程与教材。统合规划教学资源收集、制作及服务。

(5)资源整合。充实新课程所需的资源；编列实施新课程各项经费。

(三)课程成效评估阶段

(1)满意度

①专家学者对于新课程政策采取支持与肯定的意见。

②教育行政人员对新课程政策采取支持与肯定的意见。

③学校成员对新课程政策采取支持与肯定的意见。

④社会大众对新课程政策采取支持与肯定的意见。

(2)效果度

①新课程的实施能够促进学生的学习。

②新课程的实施能够促进教师专业知识的成长。

③新课程的实施有助于学校的发展。

---

① 钟启泉：《课程论》，321～324 页，北京，教育科学出版社，2007。

二、具体的课程评价标准

(一)组织运作

(1)整合内部相关组织,明确分工与合作,建立长期稳定的沟通对话机制。

(2)辅导团员专业人才充裕,并有足够的时间进行课程研发与到校辅导。

(3)增加中小学辅导团间的合作机会,借以了解中小学衔接问题,并加以沟通整合。

(4)鼓励学校组织策略联盟,进行校际的交流分享、对话与合作。

(二)课程与教学辅导咨询

(1)提供资源协助所属学校依学校愿景发展本位课程,使学校有自主发展的机会。

(2)了解学校与教师需求,制订可行的课程与教学辅导计划,定期辅导并提供必要的协助。

(3)辅导学校建立正确的课程评价观念,并作为课程决策的参考。

(4)正视学校课程与教学问题,列入行政规划与辅导重点,协助学校解决。

(5)在协助学校解决课程与教学问题时,提供相关案例供学校参考,与"中央"有关者适时反映。

(三)专业成长

(1)规划并办理符合学校教师需求,具有系统性、多元性与实务性的专业成长课程,并能及时反馈。

(2)鼓励教师从事课程发展与教育研究,并引介专业人士参与共同讨论及施作。

(3)鼓励校长强化其课程与教学的专业领导。

(四)行政支持与资源整合项目

(1)教育行政人员的培育与任用应考虑其教育专业,并加强其教育专业进修。

(2)对课程改革的相关规范,能考量地方特色与限制,做适当的转化与因应。

(3)学生成绩处理系统、学籍管理系统,考虑其实用性、可行性与便利性,并协助学校充足其外围设施,让上述系统能正常运作(短期规准,稳定后可删除)。

(4)对推动课程改革有成的学校、教师、家长与民间团体给予奖励。

(5)鼓励并协助学校建立学校本位课程档案,并将信息流通,供校内外人员参考。

(6)整合并发展中小学课程与教学资源(含各学习领域),透过网络连接其他网络资源,供教育人员及社会人士参考使用。

(五)成效评估

(1)了解学校人员对教育局协助学校进行课程发展的满意度、所遭遇的困难与改进建议。

(2)了解所属学校教师对课程改革的满意度、负荷情形、专业成长与改进建议。

（3）了解学生在课程改革过程中的学习情形。

（4）了解学生家长对课程改革的态度与意见。

（5）提供足够的课程改革信息，相互沟通，共商改进策略。

四、小学课程评价的主要模式

课程评价模式是评价人员或研究者依据某种教育理念、课程思想或特定的评价目的，选取一种或几种评价途径所建立的相对完整的评价体系。我国对课程评价的研究起步晚，下面主要对西方流行的几种课程评价模式进行介绍。[①]

（一）几种典型课程评价模式

1. 目标达成模式

这一模式是在美国进步教育协会"八年研究"的过程中，由著名课程论专家泰勒及其同事提出和发展起来的，是第一个完整的课程评价模式。它是以泰勒的课程原理为基础，围绕目标达成而建构的一种评价模式。

泰勒在对目标模式的研究中，把编制评价的步骤概括为七个阶段：①确定教育方案的目标；②对目标进行分类；③根据行为和内容界定每一个目标；④确定能表现目标达成程度的具体场景；⑤选择和设计评价所使用的测量技术；⑥收集有关学生表现的资料；⑦将收集的资料与行为目标做比较。[②]

由上述程序可以看出，这一模式强调预期目标的实现状况，目标既是该模式进行评价的出发点，也是考核课程设计效果的主要标准。如果目标能达成，课程方案便属成功，否则便属失败。这一模式易于操作，但是只关注预期目标，忽视其他因素，并且目标本身的合理性无法保证，因此有不少人提出了异议。

2. 目标游离模式

目标游离模式是美国斯克里文（M. Scriven）针对目标评价模式过于关注预定目标，而对目标以外的副效应（非预期效应）没有给予应有的重视而提出的。斯克里文断定："对目标的考虑和评价是一个不必要的、而且很可能是有害的步骤。"[③]根据斯克里文的观点，目标评价模式太容易受课程计划目的的限制，也容易受课程计划的设计者和使用者的影响，而严格按照目的办事会大大限制评价的范围及其深远的意义。因此，评价应把重点由"课程计划预期的结果"转向"课程计划实际的结果"上来，主张课程目标与课程评价标准的"游离"，使课程评价在一定程度上摆脱既定目标的制约，而专注于课程实施的实效。

在目标游离模式中，斯克里文提出了建立"重要评价检查表"，它包括描述、委托人、背景及脉络、资源、功能、传递系统、消费者、需要和价值、标准、过程、

---

① 李雁冰：《课程评价论》，66～182 页，上海，上海教育出版社，2002。

② 张传燧：《课程与教学论》，389 页，北京，人民教育出版社，2008。

③ 转引自瞿葆奎：《教育学文集·教育评价》，77 页，北京，人民教育出版社，1989。

成果、通则性、成本、比较、重要性、建议、报告、后设评价 18 个因素，并建议评价者在若干个周期内使用这个检查表。

斯克里文提出的目标游离评价模式对于如何开展评价没有提出一个详细的程序，也没有提出操作化的规则。严格地说，目标游离评价不是一个完善的模式，它更多的是一种评价的思想和原则，但它着力于打破课程制定者对课程评价的垄断，为更多的人参与到课程评价中来提供了更大的可能性。

3. CIPP 评价模式

CIPP 评价模式是一个整合性的课程评价模式，最早由美国斯塔弗尔比姆及其同事提出，用四种评价方式的第一个英文字母命名，即背景评价(context evaluation)、输入评价(input evaluation)、过程评价(process evaluation)和成果评价(product evaluation)。斯塔弗尔比姆认为，"评价最重要的目的不是证明，而是改善"。"评价是作为一种工具，为决策提供信息的过程。"因而他强调，评价重要的是为课程的决策提供评价材料。

背景评价、输入评价、过程评价和成果评价是 CIPP 评价模式的四个步骤。①背景评价。目的是提供整个课程方案运行的各种依据和信息；②输入评价。主要是为了帮助决策者选择达到目标的最佳手段，而对各种可供选择的课程计划进行评价。这个阶段可以被理解为课程计划的可行性评价；③过程评价。目的是通过记录课程实施过程，为决策者提供修正方案的有效信息；④成果评价。测量、解释、评定课程方案的状况，帮助决策者决定课程方案是否终止、修正或继续使用。

CIPP 评价模式主要围绕着为决策者提供信息进行评价。这种评价可以使研究者用一种比较客观的眼光来看待评价对象，尽可能地全面描述、分析研究对象的特征，从而为教育决策者提供更有效的信息。它考虑到了新课程方案的各种因素，但操作过程复杂，使用不便。

4. CSE 评价模式

CSE 评价模式是一种与 CIPP 评价模式最为接近的评价模式。CSE 即美国洛杉矶加利福尼亚大学评价研究中心(Center for Study Evaluation)的简称。这个研究中心在此评价模式上倾注了大量心血，由此而命名。

CSE 评价模式包含四个步骤，见图 4-3。

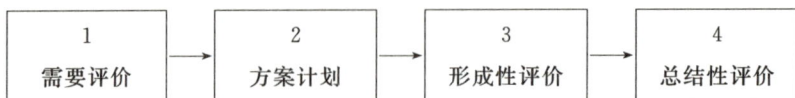

| 1 需要评价 | → | 2 方案计划 | → | 3 形成性评价 | → | 4 总结性评价 |

图 4-3 CSE 评价模型的阶段

资料来源：陈玉琨：《课程改革与课程评价》，149 页，北京，教育科学出版社，2001。

需要评价是调查人们有何种需要，评定人们需要教育完成什么任务，核心问题是确定教育的目标；方案计划是对各种备选方案在达到目标方面成功的可能性做出评价；形成性评价，这一步的重点在于发现教育过程的成功和不足之处，修正教学活动中某些偏离预期目标的地方，从而保证教育目标的实现；总结性评价是在以上步骤后对教育质量进行全面调查和判断。

CSE 评价是一种综合性评价，有以下特点：第一，它是旨在为教育改革服务的评价模式；第二，评价的形成性职能与总结性职能得到了有机统一；第三，这是一种动态评价，评价活动贯穿教育改革的全部过程。它从教育目标的确立开始到教育质量的全面检查为止，在教育改革的各个阶段，根据教育改革的需要为教师和教学管理人员提供评价服务。实践证明，CSE 评价是一种较为实用的评价模式，运用十分广泛。

5. 应答模式

应答模式是由美国学者斯塔克（R. Stake）首先提出，经其他人进一步研究发展而形成的一种课程评价模式。这一模式强调评价要从关注课程的所有人的需要出发，通过信息反馈，使方案结果满足大多数人的需要，通过对方案的调整和修改，对大多数人的愿望做出应答。

应答模式具有以下特点：强调教育问题而非预定的目标或假设；对与课程有关人员的参与和投入状况做直接或间接的观察；考虑各方面人士的价值标准；不断关注渴望听取课程评价结果的人士的信息需求。应答评价对评价者的要求很高。首先，他要制订一个观察与商谈的计划，安排各种人士观察方案的行动，在他们的帮助下，评价者写出扼要的报告，画出图表或准备一些可供演示的材料。其次，找出对评价听取人可能有价值的东西，收集持有不同观点的人对方案优缺点的印象。最后，是否需要写出一个书面报告将由评价者与评价委托人达成的协商来决定。[1]

（二）对我国小学课程评价模式发展的启示

西方课程评价模式经过长期的发展已经较为成熟，但是我们也需要用批判的眼光进行审视，既看到它们的长处，也要对其缺陷进行充分的讨论。我们进行课程评价时，应该根据我国的教育实践，探索本土化的小学课程评价模式。我们在探索我国小学课程评价模式的过程中要做好几方面的工作。[2]

一方面，我们要认清我国小学课程评价中所存在的问题。我国有很好的儿童教育传统，但是传统的儿童教育大多以私塾的形式进行，缺乏统一管理，自然也难以形成系统的评价理论。另外，我国系统的儿童心理研究起步较晚，多为借鉴西方的心理学理论，在评价中缺乏应用心理学知识认识课程的氛围。而西方很多评价理论都是在成熟的教育心理学理论的基础上形成的。并且，长期以来，我们忽视课程研究，教育实践者参与评价过程的自觉意识欠缺，评价过程往往成为少数权威人士的活动。

---

① 瞿葆奎：《教育学文集·教育评价》，325～326 页，北京，人民教育出版社，1989。
② 汪霞：《小学课程与教学论》，189 页，上海，华东师范大学出版社，2011。

另一方面，在存在问题的基础上，我们要借鉴国外的经验，有针对性地进行课程评价改革。从上述的几个有代表性的课程评价模式可以看出，国外的评价价值取向、评价方式方法、评价的参与者等方面都和我国传统的评价理念有很多不同。这些对我国小学课程评价模式的形成具有很好的启示作用。首先，我们要转变课程评价的价值取向，摒弃过去注重成绩的片面的评价观念，尽可能真实全面地反映课程的全貌。课程编制与实施过程中涉及的因素繁多，我们要注意从多个方面、多种角度，用不同的方法来评价具体的课程设计与实施过程。其次，要鼓励更多的人，尤其是小学教师参与到课程评价中来，倾听他们的意见，充分发挥课程评价所具有的诊断、反馈、管理功能。最后，在评价手段上，要注重多样化和灵活性，选用不同的评价手段来对课程的不同层次和侧面进行评价，改变过去只注重终结性评价的方式，使终结性评价和形成性评价相结合。

此外，对小学课程进行评价的过程中要注意灵活运用多种方法。无论运用哪种方法，要考虑几个基本问题：①把握小学生特点，以正面积极评价为主。小学生的年龄一般为6～12岁，这一年龄段有着独特的心理发展特点。为了保护小学生的自尊心，增强他们的自信心促进他们的思维发展和心理健康，评价者在评价过程中要结合学生的日常表现看待评价结果，尽量用激励性的话语来进行评价。②注意评价过程中评价主体的特点。在基础教育课程改革中，我们一直强调多元主体参与评价过程。在评价过程中应允许教师、学生、家长及其他关心教育的社会人士参与，允许他们选用自己能够熟练使用的评价方法；在评价结束后，对运用不同评价方法取得的评价结果进行比较分析，提高评价的客观性。③重视小学课程评价的发展功能。要建立促进学生、教师和课程不断发展的评价体系，即建立发展性课程评价体系。其理念为：评价是与教学过程并行的同等重要的过程；评价的根本目的旨在促进发展，而不是简单的优劣高下的区别；评价应体现以人为本的思想，建构个体的发展。

课程评价模式的形成是一个系统工程，需要验证，也需要多方面的参与。随着我国基础教育课程改革的深入发展，小学课程评价一定会得到很大的发展，从而产生一些成熟的小学课程评价模式。

复习与思考

1. 你赞同哪一种课程实施取向？为什么？

2. 在学习了"课程实施的影响因素"之后，你最关心的是哪种因素？为什么？

3. 多种课程评价类型在实际使用时应如何选择？每一种类型的评价有何优缺点？

4. 结合学习内容，以亲身的学习经历或教学经历为例，提出一个课程实施的实际问题或理论问题，进行原因分析，并提出解决问题的思路，与他人进行交流讨论。

5. 你对哪种课程评价模式印象深刻？为什么？

6. 小学课程评价存在哪些问题？应如何解决？

推荐阅读

1. 崔允漷. 学校课程实施过程质量评估［M］. 上海：华东师范大学出版社，2017.

2. 黄甫全，吴建明. 课程与教学论［M］. 北京：人民大学出版社，2019.

3. 罗生全. 小学课程设计与评价［M］. 重庆：西南师范大学出版社，2017.

4. 罗贵明. 美国中小学课程评价：理论、实践与借鉴［M］. 武汉：武汉大学出版社，2016.

5. 姜荣华. 课程实施程度的评量模式研究［M］. 北京：九州出版社 ，2017.

第五章　小学校本课程开发

【本章要点】▶

- 理解校本课程与校本课程开发的内涵
- 认识校本课程与相邻概念的关系
- 了解校本课程开发的特征与意义
- 掌握校本课程的实施策略

第一节　校本课程与校本课程开发概述

校本课程开发是课程管理分权体制催生的新兴研究领域。世界各国的课程管理体制可分为中央集权制、地方分权制和学校自主制三种。大量的国内外实践证明，权力的过分集中和过分分散都不适应当代学生和社会发展的需要。因此，第二次世界大战后，三种体制走向融合，世界各国的课程管理出现了普遍的课程分权倾向，校本课程开发逐步发展成为当代特色学校建设的基本策略。20世纪90年代以来，随着新一轮基础教育课程改革的展开和我国在课程决策权力分配方面改革的深入，我国中小学面临着正式开发校本课程的任务。于是"校本课程"这一术语便由此而逐渐流行于我国教育领域。

一、校本课程与校本课程开发的内涵

(一)校本课程

我们先来认知"校本"的含义。有学者把它清晰地表达为三方面的含义：为了学校，在学校中，基于学校。[①] 为了学校，意指要以改进学校实践、解决学校所面临的问题为导向，它既指要解决学校存在的问题，也指要进一步提升学校的办学水平和教育教学质量；在学校中，是指学校自身的问题要由学校中的人来解决，要由学校管理者与教师共同探讨、分析来解决，所形成的解决方案要在学校中加以有效实施；基于学校，是说要从学校的实际出发，所组织的各种培训、所展开的各种研究、所设计的各门课程等，都要充分考虑学校的实际，挖掘学校的种种潜力，让学校资源更充分地利用起来，让学校的生命活力释放得更彻底。

由上述分析，我们认为，校本课程可理解为：以学校为本的，对本校学生的需求进行科学评估、充分利用当地社区和学校的课程资源、为了学生和学校的发展而由学校自主开发的、可供学生选择的课程。把握这一概念时需注意几点。

首先，校本课程是一些课程产品。它是为了学校、在学校中、基于学校而开发出的一定的课程产品。其次，获得中央、地方、学校等各个层面的支持，包括人力、财力、物力、信息和时间的支持。这往往导致各级间课程管理权力的调整和变更，但并不意味着课程开发权力的完全下放，更不是完全断绝与学校和教师之间的联系。再次，教师的传统角色改变，从原来的国家课程的实施者转变为校本课程编制者、实施者和评价者。同时，鼓励和吸收学生、家长和社会人士共同参与校本课程。最后，从实践层面看，我国"校本课程"的使用更多的是强调一种以学校为本的课程管

---

① 刘旭东：《校本课程的理念与实施》，11～12页，北京，首都师范大学出版社，2003。

理体制。它是相对于国家课程和地方课程而言的。[①]

(二)校本课程开发

与"校本课程"不同,"校本课程开发"是一个专业的课程术语。菲吕马克(Furumark)和麦克米伦(McMullen)于 1973 年最早提出"校本课程开发"的概念,当时把它界定为学校中的教师对课程的计划、设计和实施。之后,校本课程开发的说法逐渐流行开来,许多学者纷纷提出了个人的观点和界定,使校本课程开发呈现出极其多样化的理解。到目前为止,比较常见的、有一定代表性和权威性的说法有以下几种。[②]

(1)菲吕马克(1973):校本课程开发意指参与学校教育工作的有关人员(如教师、行政人员、家长与学生)为改善学校的教育品质所计划、指导的各种活动。

(2)麦克米伦(1973):校本课程开发是以学校为基地的课程开发工作,该课程开发工作大部分依赖学校教职员以及学校的现有资源。

(3)斯基尔贝克(Skillbeck,1976):校本课程开发是由学校教育人员负责学生学习方案的规划、设计、实施和评价。

(4)沃尔顿(Walton,1978):校本课程开发,其结果可以是教材的选择、改编,也可以是教材的新编。

(5)经济合作与发展组织(1979):校本课程开发是学校自发的课程开发过程,过程中需要中央与地方教育当局的权力、责任重新分配。

(6)埃格尔斯顿(Eggleston,1980):校本课程开发是一种过程。在这种过程中,学校运用有关资源,通过合作、讨论、计划、实验、评价来开发适合学生需要的课程。

(7)黄政杰(1985):校本课程开发是以学校为中心,以社会为背景,透过中央、地方与学校三者责任的再分配,赋予学校教育人员权责。由学校教育人员结合校内外资源与人力,主动进行学校课程的计划、实施与评价。

(8)科恩(Cohen,1985):校本课程开发有广义与狭义之分。狭义上,是指学校少数人员,如校长、部分教师开发课程文件或成品;广义上,是指学校所有成员包括校长、教师、学生、家长、社区人士等参与课程规划、设计、实施与评价等课程开发的全部工作。

(9)马什等人(Marsh et al.,1990):校本课程开发是一种强调"参与""自下而上的民主决策"的课程开发口号;是一种重视师生共享决定,共同构建学习经验的教育哲学;也是一项需要课程领导与组织变革的技术。

(10)张嘉育(1999):校本课程开发是指学校为达成教育目的或解决学校教育问题,以学校为主体,由学校成员(如校长、行政人员、教师、学生、家长)与社区人

---

① 参见王斌华:《校本课程论》,8~9 页,上海,上海教育出版社,2000。
② 崔允漷:《校本课程开发:理论与实践》,47~48 页,北京,教育科学出版社,2000,引用时有改动。

士为主导，所进行的课程开发过程与结果。

由上可见，校本课程开发的定义众说纷纭，反映了学者们的个人见解和其所处国家或地区的课程实践状况。其实，不同学者的不同界定反映的是校本课程开发的不同侧面。有人强调校本课程开发的过程，有的则强调校本课程开发的成果；还有人认定校本课程是一种新的课程开发模式或策略。对校本课程开发的理解的不确定性，为我们把握和理解校本课程带来了困难。也正是这种不确定性，使我们在把握和理解校本课程开发时有了更开阔的视野。

我国学者自20世纪90年代以来，结合我国课程改革的实践，也从多元角度纷纷提出了自己的观点。[①] 至2002年的国家基础教育课程改革实验区校本课程专题研讨会上，大家基本达成了如下共识。[②]

第一，校本课程是国家基础教育课程改革课程设置的一部分，指学校自行规划、设计、实施的课程，其基本定位是以非学术性、兴趣性为主，以发展学生个性为目标，一般以综合形态出现，强调过程而非结果。

第二，校本课程的开发包括两层含义："校本课程的开发"与"校本的课程开发"。

"校本课程的开发"把"校本课程"看作课程整体中与国家课程、地方课程相对应的一个课程板块，指学校根据国家课程计划预留的学校自主开发的时间和空间，根据自己的办学理念，自己编制校本课程（即学校课程）。开发主体是学校和教师，范围是国家课程和地方课程以外的领域。在这种开发活动中，学校和教师不仅参与校本课程开发的过程，而且形成校本课程开发的结果或产品。在我国义务教育课程计划中，留给学校进行"校本课程的开发"的范围有一定限度。"校本的课程开发"指学校在符合国家核心课程标准的情况下，对学校的所有课程进行本土化改造。其范围大得多，既包括学校课程的开发，又可以根据各校实际，对国家课程和地方课程进行再加工、再整合、再开发。在这一校本课程开发过程中，教师不仅拥有教学自主权，还拥有部分的课程自主权。教师可以对教材进行再度开发，沟通书本知识与学生生活的联系，回归生活，把身边的生活引入学科知识中。这两种课程开发活动殊途同归，是同一开发过程的两个方面。两者都要考虑学校的办学理念，都要考虑学校的实际情况。

尽管人们对校本课程开发有不同的理解，但其共识都强调以学校为基地、结合学校实际情况、由学校成员自主开发。因此，我们对校本课程开发可以理解为：学校在一定的教育哲学和理念指导下，根据学校具体实际，对那些符合本校学生特点，能够体现学校特色的社区和学校课程资源自主进行开发的过程。对这一定义理解时应注意两个问题。

---

① 参见崔允漷、徐玉珍、吴刚平等学者的相关著述。

② 林一钢、崔允漷：《经验与分享——国家基础教育课程改革实验区校本课程专题研讨会综述》，载《山东教育科研》，2002(10)。

首先，校本课程开发是一个动态的、持续的"整体活动"，绝非仅仅编制教材。

在一线教育实践中，有些校长和教师往往把校本课程开发等同于"编教材"，这是对校本课程开发的误解。校本课程开发不仅仅指开发出具体的课程产品，更重要的是开发的整个过程。不论何种程度的校本课程开发，都一定意味着对课程进行某种程度的系统安排和规划。有关需求的调研、教育哲学的确立、教育教学目标的设计、内容的筛选编写和组织以及教学的安排、课程评价的开展等，都不是以孤立的形式出现的，而是一种整体的设计或规划。在这个过程中，学校得以发展，教师得以提高，学生的学习需求得以满足。那种仅仅热衷于"编教材"的做法，虽然也引起了课程与教学的改变，但是这种零散、非系统的活动不利于校本课程开发的实践和理论的深入，也不利于学生的整体发展。

其次，校本课程开发与"兴趣小组"或"课外活动"既有区别又有联系。"兴趣小组"或"课外活动"是我国学校教育在实施国家及地方课程的基础上确立的具有学校特色的教育活动。但是绝大多数学校的"兴趣小组"或"课外活动"处于一种随意和无序状态，离"课程"的意义相去甚远，不能称之为课程。它们没有课程设计，缺乏课程意识，缺乏课程目标、课程内容、课程实施、课程评价的整体设计。当然，"兴趣小组"或"课外活动"可以转变成校本课程开发。对于那些根据学校实际情况而设、具有学校特色并具有相对稳定内容和独特功能的"兴趣小组"或"课外活动"，系统地、规范地考虑其目标、内容、组织实施以及评价，就可以完成转变。从这个意义上说，让"兴趣小组"或"课外活动"走向"校本课程开发"是当前我国大多数学校校本课程开发建设的有效途径。

二、校本课程与其他类型课程的关系

（一）校本课程、地方课程与国家课程

国家课程是国家教育行政部门规定的统一课程，是专门为未来公民接受基础教育之后所要达到的共同素质而开发的课程，代表着国家的意志，有一定的严肃性、权威性和强制性。学校教师在国家课程的编制和评价方面没有自主权，只是单纯的课程实施者。相对于国家课程，在校本课程开发中，学校和教师拥有更大的自主权，课程编制、课程实施和课程评价有明显的多样性和灵活性。两者间有明显的差异（见表 5-1）。

表 5-1　国家课程与校本课程的差异性比较

项目	国家课程	校本课程
课程目标	开发全国共同的、一致的课程方案，追求共性（最低标准）。	开发符合学生学习或地方特殊需要的课程方案，追求个性和学校特色。
适用范围	全国。	单个学校或某些学校。

续表

项目	国家课程	校本课程
参与人员	教育部门的高级行政管理人员、教育理论家、课程专家、教学法专家等。	所有与学校课程相关的人士均有参与课程开发的权利；因此，学校成员与校外人士均可参与课程开发。
课程观	课程即书面的课程文件，是计划好的课程方案。	课程即教育情境与师生互动的过程与结果。
学生观	学生是被动的学习个体，为他们安排的课程可以在事前做好详细完善的计划。	学生不但有个别差异，也有主动建构知识的能力，课程须应学生需要而不断进行调整。
教师观	教师是课程的实施者，职责仅是依照设计好的课程方案加以实施。	教师是课程的研究者、开发者和实施者，教师有主动诠释课程、开发课程的能力。

资料来源：关文信：《初等教育课程与教学论》，161 页，北京，人民大学出版社，2006，有改动。

国家课程和校本课程是两种课程形态，相辅相成，互为补充。国家课程在解决课程的基础性与统一性方面具有优势，这是校本课程开发难以企及的；而校本课程开发是为尊重具体学校环境和师生的独特性与差异性而存在的，这是国家课程所不易兼顾的。它们各有优势、相互补充。所以，校本课程开发是国家课程开发的重要补充。

地方课程是由省一级的教育行政部门或其授权的教育部门，根据自己特定地域或社会发展的具体情况，对学生的特殊要求以及特定的课程资源而开设的具有"乡土气息""地方特色"的课程，强调的是地方性。而校本课程是在具体实施国家课程和地方课程的前提下，以学校教师和学生为主体，学校自主开发的促进学校发展的课程，体现学校的办学理念与个性特色。地方课程是研制校本课程的重要依据，校本课程不能脱离地方资源和实际，它需要将地方课程具体化；而校本课程开发的实质是对地方课程资源的开发和利用，富有浓郁地方特色。

无论是国家课程、地方课程还是校本课程，都是为实现教育目的而服务的。而且，教育必须与地方和学校所在地的社会生活紧密联系，这正是地方课程和校本课程开设的根本依据。因此，在校本课程开发中，首先必须与国家课程改革的指导思想和目标保持一致；其次还要充分考虑地方、社区和学校的条件确定校本课程在三级课程体系中的比例。作为国家课程主要补充的校本课程的类型和结构应立足于学生和学校，更灵活地构建多层次、多形态的课程体系。

（二）校本课程与选修课、活动课

从理论上，选修课和活动课是根据不同的分类标准而划分的不同课程类型。我们根据学生是否对所设置的课程有选择权而划分为必修课和选修课；根据所设科目内容是学术的、知识的还是非学术的、活动的，把课程分为知识性的课程和活动性的课程。校本课程与上述两种课程的分类标准不同，与它们是不同的概念。

校本课程是一个以学校为基地而进行的开放民主的课程决策过程，它涉及学校教育的各个方面。从课程管理的角度考察，选修课可能是国家课程、地方课程，也可以是校本课程；从学生能否自由选择的角度考察，大量的校本课程是选修课，体现出追求学生个性发展的理念；从校本课程开发的范围考察，不能简单地将校本课程归结为某一种课程类型，它可以有不同的变式、不同的类型，可以是活动课，可以是选修课，也可以是必修课。[①]

我国目前的课程改革中，绝大部分校本课程的开发仍然集中在选修课和活动课的领域，主要原因是这一部分正是国家课程计划中预留给学校决策的。事实上，要使得选修课、活动课开好、教好、学好，就必须采纳校本课程开发的观念和思想，并辅助以"三级课程管理"的具体政策和措施。这样保证了活动课、选修课得到落实，也有利于整体课程质量的提高。

三、小学校本课程开发的特征及意义

校本课程开发对学校教育有什么好处呢？校本课程为何成为我国当前基础教育课程改革的必要领域？下面我们从校本课程开发的特征和意义进行讨论。

(一)校本课程开发的特征

1. 校本课程开发是民主开放的课程决策过程

校本课程开发是一个以学校为基地进行开发的开放民主的决策过程，即由校长、教师、课程专家、学生和家长以及社区人士共同参与学校课程计划的制订，实施和评估活动。校本课程开发作为一种开放的决策过程和变革过程，要求体现出参与、合作、民主和多样性原则，需要与中央政府和其他有助于课程开发的机构之间相互交流和协调。校本课程开发"如果只局限在学校本身的活动，而不把眼光放远到学校与其他机构的互动关系，实属短视"[②]。此外，它涉及学校教育经验的各个方面，比如教师在岗培训、学校组织结构优化等。各种教育经验的筛选和确定都是通过横向的交流渠道来完成的，所以校本课程开发除了教师、专家参与之外，也鼓励家长和社区人士参与学校的课程建设，表达他们的教育观点和要求，关注比较容易融进社会生活的实际变化和最新出现的相关课题，使学校课程具有更强的主动变革的机制和能力。

2. 校本课程开发旨在尊重学校师生的独特性和差异性

校本课程开发考虑到特定学校的具体教育环境，突出本校的课程特色，尤其是充分尊重学校师生以及学校环境的独特性和差异性，能对学校的教育教学产生重要的影响。它标志着课程开发主体从中央到地方的实质性转移。进行校本课程开发，

---

① 刘旭东：《校本课程的理念与实施》，50页，北京，首都师范大学出版社，2003。
② 黄显华：《强迫普及学校教育：制度与课程》，229页，香港，香港中文大学出版社，1997。

有助于学校形成支持和激励性的氛围，形成渠道通畅的校内外交流。同时，这些特点有助于教师的专业发展与成长，提高教学质量。

3. 校本课程开发是教育制度内权力与资源重新配置的过程

世界各国教育体制千差万别。各国的课程管理体制大致可分为中央集权制、地方分权制和学校自主制三种。20 世纪 50 年代以来，广泛执行的国家课程开发策略受到社会、技术和经济变革的挑战。国家课程实质上是一种中央集权制的课程策略，其开发周期长，缺乏灵活性，不能及时反映科技进步的成果和社会生活与社会发展的需求；此外，单一狭隘的专家型课程目标和决策渠道，不能多层次、多途径、全方位满足社会发展和学生发展的需求；开发课程的专家和课程实施者教师之间的联系缺失，降低了课程革新对于学校教育的实际影响。因此，进入 20 世纪 70 年代后，课程开发策略执行中央集权制的各国纷纷向分权体制转变。校本课程开发的出现正是对国家课程所遇到的挑战做出的反应，最终目的在于通过教育制度内权力与资源的重新调整和优化配置来提高教育的效益以及教育适应变革的能力。

4. 校本课程开发是课程理论和实践不断丰富、完善的过程

相对于广大的教育人口和地区差异而言，国家课程开发主体的代表性是非常狭窄的，它只能忽略差异性而寻求共性与统一性。在社会生活日趋多元，变化发展日趋迅速的当今时代，其局限性就越来越明显了。正是在这样的背景下，新的课程理论与课程开发实践应运而生。校本课程开发形成和普及了一些重要的教育思想和教育理念，在一定程度上扩大了课程开发的视野和范围，促进了传统课程理论与实践的变革，打破了单一的国家课程开发模式，使课程开发的理论和实践更加丰富和完善。

5. 校本课程开发是一项充分体现人性化的活动

在校本课程的开发过程中，人既是开发主体，又是受益者，所以人性化无处不在。课程内容体现人，校本课程必须注重人的实践。课程设计的目标指向人，其定位于学生的健康成长与全面发展、和谐发展、自主发展。课程设计尊重人，校本课程设计属于课程的自下而上的构建，构建过程必须最大限度地尊重每个个体的需求。课程评价判断人，要客观动态地评价，从而使个体的竞争和合作精神得到协调发展。[①]

(二)校本课程开发的意义

校本课程是对国家课程、地方课程的有益补充，其意义十分重大。具体表现在以下方面。

1. 发掘学生个性潜能，促进学生个性全面和谐发展

促进学生个性发展是校本课程开发的终极追求。校本课程开发充分尊重和满足学生的差异性特点和多元化需求，为学生提供更多的课程选择权利，这样的课程才

[①]　殷冬玲：《理念与实践：我国校本课程的开发》，载《教学与管理》，2007(5)。

能发掘学生个性潜能，促进学生的个性发展。作为校本课程开发的主体，学校教师和其他教育人员更加了解学生的具体情况，熟悉学生的不同兴趣、爱好和特长，在课程的开发和实施过程中可以将这些信息纳入课程中，从而满足学生不同的兴趣、爱好和需要，为学生个性特长的发展提供有利的条件；在真实的课堂情境中，在师生互动中，教师可以更有效地提升课程与学生之间的适切度，让课程更贴近学生的生活实际和经验水平，促进学生个性发展。可见，校本课程开发能充分体现学校教育中的人文关怀，能够反映学校"以学生发展为本"的办学理念，能够促进学校教育水平的真正提高。

2. 促进教师专业发展

校本课程开发使教师成为课程开发的核心参与者，教师发展和课程开发紧密相连，课程开发过程即教师的专业发展过程。

校本课程开发中，教师承担学校环境、信息资源和协作学习等方面的设计；学生可以有自己的学习内容和学习方式，并且同教师一样拥有增减课程内容、调整和改变课程内容结构与方式的权利。此时，师生之间是一种合作、交流的互动关系。课程开发和实施过程成为师生共同成长的过程，为教师潜能的开发和创新精神的发展提供了空间，促使教师不断发展和完善。

另外，教师参与校本课程，提升了教师的教育智慧和自主精神，为教师专业化提供了新的机遇。案例 5-1 中，教师通过美术校本课程的开发，参与课程资源的开发与利用，这样教师拥有了更多的课程自主权，使其成了研究者、反思实践者，而且加强了教师的课程意识，培养了教师的创造精神，有效促进了教师的专业发展。

3. 形成独特的学校文化和办学特色

特色课程的构建是实现学校办学特色的重要载体。我国的校本课程开发，就是这样一条基于学校现实的特色化道路。"因为通过校本课程开发的过程及其实施，学校进一步明确了自己的办学理念，开发和利用了大量的课程资源，形成了课程开发的团队，凝聚了人心。更重要的是，校本课程开发关注学生的差异性，关注学生的兴趣、爱好和特长，激发了学生学习的兴趣，最终能促进学生的和谐、均衡的发展。"[①]

校本课程作为对国家课程的补充，强调尊重学校师生的独特性与差异性，融入了学校自己的教育哲学思想，因而有助于学校办学传统和特色的创建与发展。当学校以追求特色为取向时，就会在达到统一要求的同时"求异"，就会认真思索本校的办学宗旨、办学传统和发展路向、学校发展的有利与不利条件，从而找准学校发展的起点和路径，而不是盲目模仿和攀比；具有本校特色的校本课程则可以使学生分享学校独有的文化传统和课程内容，如校史、校训、校歌等，在态度、情感、价值观方面受到熏陶，这对于学校发展有着积极的意义。[②]

① 钟启泉：《新课程师资培训精要》，113 页，北京，北京大学出版社，2002。
② 何勇平、范蔚：《校本课程的特色与学校更新》，载《课程·教材·教法》，2006(10)。

校本课程开发需要整合学校内外的人力、物力和各种资源，能够提高教师的团队意识、增进参与人员之间的认同感，激活学校活力；同时，师生在共同构建自己的学校课程过程中，对国家课程和地方课程进行本土化实施中形成了个性化的校本课程。成功的校本课程开发过程，就是学校文化重建的过程。学校文化与校本课程集中反映了学校的特色和个性。

4. 培养多种人才，满足社会多样化需求

社会需要是多样的，要求学校培养多样化的人才。在基础教育阶段，国家课程更多的关注人才培养的基本质量，关注教育的统一性。因而，在满足社会多样化需求方面，校本课程成了重要措施。国家课程和校本课程的相互补充，可以较好地满足当代社会发展的需要，使学校更好地服务于社会。

第二节　校本课程开发的实施

究竟如何进行校本课程开发？下面我们就校本课程开发的理念、流程及策略进行具体讨论。

一、校本课程开发的基本理念

【案例 5-1】我们教孩子玩①

2002 年夏，杭州市大关苑第一小学正在进行校本课程开发。恰巧该学期学校的篮球筐因为破旧被摘掉了，但是学生兴致不减，拿篮球砸光秃秃的柱子都砸出了欢呼雀跃。课程开发会上，就这个话题引出了"学生需要玩"的观点。又最终提炼成以"寻找童年乐事，还给童真童趣"为主题的校本课程——"非常生活"。"非常生活"拿"玩"做内容，既是基于社会的需求，又是基于课程的空白，它引发了教师们极大的热情，得到了教师们前所未有的认同。

"非常生活"在小学低、中、高三个阶段的课程目标分别是：玩—会玩—很会玩。课程结构包括了非常活动、非常社团、童心阅读、趣味竞赛四个并行的系列，面向全校学生开设，每周两课时。"非常生活"课程实施后迅速成为小学生所有课程中最受欢迎的课程。

从上述案例中，我们可以发现要使校本课程开发在课程实践中健康有序地进行，就必须清楚围绕校本课程开发问题形成的基本观点和主张，即校本课程的基本理念。② 根据国内外学者的研究，我们将校本课程开发的基本理念概括如下。

---

① 金英：《我们教孩子玩》，载《中国教育报》，2004-06-23。
② 钟启泉：《课程论》，284～286 页，北京，教育科学出版社，2007。

1. 校本课程开发要基于学生的差异性、独特性需要，以学生为本

无论是何种类型的课程开发，都必须同时考虑到三个方面：社会发展、学生需要和学科知识体系。国家课程更关注社会发展和学科知识体系，而忽视学生的学习需要，尤其是学生有差异性的学习需求。而事实上，不同学校和学生之间的多样性与差异性特征异常突出，具体到某一所学校的学生群体时，仅靠国家课程和地方课程，仍然有相当一部分发展需求不能得到很好地满足。而这些特殊的发展需要，对于学生的成长和发展来说却是非常重要的。这一部分的需求，只有学校最有条件和可能去了解与满足，这就是校本课程的优势。因此，校本课程开发必须基于本校学生差异性、独特性的需要，否则就失去了存在的价值和意义。

基于这个理念，在校本课程开发中要尊重学生的差异，为学生提供符合其个性特征的课程及相应的教学。尊重学生的差异，并不代表只能跟随差异亦步亦趋。校本课程开发应以"全面和谐"为基本指向：在保证全体学生都达到国家规定的培养目标的基础上，既要根据学生个人的潜质、能力倾向，发展其独特的具有"特长"的个性；又要根据学生的需要，发展其"需要发展"的个性；还要根据教育的终极目标，即"培养全面发展的人"的需要，使学生个性品质中的诸层面"均衡发展"，防止片面化，走极端。以学生为本的课程理念表现在课程设置和课程内容的选择和设计上，应该关注课程门类的多样性、课程内容的可选择性和适应性；课堂教学方式方法应具有趣味性和丰富性等特性。

2. 校本课程开发的主体是教师及学校，倡导合作

校本课程开发针对特定学校的实际，而只有学校最了解自身发展需要、学生发展需求、教师状况、社区特征以及家长需要，因此，学校作为课程开发的主体机构，可以集中一切有利于学生发展的教育资源，形成特定的校本课程；广大教师最了解学生实际，他们开发出的课程最贴近现实，最能满足不同学生的差异性需求，这些优势是校外专家教授所无法比拟的。所以说，校本课程开发内在地、必然地规定了学校及教师是课程开发的主体。另外，教师作为校本课程开发的主体也是教师"教育自由权"的回归，即教师在教育实践活动中所拥有的权限，它包括课程开发（课程研制、教科书选用、课程实施计划的制订等）、教学形式与方法的运用权、评价手段的使用权等。作为自主的专业人员，教师理应享有课程开发权，这是"教育自由权"的重要内容。就我国而言，随着 2001 年 7 月教育部公布的《基础教育课程改革纲要（试行）》提出"实行国家、地方和学校三级课程管理"的政策以后，我国教师从"制度化层面"获得了课程开发权，并迅速转向"实践层面"，"教育自由权"的内涵得以扩大。

必须指出的是，学校及教师作为校本课程开发的主体，绝不意味着校本课程开发仅仅由学校及其教师来承担。校本课程开发强调课程的决策应由实施的教师做出，也强调这些决策要由决策结果所要涉及的所有人参与。所以，我们还应倡导"全员参与"的合作精神。在课程开发中，以教师为主体，形成一个由校长、研究专家、学生

及学生家长和社区人士共同开发课程的合作共同体。校本课程开发不是故步自封，不是排除理论的指导，特别是校外专家学者的指导。实际上，从国内外校本课程开发的成功实践来看，理论的引领和专家的指导不仅是十分必要而且是不可缺少的，否则就会大大影响校本课程开发的质量。校外专家学者的指导是指学有专攻的专业研究人员参与校本课程开发，在其中发挥"引领作用"，使开发活动不断深入。专业研究人员包括大学教师、科研人员、教研人员以及学科带头人、特级教师这样的优惠教师等。相对于一线教师来讲，他们学有专攻，长期接受系统的理论熏陶，具有较高的理论素养。如果没有专业研究人员的参与、指导、引领，校本课程开发将会受到很大局限，只能在同水平上反复，甚至走上"形式化"道路，以至不断萎缩。并且，广大教师只有在理论的引领和校外专家学者的指导下，才有可能比较迅速地学会怎样去"研究"，学会研制课程并最终创造性地开发校本课程。因此，校本课程开发本身就不能仅仅是"学校内部及教师的事"，它应该是在先进的理论、观念指导下的一种实践性研究活动，是专业研究人员、一线教师的合作性研究活动。

3. 校本课程开发是基础教育课程体系的重要组成部分，体现互补

从校本课程开发活动的产生来看，它是针对国家及地方课程难以照顾到不同学校、不同学生的差异性需求而产生的。因此，就其定位而言，它不应该是孤立的、与国家及地方课程毫不相干的，而应当是国家及地方课程的重要的独特的补充，与国家及地方课程一起共同构成完整的基础教育课程体系，三者缺一不可。

人的全面发展既包括"共性素质"的发展要求，又有"个性素质"的发展需要，国家及地方课程开发主要解决的是作为未来公民所必备的"共性素质"的培养问题，而不同学校不同学生的差异性发展所要求的"个性素质"的培养则可以由校本课程来实现。国家及地方课程开发主要是国家及地方意志的体现，反映了国家及地方的文化与教育利益，而学校及学生独特的利益的维护则可以通过校本课程开发来体现。限于主客观条件，国家及地方课程开发只能规定大多数学生必须学习的基本科目、基本标准、基本内容和基本框架，不可能也做不到事无巨细，这就为校本课程开发留下了一定的空间，每个学校都可以在国家规定的留给学校的时空里开发出丰富多彩的校本课程，与国家及地方课程一同构成丰富的育人资源。

二、校本课程开发的一般过程

只要我们进行校本课程开发的变革，就必然会考虑这项变革的实际操作问题。校本课程开发作为一项重要的组织变革，它的开发流程至少要包括开发人员的组成、开发的基本程序、各程序内要解决的基本问题等。

(一)开发校本课程的人员

进行校本课程的开发，参与人员可以有学校的校长、行政人员、教师、家长、学生、社区人士以及校外的专家学者或机构。

　　教师始终是开发校本课程的核心人物和主导力量，有关校本课程的各种决定，从问题诊断、目标拟定、方案编制、课程设计到课程评价等环节，主要依靠教师的专业能力，由教师提供意见和参与决策。

　　为了集思广益，更好地发现问题和解决问题，学生、家长和社区人士乃至校外专家学者和教育行政部门也应适当地参与校本课程开发小组的工作。当然，他们的参与更多的是讨论和咨询性质的。如专家学者的参与非常必要，但他们的作用只能是咨询、讨论、指导和服务，而不能越俎代庖。教育行政部门则担任了支持和咨询的角色，还要相应承担校本课程开发的评价与管理职责。

　　校长在开发校本课程过程中的作用尤为关键。校长有条件对全校师生的需求、学校特色进行更为整体的把握，可以更好地了解教育的趋势，掌握各种信息和资源，要有条件引入教育变革的新思路和新做法，引导和激励广大教职工形成共识，通力合作，努力提高学校教育质量，逐步建立学校的教育哲学传统和办学特色。同时，由于校长和行政人员掌握着时间安排、人员安排和资源提供等行政权力，因此他们也应该成为校本课程开发的支持者、领导者和催生者，承担起营造氛围、协调沟通和提供服务与监督的责任。

(二)校本课程开发流程理论简介

　　校本课程开发是为了更好地尊重和满足学校及学生的差异性与多样性，所以每一所学校的校本课程开发活动的目标和内容都是具有特殊性的。也就是说，学校开发校本课程的方式可以有很多，国外有代表性的方式主要是斯基尔贝克程序、经济合作与发展组织程序、塞勒程序和托马斯程序。[①]

1. 斯基尔贝克程序

　　斯基尔贝克认为，校本课程开发的实施主要有五大步骤：分析情境，准备目标，编制方案，解释与实施，追踪与重建。以上五个步骤，学校可以从任何步骤着手，甚至几个步骤同时进行(见图 5-1)。

　　我们在情境分析时应当考虑到校内及校外两部分的因素。校外因素包括：社会与文化的变迁、家长的期望、雇主的要求与社区的价值观；教育系统中教育政策的变革、考试制度的变革、教育研究的发现；学科的知识内容与教材教法的革新；教师支持系统或研究机构的可能贡献；社会资源的情形。在校内因素方面，应分析：学生的身心发展、兴趣、能力与需求；教师知识、能力、态度、价值观与经验；课程现状与优缺点；学校气氛与权力结构的关系；校内相关资源的配合。

　　至于目标的陈述，应包括预期结果，所编制的方案应说明教学活动的设计、达成目标所需要的教材、情境设计、人员安排与角色定义。评价时应有明确的评价工具与评价模式。

---

　　① 崔允漷：《校本课程开发：理论与实施》，73～77 页，北京，教育科学出版社，2000。

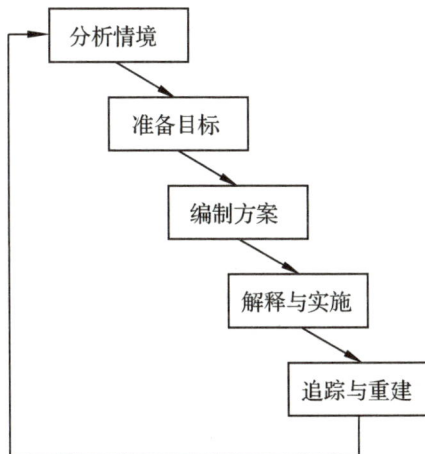

图 5-1 斯基尔贝克的校本课程开发程序

资料来源：崔允漷：《校本课程开发：理论与实施》，73 页，北京，教育科学出版社，2000。

2. 经济合作与发展组织程序

这个程序包括八个步骤：分析学生，分析资源与限制，制定一般目标，制定特殊目标，确定方法与工具，评价学生的学习，分配资源、人员、设备与时间，实施、评价与修订。这八大编制虽然有逻辑上的顺序，但实际进行时可以以任一步骤为起点，同时，每一步骤都要考虑与其他七个步骤的配合。

其中，分析学生时要了解学生的年龄、社会经济背景、知识与能力的准备情况。分析资源与限制时应掌握教师人数、教师经验、教师知识与能力、经费、外部支援、弹性课程表、家长与学生以及行政当局的反应等。拟定目标时包含一般目标（即我们通常所说的"目的"）和特殊目标（课程实施后学生应具备的具体知识和能力）。

3. 塞勒程序

塞勒程序是一种问题解决模式，基本步骤有：感知问题，分析问题，确立目标，寻找解决途径，找到解决途径，采用、改编现成的课程或新编课程，开始使用，评价，继续采用。这种程序以特定的教育现场为焦点，强调学校与教师的主动参与，强调学校教育现场的课程开发，具有校本课程开发的精神。这一程序因为以教育现场为焦点，所以问题的分析是不可或缺的一环。

4. 托马斯程序

托马斯认为，学校进行校本课程开发时，首先，需要成立课程开发委员会或相关工作小组，承担相关的规划与决策；其次，确立参与课程开发工作的参与成员与开发程序；再次，经由参与成员的集体讨论，拟定课程方向、目标与计划；最后，据此进行课程开发的具体工作。其中，在目标规划部分，需要包含课程类型、课程焦点、时间安排、组织结构等。如果课程成品是详细的教材，则必须决定课程主题、教学目标、组织程序等。

对上述各种校本课程开发程序进行了解之后，我们应关注下列几点。

首先，校本课程开发的实施程序是一种动态的、持续的过程；学校进行课程开发时必须掌握这些重要的课程开发工作要点，根据本校的实际情况做出适当的决定，进行灵活的调整。其次，校本课程开发的实施程序很多，学校在开发具体的课程方案时，应依照学校的情况或方案的性质，采用某一种甚至多种程序，并进行必要的修改与调整。再次，校本课程开发旨在解决学校的课程问题。因此每次学校进行课程开发时，一定要先评估课程开发的必要性与可能性，澄清课程的问题所在和问题性质。最后，各程序对于学校的准备都没有进行详细的说明，然而学校的准备是否充分往往是校本课程开发成败的关键。

(三)校本课程开发的一般过程

我国课程论学者对于校本课程开发的过程也有多种观点，且做了大量的课程实践。

【案例 5-2】某小学校本课程开发方案

一、学校成立校本课程开发领导小组

成立校本课程领导小组，校长亲自任组长。联合课程相关的专家、家长代表、教师代表组成评价领导小组。领导小组负责制定校本课程实施方案，统筹课程开发工作。

二、需求评估

(1)对学生情况的分析：我们对 1~6 年级的 150 名学生进行了抽样调查，调查结果表明：学生对古诗词、交际英语、弟子规、走进茶世界、乒乓文化、花样跳绳、叶画世界感兴趣。

(2)对家长情况的分析：学校地处农村，有大量的社会资源，我们针对即将开设的校本课程与社会有关人士、学生家长进行对话。结果显示，他们都比较赞同学校利用家乡的资源进行校本课程的开发。

(3)对教师资源的分析：与我校部分教师进行了座谈，大家认为以教师、教研组为单位进行校本课程开发比较合适。大家一致认为，学校进行校本课程开发是有利于学校发展的，是有利于学生整体素质提高的，纷纷表示愿意参与学校的校本课程开发。

(4)学校与乡镇的课程资源分析：按课程资源的空间分布特点，可以将课程资源分为校内课程资源与校外课程资源(略)。

三、校本课程的总体目标

(1)从学生发展的需要出发，开发多层次、多类型、多规格的校本课程，使全体学生都得到充分而全面的发展。转变学生的学习方式，培养收集、分析、处理信息、解决问题及实践和创新的能力，养成合作、分享、积极上进的品质。

(2)通过校本课程的开发和实施，促进学校管理者、教师开发、设计实施校本课程的能力。为教师发展提供机会，使教师成为学会学习、学会反思、学会创新的实践研究者，促进教师专业化成长。

(3)根据新课改精神，创设富有学校特色的，具有文化性、教育性、趣味性的校本课程体系。

四、校本课程开发实施步骤

(1)课时安排

(2)制定《校本课程开发方案》与《校本课程审议制度》。

(3)培训校内教师，并将新课程实验的校本课程开发作为课题来研究。聘请校外校本课程理论的专家指导学校校本课程的开展。

(4)申报与审议。教师组合多个小组，各自合作开发一门校本课程，并写好一份简要的《课程纲要》和《课程简介》交学校课程审议委员会，列入《校本课程门类目录》提供学生选择。如果选择这门课程的人数少于15人，则此门课程予以取消。目前，我校已开设7门校本课程。

(5)制定校本课程开发方案。

(6)教师撰写《课程纲要》。成立校本课程开发小组。确定开设校本课程的教师，必须按其格式要求，撰写详尽的《课程纲要》，并逐步自行编写相配套的教材或指导用书。

(7)实施《课程纲要》。

五、校本课程的评价

(1)对课程开发的评价，主要评价指标：课程目标；课程内容；课程组织；课程供应；教师的配合与改进；学生的表现成就与改善；学校行政支援；课程设计过程；课程设计人员；预期的成果。

(2)对教师的评价(略)

(3)对学生的评价(略)

六、课程实施的保障措施

(1)组织保障

成立校本课程领导小组，校长亲自任组长。联合课程相关的专家，家长代表，教师代表组成评价领导小组。

(2)制度保障。制定相关的校本课程开发、实施制度。

(3)管理保障

①请有关专家对我校校本课程的理解认识、开发、设置、教材编纂等进行指导。

②校本课程的教学，与国家、地方课程一样计入教师工作量，组织教师总结工作实绩并对突出者进行表彰。

③物质保障(略)

从已有的课程实践来看，大家普遍认为开发校本课程的操作过程包括六大步骤，即组织建立、现状分析、目标拟定、方案编制、解释与实施、评价与修订（见图 5-2）。

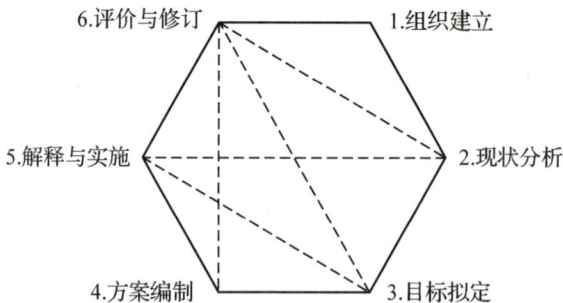

图 5-2　校本课程开发的操作流程

资料来源：吴刚平：《校本课程开发》，120 页，成都，四川教育出版社，2002。

在这个操作过程中，学校在完成第一个步骤后，可以从其余五个中的任意一个步骤入手，也可以几个步骤同时进行。即使是第一个步骤，也会随着校本课程开发的深入而同时进行某种程度的调整和改变。不同的步骤所涉及的参与人员及其所起的作用是不同的。

下面我们结合上述案例对校本课程开发的一般过程做进一步的学习。

组织建立。成立课程委员会或相应的工作小组，可以为整个校本课程开发提供必要的组织保障，而且也是一个进行宣传和动员，提供支持和服务，增进交流、对话和理解，增强凝聚力和归属感的过程。所以，课程委员会和工作小组的成员应该具有广泛的代表性，能够体现出学校教师主体的特点。台湖镇小学的课程开发小组由校长、专家、家长代表、教师代表共同组成，充分体现了校本课程开发工作具有民主、开放、科学和合作的精神。

现状分析。上述案例中对学生、家长需求，教师资源、学校所在社区资源做了认真的调查思考，正是一种对现状的分析。严格来讲，这一步骤包括需求评估、资源调查和问题反思等环节。需求评估是对学生的发展需求、家长的期望、社会和社区的要求以及学校预期等因素做出有说服力的判断。资源调查的目的是弄清校本课程开发的条件和限制，如教师的数量、知识经验和能力，教辅人员的情况，各种课程材料和设备及其相应的资金情况，办公设备和用品，课程计划的弹性空间，社区潜在资源，学校教师、教育督导、学生和家长的可能反应等。问题反思则是要澄清现实和理想之间的差距，澄清我们应该做而且有条件做好但没有做好的方面，以及如何改进的措施，学生现有的知识水平和能力状况，现行课程标准和课程结构是否与学校的实际相符，等等。

目标拟定。拟定目标时至少包括两个相互联系的工作：一个是针对教师的专业发展目标及其相应的开发成果；另一个是针对学生的课程目标。课程目标又可以分为两个部分：一个是一般目标，即我们所说的教育目的；另一个是具体目标，陈述学生在学习过程结束时应获得的能力与态度，具体目标的制定最好能够最大限度地澄清在能力或态度上我们希望得到的是什么样的变化。目标是在整个开发过程中逐渐建立和提炼出来的，而不是一开始就能完整地制定出来。校本课程开发人员在考虑直接与学科领域有关的目标时，要注意防止忽略学校的一般目标；在有些情况下，不同类型的学生的学习需求、发展水平和潜能具有很大的差异，应该尽可能地尊重和满足，使课程目标具有不同层次要求。

方案编制。教师从事校本课程开发，掌握课程编制的方法和手段是最基本的。可以考虑先从方法和手段起步，再逐步掌握课程开发的各个环节。同时，要不断突破个人日常工作经验的局限，关注自己的全部职责。具体环节可以参照上述案例。

最后两个步骤是如何将课程本身付诸实施和修改的问题。课程开发小组必须通过反思过去的经验、分析相关的革新理论和研究以及进行富有想象力的预测，对新旧课程安排之间的过渡、冲突和混乱等问题加以考虑和处理。当然，不管怎样仔细地预计资源和限制，课程实施总会暴露出一些出乎意料的问题，需要进行特别地处理和解决。比如课程表、场地和教师等实际问题。特别是学生评价，要考虑评价的主体和方式以求客观公正。

此外，校本课程开发的支持系统也是不能忽视的重要因素。如教师参与校本课程开发的工作量计算，要么给予特别的鼓励，要么减轻教学任务。其他诸如工作场所的安排和资料、设备的配备等，学校管理层应在整个课程开发过程中与工作小组保持密切联系，做出妥善安排。台湖镇小学在校本课程开发的支持保障方面所做的工作值得我们借鉴。

上述的六个步骤从逻辑上看是简洁而连贯的，在实际的校本课程开发中却不必拘泥于某种系统模式。校本课程开发不一定要根据从目标到评价的线性方式进行，而是一个滚动发展的动态过程，需要根据学校的实际情况进行不断地调整和充实。当然，校本课程开发者在思路上要明确自己在做什么以及为什么要这么做，以免思路的模糊带来行动上的迷惘。

三、校本课程开发的活动方式

1. 课程选择

课程选择是校本课程开发中最普遍的活动，指从众多可能的课程项目中决定学校付诸实施的课程计划的过程。选择活动使得教师能够在决定教什么的问题上发挥积极的作用。

课程选择有多种层次和方法。在小学阶段，大致有三个层次。最常见的选择形式是课程计划中的科目选择。大多数具备校本课程开发机制的教育系统都会为学校提供一系列供选科目清单，学校要从中选出他们所要开设的少数科目。通常是中央教育行政部门对选择的原则提出一些规定和建议，学校也有权开设供选科目清单中没有的科目。课程选择的另一个层次是决定具体的某本教科书或具体的配套教材。

在实践中我们可以采用精心组织、分步实施的理性决策方法，即根据可得到的全部科目开列出项目清单，确定选择标准，运用这些标准对全部科目中的各个子项目进行评估，最后把这些评估综合起来形成决策方案。第三个层次是教师对教材进行校本化的处理。如教材中的知识点的详略处理，调整教材内容的先后顺序，补充教学材料，或者根据教师自身的特点进行教学风格的一致性的处理等。

2. 课程改编

课程改编指针对与原有课程准备对象不同的群体进行的学程上的修改。校本课程开发中的课程改编主要是指教师对正式课程的目标和内容加以修改以适应他们具体的课堂情境。此外它也包括某些学校对国外引进课程的翻译和本土化改造。进行课程改编大致需要考虑五类因素：目标、内容选择、内容组织、学习经验、学习资料。

3. 课程整合

课程整合是指超越不同知识体系而以关注共同要素的方式来安排学习的课程开发活动。课程整合的目的是减少知识的分裂和学科间的隔离，把学习者所需要的不同的知识体系统一联结起来。课程整合常用的方法有开发关联课程和跨学科课程。开发关联课程要在课程设计时就科目间的相关问题进行协调，往往体现两门学科间相对狭窄的联系。跨学科课程则是把多门不同的学科糅合成一门课程来学习。

4. 课程补充

课程补充是指以提高国家课程的教学成效而进行的课程材料开发活动。课程补充材料可以是矫正性和补救性练习、报纸和期刊剪报、声像材料、教学片和电影短剧、图画、模型、图表、游戏和电脑光盘等。这些材料有助于实现国家课程的课程目标。教师可以在已有的课程材料中进行挑选，也可与同事一道合作开发，也可独自进行开发。

5. 课程拓展

课程拓展是指以拓宽课程的范围为目的而进行的课程开发活动。课程拓展材料的目标是拓宽正规课程，为学生提供获取知识、内化价值观和掌握技能的机会。另一种课程拓展是个别化的拓宽。这样的材料不是为全班而是为班上挑选出的个别人而准备的，这些人要么天资高，要么对与某一科目相关的专题或技能表现出特殊兴趣。

6. 课程新编

校本课程开发也可以开发出全新的课程板块和课程单元。突出学校特点的"特色课程"、地方性专题课程"乡土教材"都属于课程新编。此外学校还可以开发新兴的专题或学科领域，以适应飞速发展的社会变革和科技进步，这也属于课程新编活动。

四、校本课程开发的现状及实施策略

(一)我国校本课程开发的现状

20 世纪 80 年代末以来，在世界范围内单一的国家课程或校本课程开发模式陆续退出了历史舞台。大量的课程改革实践证明，国家、地方、学校应共享课程决策权并分担责任。

我国在相当长的一段时间里实行的是课程中央集权制，课程管理和实施主要是以"一纲一本"单一的中央集权的"国家本位"课程管理为主，采取一种自上而下的管理模式，全国各地的学校使用统一的教材和教学大纲。随着各项改革的深化和经济社会的发展进步，课程开发中的各种要素间的力量对比和功能效应发生了很大变化，国家课程开发机制一统天下的政策基础有所松动。这就给我国校本课程的开发带来了前所未有的机遇。

我国在 1985 年颁布《中共中央关于教育体制改革的决定》，教育管理的权限得到了下放，地方可获得部分教育管理权。特别是 1999 年，颁布了《面向 21 世纪教育振兴计划》和《中共中央 国务院关于深化教育改革全面推进素质教育的决定》两个纲领性文件，明确提出可以试行国家课程、地方课程、学校课程（校本课程）三级课程管理。到 2001 年，《基础教育课程改革纲要（试行）》出台，进一步提出"实行国家、地方、学校三级课程管理，增强课程对地方、学校以及学生的适应性"，并明确了学校课程管理的职责。"学校在执行国家课程和地方课程的同时，应视当地社会、经济发展的具体情况，结合本校的传统和优势、学生的兴趣和需要，开发或选用适合本校的课程。"校本课程受到教育研究人员、学校和教师的极大关注，对于校本课程的开发研究也越来越多。

近年来的课程改革为校本课程的发展奠定了相当的基础。从目前国家基础教育课程改革的情况看，校本课程开发已经进入全面实施阶段。一些地方和学校在课程开发方面的积极性很高，并且已经取得了一些阶段性的成果，有了一定的经验积累。在新课程改革中，我国地方和学校的课程决策权力和作用越来越大，责任也越来越重，课程的多元化趋势日益明显。但是作为一种理念与模式，"校本课程开发"在我国仍处在初级阶段，至少在国家课程政策层面上关注得还不够。在经历了艰难的政策、理论与实践探索后，我国校本课程开发仍然存在如下问题。

1. 单一计划体制下形成的课程制度和课程思想的惯性影响

很长一段时间，我国实行的是中央集权的课程体制，这种自上而下的课程体制隐含的思想与校本课程开发的观念和方法是完全不同的。要实现校本课程计划所要求的专家中心向学校教师中心的转移，必须排除各种自觉不自觉的抵制。这些抵制具体表现为：①课程管理部门仍然习惯于自上而下的决策方式，部分学科专家轻视学校和教师的参与，更反对学校和教师从课程外围向课程中心的转移。②长期习惯了中央集权课程体制的学校、教师和学生过分依赖和迷信统编教科书。

2. 教师的课程意识与课程开发能力薄弱

因为长期计划体制下的学校和教师完全执行指令性的课程计划，不可能也不需要具备多少课程意识和课程开发能力，致使学校和教师的工作方式变得过于依赖和惟从，学校与教师对课程的独立判断和开发积极性、创造性逐渐萎缩。[①]

在影响校本课程实施的众多因素中，教师课程专业能力的发展是具有决定性的因素，也就是说，教师是发展校本课程的主体或主角。校本课程开发需要教师有新的思想、信念、能力和热情，单靠行政命令无法完成。但是我国教育尤其是教师教育长期"重教学轻课程"，现任教师专注于单一专长学科的教学已久。知识内容陈旧、知识结构不合理，进行校本课程开发的能力明显不足。我国校本课程实施并没有真正把教师的课程专业发展纳入视野；无论是职前教师发展还是在职教师发展，都没有同校本课程发展很好地配合。中小学教师原来缺乏课程理论的功底，目前又不可能脱产学习和研究课程理论，致使他们欠缺课程开发的基本知识和必要的理论思维能力，因而难以发挥应有的主体作用。

3. 学校管理制度的民主性、开放性不足

我国校本课程开发和三级课程管理的愿景是基于此政策能够促进课程决策民主、能满足学生的兴趣、促进教师专业发展等。但是在实践中，三级课程管理并不一定促进课程决策的民主。我国学校虽实行了校长负责制的管理制度，它对理顺学校内部领导体制、健全学校内部行政管理、搞活办学机制等发挥了积极作用，但由于缺乏必要的监督机制，容易滋长校长的"家长"作风。教师没有参与学校规划的机会，学生也很少有机会根据自己的兴趣、爱好提出建议，其主体能动性很少能得到体现。再加上受传统行政角色定位的影响，校长和教师之间平等对话产生了障碍，而这种障碍在短时间内难以消除。三级课程管理的政策已赋予中小学校长管理学校课程、开发校本课程的一定权力和责任，这是课程发展的必然要求，但有些校长在执行过程中夹杂名利动机，忽视学生的特别需要，致使校本课程开发活动走上了单纯编教材的轨道。

4. 学校经费不足，教育资源缺乏合理开发

校本课程的开发需要很高的资源成本。我国中小学尤其是农村中小学现有的教学设施的数量、质量、品种等不足，教学实验设备不全，图书馆的规模、经费、开放时间、藏书数量和质量也不能满足学生的需要。维持现有的教育教学尚有困难又何谈投入更多的人、财、物来开发和研制校本课程呢？即便是积极进行课程资源开发的学校，也存在资源单一、大量有意义的校本资源未开发或流失的现象。

5. 偏于技术取向，缺乏文化的重建

按照库班(Cuban)、奥柯尔(Oaker)等学者的看法，课程改革的实施策略有三种

[①] 吴刚平：《校本课程开发》，294 页，成都，四川教育出版社，2002。

观点，即技术观、政治观和文化观。技术观比较注重改革实施前的计划以及改革实施后的成果，而政治观和文化观则认为实施的性质是不能预设的，课程知识是社会建构的，课程改革实际上是一种文化的变革，是学校新文化与旧文化之间的冲突与磨合的过程。我国校本课程的实施策略，是技术取向的，强调的是一套事先设计好的教学机制，并试图借助于课程实施方案的合理性和科学性以增强其合法性，进而在现存的学校文化和科层结构之中实施校本课程，以取得预期效果。事实上，课程改革不可避免地要涉及权力结构的变化、学校文化的重建和师生个人的发展。就我国而言，学校的组织结构在整体上还缺乏变革，新的学校文化尚未建立，仅仅从技术层面来处理校本课程问题，往往流于形式，其效果可想而知。

6. 校本课程开发自身的局限

校本课程开发自身的缺点和隐患是进行校本课程开发必须加以重视和防范的重要课题。比如，由于受学校条件和教师水平的限制，校本课程开发可能较低质量标准，产生折中的情况；增加学校和教师的压力和负担，影响教师工作的积极性；校本课程开发计划的实施可能加剧地区间经济文化发展的不平衡；由狭小的社区和单个学校所规划的教育有可能偏离国家教育方针，助长地方化倾向等。诸如此类的问题，都是实施校本课程开发中必须认真加以解决的。

(二)校本课程开发的实施策略

校本课程的实施是一项复杂的系统工程，需要拟定恰当的实施策略和相应的配套措施，才能取得好的效果。具体来说，要注意以下几个方面。

1. 实现课程发展机制的多样化转换

目前，我国课程开发机制的现实状况是中央集权的课程开发机制居于主导地位，其他层次地位的课程开发机制尚处于初步发展阶段。整个课程开发机制系统的发育，与社会政治经济文化生活日益多元化的大趋势不相适应。所以我们在积极稳妥地落实国家、地方、学校三级课程管理体制的政策时，要十分注重制定实施这种机制转换的相应策略。为此，我们可以考虑以下一些基本策略。

(1)循序渐进，逐步推开。课程开发机制由集权向分权的根本转换是复杂艰巨的系统工程，不可能一蹴而就。在课程开发新机制建立之前，不宜贸然从根本上打破旧机制，造成课程开发机制的真空状况，而应该在积累相当经验后逐步推开。教育行政部门要为课程开发新机制的建立做出全面系统的规划，使新机制的建立工作有计划、有秩序地展开，从而保证课程开发机制转换的方向性、计划性和科学性。同时，发达地区在课程改革需要的财力和智力方面的投入度高，已取得了相当的经验，可以为欠发达地区提供示范和经验支持。对于欠发达地区，国家要给予更多的政策指导、技术支持和财政援助。

(2)采取配套改革策略，推进课程开发机制的转换。为了减缓课程开发机制转换过程中正面直接改革带来的阻力，可以考虑采取一些侧面的配套改革策略，为校本课程的开发提供和创造必要的基本条件。①改革高考制度。对于高考的考试内容及形式进行改善，突出关注学校及学生个性化发展的教育目标；确定更多有条件的大学进行单独招生考试或大学联合举行招生考试的工作。②改革对中小学进行评价的制度，设立由政府认可的非官方的学校评价机构，把校本课程开发及三级课程的整体安排和全面实施作为评价学校的重要指标。③深入推进高等师范院校的课程改革。高师院校应加快改革的步伐，加强专业之间、课程之间的联系，增大选修课、普通教育课和基础课以及综合课程的比例，完善课程结构；加强教育科研，加强理论联系实际，提高学术水平，促进教育内容更新，以使师范生毕业后能较好地适应课程开发需要。④通过扩招教育学科的硕士生与博士生（包括面向教研员和中小学骨干教师招生）、强化各省市教育科研机构、开展规范化的校本课程试验以及加强中小学的校本培训等途径，在全国范围内逐步建立一支由教育行政领导干部、教育理论工作者和中小学校长教师组成的课程研究队伍。⑤各级教育行政部门要为中小学进行校本课程开发研究和试验提供一定的经费支持。

（3）支持和监督课程开发的中介机构。在基础教育课程开发机制的转换中，大力发展各种教育中介机构是一个重要的策略选择，可以在很大程度上克服中央集权机制"包得太多，统得过死"的弊端。在我国，已有某些教育中介机构进入了市场，还没有出现课程开发的中介机构，这对于解决校本课程开发面临的重重矛盾和转变教育行政部门的课程管理职能是十分不利的。

课程开发中介机构是在政府的提倡和监督下，按照国家的政策、法规和课程开发的质量要求而为中小学开发校本课程提供咨询和服务的一种商业性机构。其主要经营项目是：①介绍课程开发的理论和方法；②提供课程开发的信息和资料；③推荐课程开发的专家；④培训学校的骨干教师；⑤与学校合作制作教学软件；⑥提供课程试验的检测工具与评价工具。这种机构的咨询与服务工作不仅要忠实执行相关的政策、法规，而且必须符合教育规律，必须反映学校和学生的特别需要以及当今社会发展的客观要求和自然科学、人文科学、信息技术发展的趋势。①

2. 给教师赋权增能，使之成为校本课程发展的主体

在传统的自上而下的课程开发模式之下，教师处于权力结构的最底层，其职责就是执行国家的课程指令，遵从学科专家编写的教材及教学要求，他们的角色不过是"教书匠""教学机器"，从而扼杀了教师的创造性。校本课程实施提倡给教师赋权增能，强调教师角色由单元化向多元化转变。①发展者。教师应参与学校总体课程方案的讨论、规划与设计，善于在教学过程中根据学生的实际学习需要调整课程与教学，成为教学的主动发展者。②决策者。教师是实际的教学者，负责班级课程与教学的实施，因此，应当成为设计教学活动，选、编、撰教材的决定者。③诠释者。教师要厘清课程目标，依据学校条件，教学资源，学生能力、兴趣与需求，解释并

---

① 廖哲勋：《关于校本课程开发的理论思考》，载《课程·教材·教法》，2004（8）。

开展课程活动，以达成学校教育目标。④行动研究者。教学是一个非常复杂的、难以精确预测的过程，要求教师真实地体验到自然教学情境中的课程问题并对其进行研究，以解决实际的课程问题，而不是抽象的理论问题。①

在校本课程发展中，除了转变角色之外，更需要增强教师参与课程开发的意识和能力。校本课程开发的参与者在参与意识和参与能力上往往要经历六个发展阶段（见表 5-2）。给教师增权赋能，肯定广大教师对课程的独立判断能力和创新能力，使之成为课程开发的主体，校本课程的实施才能获得成功。

表 5-2　校本课程开发参与者的六个发展阶段

阶　　段	主 要 表 现
第一阶段：个人实验	1. 对与他人工作没信心； 2. 不愿意与他人分享观点。
第二阶段：交流观点	1. 愿意私下交流秘诀； 2. 愿意尝试同事的观点。
第三阶段：寻求信息	1. 非正式地拟定任务并期望成功； 2. 从事独立的搜寻工作。
第四阶段：最低责任的参与	1. 承担只需有限的领导技巧的角色； 2. 在参与中倾向于"低度曝光"。
第五阶段：主动的参与者	1. 成为活动中的主要参与者； 2. 愿意组织和领导不同形式的活动。
第六阶段：承担主要的领导角色	1. 有了充分的准备去倡导并规划活动； 2. 监督成果，并在需要维持团体工作效率时采取步骤。

资料来源：刘旭东：《校本课程的理念与实施》，92 页，北京，首都师范大学出版社，2003。

3. 进行学校组织结构的变革，实现权力再构

校本课程开发则要求学校具有课程开发所需的宽松开放的环境，要求重新调整学校内部的组织权力结构，形成一种新的合作、开放、多元的校园氛围。就学校而言，实现权力再构就是让教师、学生、家长以及社区人士分享课程开发的决策权。因此，学校要建立一种开放的机制，学校内部的教师要彼此开放自己的课堂，同时学校之间也要相互开放，更多地进行沟通与交流，取长补短。校本课程虽然以学校为本，但同时也很强调合作精神，不仅需要校内相关学科的教师共同合作，还需要与校外的相关人士（如课程专家、社区和家长代表等）相互合作。

经过权力再构的学校，要打破课程开发自上而下的权力模式，杜绝校内权力的集中化，使学校更富民主性和自主性，真正建立起校长、教师、学生、家长以及社区人士之间的合作、交流与对话机制，使学校成为一个具有开放型、创新性的学校社区。

---

① 刘旭东：《校本课程的理念与实施》，92 页，北京，首都师范大学出版社，2003。

4. 建立学校新文化，实现文化再生

校本课程实施涉及学校文化的变革，是一个发展学校新文化的过程。那些试图把新的课程发展机制嵌入旧的学校文化中去的做法，很难取得预期效果。学校旧文化的特征是崇尚书本，唯科学主义，保守趋同和唯命是从，学校和教师的创造性受到很大限制，制约了校本课程的发展。校本课程的成功实施，需要有新的学校文化与之相适应，这种新文化的特征是：注重创新，关注生活，关注社会，亲近自然，尊重差异，多元民主，合作参与。

复习与思考

1. 用自己的话来解释校本课程与校本课程开发的概念。

2. 阐述校本课程开发的特征和意义。

3. 收集一个校本课程开发的案例，分析其开发的过程及具体步骤。

4. 结合案例 5-1，分析校本课程开发的基本理念，尝试为大足区小学开发一个完整的美术校本课程内容体系。

5. 假设学校要求你给学生开设一门以"身边的数学"为主题的选修课，你将会怎样去做？

推荐阅读

1. 魏登尖. 校本课程建设的理论构建与实践探索[M]. 重庆：西南师范大学出版社，2018.

2. 邹尚智. 校本课程开发与管理[M]. 天津：天津教育出版社，2018.

3. 吴国平. 课程中的儿童哲学[M]. 上海：上海教育出版社，2019.

4. 汪培坚. 重新发现学生[M]. 杭州：浙江工商大学出版社，2018.

5. 蔡清田. 核心素养导向的校本课程开发[M]. 长春：东北师范大学出版社，2019.

6. 宋玉珍. 统整视域下小学主题课程的实践[M]. 天津：科学技术出版社，2019.

7. 顾志平. 学校乡土课程建设指导手册[M]. 上海：华东师范大学出版社，2017.

8. 崔允漷. 校本课程开发：理论与实施[M]. 北京：教育科学出版社，2000.

第六章　小学教学目标

【本章要点】▶

- 理解教学目标的内涵和功能
- 了解国内外教学目标的分类
- 掌握小学教学目标的设计与表述

第一节　教学目标概述

教学是一门艺术，教学的艺术性体现在能够让有限的教学资源在有限的时间内最大限度地发挥出教育功能。要使教育教学取得好的效果，懂得艺术处理教学内容，设计出完美的教学方案是非常重要的。教学目标就是这个方案设计中最为重要的一个环节，对教学实施起着指向性的作用。教学目标作为一个教育学术语最早出现于20世纪30年代，20世纪60年代后，随着程序教学的发展而受到广泛重视[①]。新一轮课程改革后，对教学目标的制定也提出了新的要求。

一、教学目标的内涵

(一)教学目标的含义与特征

教学过程是由若干等级不同的小过程组成的，每一层次，每一个小过程都有自己的具体规定，这个具体的规定就是教学目标[②]。因此，与宏观层面的目的不同的是，教学目标是一个具体的概念，微观到每一个知识内容，每一堂课的任务和每一个规定的教程，是指在教育和教学的过程中，教育者在完成某一阶段，如一节课、一个单元或一个学期的任务时希望受教育者达到的要求或产生的变化结果。

通过对教学目标内涵的理解，我们可以从中总结出它的几个特点：

预期性。教学目标是师生在教学活动中预期达到的教学结果，也就是说在教学活动之前，即预见到教学活动可能促使受教育者身心方面发生哪些变化。教学目标以教学对象发展现状为基础，但又超越其发展现状，是经过努力可以达到的要求。布卢姆认为，有效的教学始于教师知道希望达到的目标是什么。预期要达到的教学目标是否明确、具体、科学，直接影响教师的教学实践是否有成效。

系统性。教学目标是一个由若干具体目标组成的系统整体，具体教学目标之间构成一个有机联系的网络，因此必须以系统联系的观点来看待教学目标。组成教学目标系统整体的各具体教学目标，都不是孤立的，在实践各具体教学目标时，应该将其放到整个教学目标系统中来确定其地位及价值。因此，"教学的艺术在于：把一个复杂的最终产物分解为必须分别并按某种顺序达到的组成部分。教授任何一种事物，便是在向着终极目标前进时，一面记住所要达到的最终模型，一面集中力量走好每一步"。教学目标的系统性与可分解性是辩证统一的。

层次性。教学目标系统内部的各具体目标并非都处在一个层面上，而是层级分

---

① 王本陆：《课程与教学论》，153 页，北京，高等教育出版社，2009。
② 吴也显：《教学论新编》，328 页，北京，教育科学出版社，1996。

明、连续递增的。较低层次的教学目标是较高层次教学目标的分解或具体化，较高层次教学目标的实现以较低层次教学目标的实现为基础。各项教学目标的实现，都要遵循从易到难，从简到繁，一级一级地向上发展。当教学达到了某一目标时，便为实现高一级的目标打下了基础，并向终极目标逼近了一步。越过较低层次教学目标而直接实现较高层次的目标，是不现实的、难以取得理想效果的。

可行性。一般说来，教学目标清晰、明确、具体、可行，有利于其在实践中顺利达成。经验表明：人们在确定其目标时，除了考虑目标的价值外，还要考虑目标实现的概率。若达成的可能性很大，且易于操作，就会努力促成目标的实现，使目标的潜在作用得到最大限度的发挥；若目标笼统且难度很大，达成的概率微乎其微，人们便会望而生畏、知难而退，目标本身也便失去了应有的价值。因此，一种正确的教学目标必须具有可行性和现实性。

灵活性。教学目标可以根据学校、课程、班级的具体情况来制定，由教师根据具体教学实际编制，内容水平可以有一定的弹性，留有余地，以便灵活掌握，获得最佳成效。教学目标的灵活性是由教学活动的复杂性决定的，同时它又为教师创造性地开展教学工作提供了机会。具有灵活性的教学目标，能够更好地适应学生的学习特点，对于学生通过教学目标的实现而获得相应身心方面的发展有着不容忽视的重要意义。

最后，需要强调的是，教学目标具有一定的生成性。教学目标虽然是对教学结果的一种预测，但是，这种预测并不是一成不变的、固定僵死的，而是对教学结果有个大概的预测框架并在框架内保留一定的生成空间。教学过程是具体的、鲜活的，在这个过程中充满着诸多的不确定性，有很多种预想不到的事情会发生，这也正好是教学目标生成的过程。

(二)教学目标的表现形式

对教学目标从不同角度进行划分，可以分为以下几类表现形式：最终目标与直接目标；外显目标与内隐目标；学段教学目标、单元教学目标与课时教学目标。

1. 最终目标与直接目标

这种表现形式的类别区分是西方学者的研究。[①] 最终目标是为受教育者将来从事各种社会性活动做准备所要求实现的目标。例如要承担某一份社会职业所必须达到的最终目标。直接目标是为学生掌握从事某一社会活动时所需要的活动工具、行为方法方面所要实现的目标。例如，知识与技能、过程与习惯、世界观、人生观、价值观等。

2. 外显目标与内隐目标

通过教学达到显而易见的目标称为外显目标，例如新课程改革中提出的三维目标中，知识与技能方面要达到的目标就属于这一类。在教学中不易或不能直接看出

---

① 王本陆：《课程与教学论》，154 页，北京，高等教育出版社，2009。

结果的教学目标被称为内隐目标，例如情感、态度和价值观。

3. 学段教学目标、单元教学目标与课时教学目标

按照教学活动的需要，可把教学目标分为学段教学目标、单元教学目标和课时教学目标。学段教学目标是指根据年龄层次划分的每一学段所应完成的教学任务和达到的教学目标。例如，小学语文第一学段就从识字与写字、阅读、写话、口语交际和综合性学习五个方面提出了学段目标，其具体内容表述为：

(一)识字与写字

(1)喜欢学习汉字，有主动识字、写字的愿望。

(2)认识常用汉字1600个左右，其中800个左右会写。

(3)掌握汉字的基本笔画和常用的偏旁部首，能按笔顺规则用硬笔写字，注意间架结构。初步感受汉字的形体美。

(4)努力养成良好的写字习惯，写字姿势正确，书写规范、端正、整洁。

(5)学会汉语拼音。能读准声母、韵母、声调和整体认读音节。能准确地拼读音节，正确书写声母、韵母和音节。认识大写字母，熟记《汉语拼音字母表》。

(6)学习独立识字。能借助汉语拼音认读汉字，学会用音序检字法和部首检字法查字典。

(二)阅读

(1)喜欢阅读，感受阅读的乐趣。养成爱护图书的习惯。

(2)学习用普通话正确、流利、有感情地朗读课文。学习默读。

(3)结合上下文和生活实际了解课文中词句的意思，在阅读中积累词语。借助读物中的图画阅读。

(4)阅读浅近的童话、寓言、故事，向往美好的情境，关心自然和生命，对感兴趣的人物和事件有自己的感受和想法，并乐于与人交流。

(5)诵读儿歌、儿童诗和浅近的古诗，展开想象，获得初步的情感体验，感受语言的优美。

(6)认识课文中出现的常用标点符号。在阅读中体会句号、问号、感叹号所表达的不同语气。

(7)积累自己喜欢的成语和格言警句。背诵优秀诗文50篇(段)。课外阅读总量不少于5万字。

(三)写话

(1)对写话有兴趣，留心周围事物，写自己想说的话，写想象中的事物。

(2)在写话中乐于运用阅读和生活中学到的词语。

(3)根据表达的需要，学习使用逗号、句号、问号、感叹号。

(四)口语交际

(1)学说普通话，逐步养成讲普通话的习惯。

(2)能认真听别人讲话，努力了解讲话的主要内容。

(3)听故事、看音像作品，能复述大意和自己感兴趣的情节。

(4)能较完整地讲述小故事，能简要讲述自己感兴趣的见闻。

(5)与别人交谈，态度自然大方，有礼貌。

(6)有表达的自信心。积极参加讨论，敢于发表自己的意见。

(五)综合性学习

(1)对周围事物有好奇心，能就感兴趣的内容提出问题，结合课内外阅读共同讨论。

(2)结合语文学习，观察大自然，用口头或图文等方式表达自己的观察所得。

(3)热心参加校园、社区活动。结合活动，用口头或图文等方式表达自己的见闻和想法。

单元教学目标是对一门学科结构中的知识组成部分提出的具体要求，对某一类知识，某一个单元的学习有指导作用。例如某地区小学语文六年级语文教学中的诗词单元的教学目标就提出通过本单元的学习，学生能借助汉语拼音、词典准确无误地认读十首古诗中难读的字，正确、流利地朗读古诗词；查阅工具书，借助文中注释，边读边想象画面等学习方法，在与同伴的交流中理解古诗词大意，并能用自己的话加以描述；乐于讲述自己的理解，在交流中感受诗句意境，体会诗人的心情，有感情地诵读并背诵；收集资料，尝试抓住要点展示并交流自己收集的作者生平资料，拓展文本资源，在角色体验、对比与情境创设朗读中揣摩、领悟诗人的思想感情，养成正确收集与处理信息及课外积累的好习惯。课时教学目标就是对每一堂课所提出的具体要求。我们可以用图 6-1 来表示这一分类下的目标层次关系。

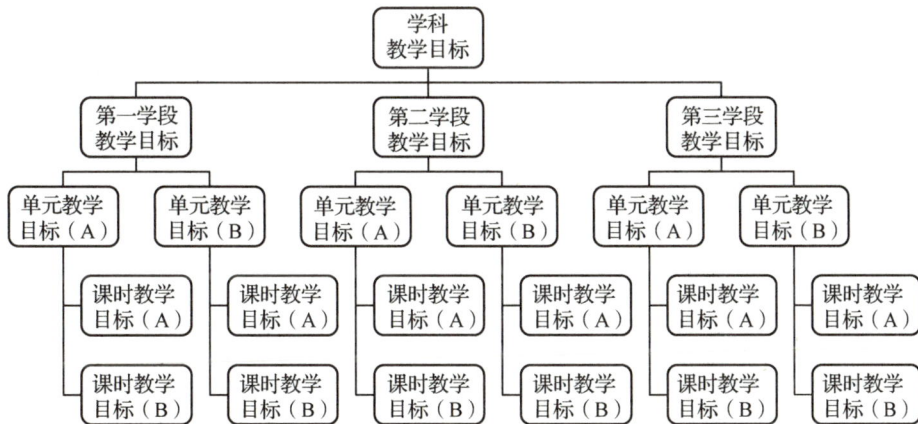

图 6-1 教学目标的分类

二、教学目标的功能

教学目标包含了丰富的内容，从 20 世纪 30 年代提出教学目标的概念以来，教育学界的许多学者就开始致力于其功能的研究。由于其侧重点不同，对功能的描述也以不同的方式展现。如美国学者麦克唐纳(J. B. Macdonad)就认为，教育目标具有五项功能：第一，明示教育进展的方向；第二，用于选择理想的学习经验；第三，有利于界定教育计划的范围；第四，提示教育计划的要点；第五，可作为评价的重要基础。[①]

还有学者将教学目标的功能概括为：指导学生的学习，指导教师的教学，指导学习结果的测量和评价。可简化为导学、导教和导评(对教师教学效果与学生学习结果的评价)。

对以上两种情况加以分析，我们把教学目标的功能概括为以下四种。

1. 导向功能

教学目标在教学过程中起着指示方向、引导执行、预定结果的作用。教学目标预先规定了教学活动的大致进程，制约着教学设计的方向，教学活动展开的过程也就是教学目标一一落实的过程。教学目标决定了教学活动要取得怎样的结果，取得结果的先后顺序以及它们之间具有怎样的逻辑关系等。另外，学生在明确了教学目标后，也会有的放矢，依照教学目标来制订学习计划，积极主动参与到学习活动中来，提高学习的效率。因此，教学目标对教学活动的开展起着导向作用，确立正确合理的教学目标是教学设计的首要环节。

2. 评价功能

教学目标是检查、评价教学成效的尺度和标准。这种评价存在于教学活动的两个时段。其一，教学活动是师生之间互相作用的过程，虽然具有计划性，但仍不能排除在教学活动过程中会出现计划与实际相冲突的现象，在这种情况下，教学目标可以作为实施监控的手段，对教学活动的进度和方法进行改进，促使教学活动更顺利地开展；其二，教学活动结束以后必须对教学效果进行评价，教学目标便是评价体系的重要依据之一，它能衡量教学是否达到了预期的目标。如果教学目标缺乏科学的、客观的衡量功能，那么无论是测验的效度、信度还是试题的难度、区分度都将失去保障，对学生的学习结果和学习水平的衡量和评价也容易失误。因此，教学目标是对教学结果进行科学的测试、确定客观评价的基础。

3. 控制功能

教学活动是师生在特定环境下的双边互动过程。教师要时刻关注环境的变化和学生的差异，有效地调控教学，不能一味地照本宣科。教学目标是教师进行课堂控制的依据。教学目标一经确定，就对教学活动起着控制作用，从教学过程的起始直至结束，每一个教学环节，如导入、讲授、讨论、测验和评价等，都受它的调控和引导。也正是有了明确、适当的教学目标，教学过程才得以把教师、学生和其他各方面的力量凝聚到一起，协调一致，取得较理想的教学效果。

---

① 王本陆：《课程与教学论》，154 页，北京，高等教育出版社，2009。

4. 激励功能

在心理学理论中，目标与激励是密切相连的。一个短期目标的实现，会激发行为者强烈的动力和兴趣，并指向下一个目标。因此教学目标要细致、具体，并符合实际。从心理学的角度而言，要充分发挥教学目标的激励功能，必须注意几个问题：其一，教学目标应为学生所认同。在目标制订过程中应充分考虑学生的内在需求，需求是引发学生学习积极性的内在动力，只有让学生认同了学习内容并满足他们的内在需求，他们才会为实现目标而努力；其二，教学目标在难度上应该定在学生的"最近发展区"，过难或过易都难以激发学生的学习动机。"最近发展区"是苏联心理学家维果茨基提出的，对于儿童的学习状态，我们可以分析出两种水平：一种是目前已经达到的水平，一种是潜在的可能达到的水平，即儿童必须在更有经验的人的帮助下所能达到的水平。这两种水平之间的距离就是最近发展区。教师要介入儿童的发展，必须找到适宜的切入点，最近发展区就为教师的介入提供了一个理想的时空；其三，教学目标的制定要考虑到学生的学习兴趣，兴趣是最好的老师，它能够促使学生自主积极地参与到学习活动中来。

三、教学目标的分类

教学目标分类就是把各种具体教学目标按照简单到复杂、低级到高级连续递增的分类体系形式进行有序的排列与组合，使之系统化。关于教学目标分类理论，在世界范围内不乏论者，但是透过众说纷纭的教学目标分类理论，我们不能不思考些根本的前提性问题，那就是：为何教学目标要分类？不分类可不可以？到底教学目标分类有什么价值？对于这些问题，我们可以从两个层面来思考。首先，教学目标分类是一种理论研究上的需要，同时教学目标分类的研究也丰富了教学理论本身的建设与发展；另外，教学目标分类能够为实践提供更具体、可操作的指导，使教学理论真真切切发挥对教学实践的指导作用。总之，教学目标分类有利于从总体上去把握局部，有利于全面实现教育目的；有利于在教学活动中使用统一的术语；同时也有利于教学质量管理的科学化。

目前，对教学目标的分类，国内外较有影响的有以下几种理论。

(一) 以布卢姆为代表的教学目标分类理论

美国心理学家布卢姆是第一个将分类学理论运用于教育学领域的人，他在 20 世纪 50 年代提出的教学目标分类理论中，将教学活动所要实现的整体目标分为：认知、动作技能、情感三大领域，并从实现各个领域的最终目标出发，确定了一系列的目标序列。其中，认知领域的目标分类被认为贡献最大。布卢姆的思想可以概括为：复杂行为可分解为比较简单的行为，教学目标可以用可见的行为来表示，这样可以使教学效果清楚、可鉴别、可测量，从而便于把握教学目标的达成。

1. 认知领域的目标分类

布卢姆将认知领域分为知识、理解、应用、分析、综合、评价六类目标。

（1）知识：主要指记忆知识，对学过的知识和有关材料能识别和再现。这一目标要求学生能做到：确认、定义、配对、指出名称、选择、默写、背诵、描述、标明、列举、说明等。这类目标也有人称为"识记"。例如，小学语文第一学段要求学生学会汉语拼音。能读准声母、韵母、声调和整体认读音节。

（2）理解：主要指对知识的掌握，能抓住事物的实质，把握材料的意义和中心思想。可以借助三种形式来表明对知识材料的理解：一是转换，即用自己的话语或用与原先不同的表达方式来表达所学的内容。例如，小学语文第二学段学生阅读要达到的要求是能复述叙事性作品的大意，初步感受作品中生动的形象和优美的语言，关心作品中人物的命运和喜怒哀乐，与他人交流自己的阅读感受；二是解释，即对一项信息（如图表、数据等）加以说明或概述；三是推断，即预测发展的趋势。这一目标要求学生能做到：了解事实与原理，解释文字资料，解释图表，转译文字资料为另一种资料形式，验证方法与过程，对所学的内容进行概述，举例说明所学过的问题等。这类目标也有人称之为"领会"。

（3）应用：指把所学的知识应用于新情境。这一目标要求学生能做到：表现、列举、计算、设计、示范、运用、操作、解答实际问题等。如应用几何知识测量土地面积；运用所学的知识去解答实际问题；制作图表；设计模型；正确使用表现手法与过程；等等。

（4）分析：指将知识进行分解，找出组成的要素，并分析其相互关系及组成原理。这一目标要求学生达到：能对事物进行具体分析，图式、叙述理由、举例说明、区别、指明、分开、再分，认出在推理上的逻辑错误；区别真正事实与推理，判断事实材料的相关性。例如，划分文章段落，写出段意及找出中心思想；指出一个实验中哪些是自变量、哪些是因变量等。

（5）综合：与分析相反。指把各个元素或部分组成新的整体。理解、应用和分析虽然也有将部分组合与重建的意思，但没有综合这样完整，综合更具独创性。这一目标要求学生能做到：联合、组成、创造、计划、归纳、重建、重新安排、总结等。如写出一份结构完整的论文提纲；提出一份系统的实验计划或方案等。

（6）评价：指根据一定的标准对事物给予价值的判断。这一目标要求学生能做到：比较分析、评价效果、分辨好坏、指出价值。如判断文艺作品成败之处、事件的真伪、一个调查的科学价值、某一实验结果的价值及解决问题的过程与方法的成败等。

布卢姆上述六类目标是有层次、有顺序的，知识是最低层次，是最基本的要求。其余依次是理解、应用、分析、综合、评价。评价为认知领域的最高层次，是前面五种目标的综合并增加了价值标准。这六类目标，由简单到复杂，由低级到高级依次排列。但由于这一目标分类标准是源于以测验和考试为目的评价范畴的，因此强调外显、客观、理性、逻辑的角度，而忽视隐含、主观、感性、诠释的角度。在对课程设计的指导方面，偏好于封闭的、有准确界定的细致的观点而舍弃了开放的、自由的整体的看法，有其局限性。

2. 情感领域的目标分类

克拉斯沃尔、布卢姆等人依据价值内化的程度对情感领域教育目标进行了分类。

(1)接受或注意：指学习者愿意注意特殊的现象或刺激，如课堂活动、参加班级活动、意识到某问题的重要性等。学习结果包括从意识事物的存在的简单注意到学生的选择性注意。这是低级的价值内化水平。

(2)反应：指学习者不仅能注意到某种现象，而且能主动参与并做出反应，如完成教师布置的作业、参加小组讨论、以愉快的心情阅读。反应包括默然的反应、愿意的反应、满意的反应。

(3)价值评价：指学习者将特殊的对象、现象或行为与一定的价值标准相联系。它包括接受、偏好某种价值标准，为某种价值标准做出奉献。例如：欣赏文学作品，在讨论问题中提出自己的观点，刻苦学习外语等。

(4)价值观的组织：指学习者遇到许多价值观念出现的复杂情境时，克服价值观之间的矛盾、冲突，对各种价值观加以比较，接受重要的价值观和价值标准，形成个人的价值观体系。学习的结果可能涉及某一价值系统的组织。

(5)价值或价值体系的性格化：指学习者通过对价值观体系的组织，逐渐形成个人的品性。即各种价值被置于一个内在和谐的构架之中，它们的层级(高低)关系已确定，个人言行受其所确定的价值观体系的支配。观念、信仰和态度等融为一体，最终表现是个人世界观和人生哲学的形成。例如，工作一贯勤勤恳恳、在团体中表现合作精神等。

学习者的情感培养和学习是教学目标中的重要方面。情感学习与形成或改变态度、提高鉴赏能力、更新价值观念等有关。但是，要将上述这些情感的心理过程转化为可观测的外显行为的学习目标是非常困难的。

3. 动作技能领域的目标分类

布卢姆本人并没有编写出动作技能领域的目标分类，这个领域出现了好几种分类法，目前尚无公认的最好的分类，这里只介绍辛普森(E. J. Simpson)的分类。辛普森将动作技能教育目标分成七类。

(1)知觉：指运用感官获得信息，了解与某动作技能有关的知识、性质、功用，以便指导动作。

(2)准备：指对稳定的活动的准备，包括心理定向、生理定向和情绪准备(愿意活动)。知觉是其先决条件。

(3)有指导的反应：指能在教师的指导下表现有关的动作行为，包括模仿和尝试错误，例如，能模仿教师的动作进行学习，在教师引导下进行试误练习，直到形成正确的动作等。

（4）机械动作：指经过一定程度的练习，学习者的反应已形成习惯，能以某种熟练和自信水平完成动作。例如，能正确、迅速地制作切片标本，能迅速准确地打字等。

（5）复杂的外显反应：指包含复杂动作模式的熟练动作操作。操作的熟练性以准确、迅速、连贯协调和轻松稳定为指标。

（6）适应：此阶段练就的动作技能具有应变能力，学习者修正自己的动作模式以适应特殊的装置或满足具体情境的需要，这是高度发展水平。

（7）创作：指学习者在学习某动作技能的过程中形成了一种创造新的动作技能的能力。它强调以高度发展的技能为基础进行创造。

布卢姆的教育目标分类理论改变了传统的以知识为本位的教学观，兼顾了认知、情感和动作技能三个层面，使教学活动不再是单一的知识传授的过程，是教学理论发展的一大进步。它的局限性在于将完整的教学目标割裂成了细化的单元，过于注重每一方面要达到的目标而忽略了整体性和三方的内在联系，影响了对教学活动的整体把握。

（二）加涅的学习结果分类理论

美国教育心理学家加涅通过吸收信息加工心理学的思想和建构主义认知学习心理学的思想，形成了既有理论支持也有技术操作支持的学习理论。这一理论解释了大部分课堂学习，并提出了切实可行的教学操作步骤。其中最具影响力的是提出了五种学习的结果。这五种学习结果实际上就是把教学目标分为五类，即：态度、动作技能、言语信息、智力技能、认知策略。

1. 态度

态度是通过学习形成的影响个体行为选择的内部状态。态度有三类：许多态度可被看作期望达到的教育目标，如希望儿童文明懂礼、为人谦逊、为他人着想；一般态度包括对某类活动的积极偏爱，如听音乐、阅读、运动等；第三类是有关公民身份的，如爱祖国爱家乡、愿意承担公民义务等。

2. 动作技能

动作技能实际上有两种成分：一是如何描述动作进行的规则；二是因练习与反馈逐渐变得精确和连贯的实际肌肉运动，因此，动作技能是一种习得能力，如能写字、跑步、做体操等。

3. 言语信息

言语信息是指学习者通过学习以后，能记忆诸如事物的名称、符号、地点、时间、定义、对事物的具体描述等具体的事实，能够在需要时将这些事实表述出来。言语信息对学生的能力要求主要是记忆。学习者的行为目的就是获取信息，信息在知识体系中是最基本的"建材"或"基本词汇"，是进一步学习的先决条件，是培养智力技能的基础。

4. 智力技能

智力技能是指学习者通过学习获得了使用符号与环境相互作用的能力。例如，使用语词和数学这两种最基本的符号进行阅读、写作和计算。言语信息是回答"是什么"的知识，而智力技能则与知道"怎么办"有关。它对学生能力的要求主要是理解、运用概念和规则，进行逻辑推理的能力。智力技能由简单到复杂、由低级到高级又可分为四个亚类。

(1)辨别：它是指区分两个不同的刺激，或者将一个符号与另一个符号加以区别的一种习得能力，包括视觉、听觉、嗅觉、触觉、味觉等方面的辨别。如，能看出汉字"甲"和"申"的区别。辨别学习是简单的学习，学习辨别技能的重要性在于它是学习其他技能的一个必要前提。

(2)概念：根据某些共同的属性将事物和观点进行分类。例如：根据用肺呼吸及胎生的特点把鲸鱼识别为哺乳动物；在一组词汇中，将同义词、反义词归类。学会辨别是形成概念的基础，因为只有辨别事物间的特征，才能发现事物的共性。概念按其抽象水平又可分为具体概念和定义概念，前者是指一类事物的共同本质特征，可以直接通过观察获得，如水果、动物等；后者指一类事物的本质特征，不能通过直接观察获得，必须通过下定义来揭示。如，小学数学中的"公倍数"，从字面意义上不能直接理解，通过定义的阐述"2个或者2个以上数的共同倍数"就可以明了了。

(3)规则：概念一般以词或符号来表示，规则以言语命题或句子来表达，揭示两个或更多的概念之间的关系。加涅所谓的规则，可以是一条定律、一条原理或一套已确定的程序。"当昆虫的幼虫变成蛹时发生变态"，该命题表达了一条生物学规则。规则的学习以概念的学习为基础。例如要掌握英语语法规则，必须先学会句子、词、字母等概念。

(4)高级规则：所谓高级规则，就是由一些相对简单的规则所组成的复杂规则。适合于解决不同内容范围的问题或是更复杂的问题，因而具有更广泛的应用性，对人的思维能力要求更高。高级规则是学习者在解决问题过程中的思维产物。

5. 认知策略

认知策略的学习结果与解决问题学习层次有关，是学习者借以调节自己的注意、学习、记忆和思维等内部过程的技能。学习者的认知策略指挥自己对环境中的刺激物予以一定的注意，对学习的事物进行选择和编码，对学习习得进行检索。作为认知策略学习的结果，学习者能根据过去所习得的规则，经过内在思考过程而创造新的或更高层次的规则，提出解决问题的方案。认知策略是学习者管理自己学习过程的方式，是学生学会如何学习的核心成分。

(三)奥苏伯尔的有意义学习分类理论

美国教育心理学家奥苏伯尔把学习分为机械学习和有意义的学习，并将有意义学习分为四种类型。我们可以将其理解为他对教学目标的分类。这四种类型分别是：

1. 抽象符号学习

抽象符号学习是指学习个别抽象符号的意义，将抽象符号与事物联结，并能以抽象符号代表事物。抽象符号学习的主要内容是词汇学习，如儿童听到"鸟"或看到文字"鸟"，知其代表实际的鸟，即使实际的鸟不存在，儿童也能以语言的或文字的鸟在大脑中引起形象。这样，我们可说儿童对"鸟"这个声音符号或文字符号获得了意义。

2. 概念学习

概念学习是指掌握同类事物的共同关键特征，它是人类高层次学习的重要基础。概念学习可细分为两个阶段，第一阶段是概念的形成，是一种由学习者归纳发现某一类事物有一些基本属性存在的学习历程；第二阶段是概念的类化，是一种学习者通过被提供概念定义而了解其要领属性的学习历程。

3. 命题学习

命题学习指学习若干概念之间的关系，加涅称之为规则。学习命题，必须先了解组成命题的有关概念意义，才能获得命题的意义。命题学习可以分为两类：一类是非概念性命题的学习，只表示两个特殊事物之间的关系，如学习"上海是中国的直辖市"，就要了解这个命题里的"上海"代表特殊城市，"中国的直辖市"也是一个特殊对象的名称；另一类是学习概念性命题，表示若干事物或性质之间的关系，如要了解"圆的直径是它的半径的两倍"，就要先获得"圆""直径""半径"等概念。

4. 发现学习

发现学习是指学习内容不是以定论的方式呈现给学习者的，而是要求学生在把最终结果并入认知结构之前，先要从事某些心理活动。因此，发现学习既包含了其他一些较高层次学习类型，如应用、解决问题和创造等，也可在前面所提的三种较低层次的意义学习类型中发生。奥苏伯尔认为，应用学习和解决问题学习是有区别的，前者仅是练习将已知的概念或命题直接转换应用于新的相似情境或问题中，而后者无法直接转换，学习者必须将他所知的转换成一组策略性步骤以解决问题。创造学习则为一种最高层次的学习，其发生乃基于个体认知结构中深度思考的综合。

(四)巴班斯基的教学目标分类理论

苏联著名教育家巴班斯基提出综合规划和具体确定课堂教学任务的课题，强调教学目标的整体性，认为教学过程必须执行三种职能，即教养职能、教育职能和发展职能，对教学的较为具体的任务做了分类。实际上就是把教学目标分为三类，即教育目标、教养目标和发展目标。

1. 教育目标

教师应设法掌握对学生进行共产主义教育的各个基本方面，培养他们的辩证唯物主义世界观，进行思想政治教育、劳动教育、道德教育、美育和体育。在课堂教学过程中促进学生树立下列基本世界观：保证在课堂教学过程中学习马克思列宁主义经典作家的著作、苏共文件；促进完成劳动教育和职业定向的任务；促进学生的道德品质教育，特别注意培养爱国主义、国际主义、集体主义、伦理规范、人道主义、积极的人生观，对资产阶级道德持不调和态度(指出该班学生学习该专题时最可能顺利完成的任务)；促进培养学生美学观点和审美技能等；促进培养卫生和体育技能。

2. 教养目标

形成理论知识和该学科所特有的专业技能技巧，保证在课堂教学中掌握(复习、巩固)基本概念、规律和理论，培养该学科的专业技能(教师列出可能项目)。

3. 发展目标

发展学生的智力、意志、情感和动机(需要、兴趣等)。

培养下列一般的学习技能技巧(拟订答案提纲、比较、概括、使用书籍、阅读和书写速度、自我检查等)；促进培养学生意志和毅力(通过解答疑难问题，引导学生参加讨论等加以培养)；培养学生的情感(通过在课堂上创造惊奇、愉快、妙趣、离奇、情绪体验等情境来培养)；培养学生的学习兴趣(指出所学问题对发展科学、技术生产的意义，指出这些问题对学生的职业定向以及培养爱好的作用，把游戏的情境引入教学等)。

(五)新课程改革背景下我国教学目标的分类

我国基础教育新课程标准在教学目标分类上包括三类：结果性目标、体验性目标与表现性目标。

1. 结果性目标

结果性目标说明学生的学习结果是什么，所采用的行为动词要求具体明确、可观测、可量化。结果性目标就是行为性目标。这种方式指向可以将结果量化的课程目标，主要应用于"知识与技能"领域。如在小学综合实践活动课程中"运用所学知识制作一份调查问卷"、小学语文中的"认识常用汉字 2500～3000 个"等。课程标准中把结果性目标又细化为"知识"和"技能"两个子领域。知识分为了解、理解和应用三个水平；技能分为模仿、独立操作和迁移三个水平。这种划分相对于国外的层次划分更简便，更易把握和操作(见表 6-1)。

表 6-1　结果性目标划分一览表

领域	目标水平	行为动词	举例
知识	了解水平： 再认或回忆知识； 识别、辨认实施或证据； 举出例子； 描述对象的基本特征。	说出、背诵、辨认、回忆、选出、举例、列举、复述、描述、识别、再认。	知道 2、3、5 的倍数的特征，了解公倍数和最小公倍数。(《数学课程标准》)

续表

领域	目标水平	行为动词	举例
知识	理解水平： 把握内在逻辑联系； 与已有知识建立联系； 进行解释、推断、区分、扩展； 提供证据； 收集、整理信息等。	解释、说明、阐明、比较、分类、归纳、概述、概括、判断、区别、提供、转换、猜测、预测、收集、整理。	感知音乐的结构，能够简单表述所听音乐不同段落的对比与变化。(《音乐课程标准》)
	应用水平： 在新的情境中使用抽象的概念、原则进行总结、推广； 建立不同情境下的合理联系等。	应用、使用、质疑、辩护、设计、解决、撰写、拟定、检验、计划、总结、推广、证明、评价等。	在熟悉的生活情境中，了解负数的意义，会用负数表示日常生活中的一些量。(《数学课程标准》)
技能	模仿水平： 在原型示范和具体指导下完成操作； 对所提供的对象进行模拟、修改等。	模拟、重复、再现、模仿、例证、临摹、扩展、缩写等。	感受自然界和生活中的各种声音。能够用自己的声音或打击乐器进行模仿。(《音乐课程标准》)
	独立操作水平： 独立完成操作； 进行调整与改进； 尝试与已有技能建立联系等。	完成、表现、制定、解决、拟定、安装、绘制、测量、尝试、试验等。	会根据实际问题设计简单的调查表，能选择适当的方法(如调查、试验、测量)收集数据。(《数学课程标准》)
	迁移水平： 在新的情境下运用已有技能； 理解同一技能在不同的情境中的适用性。	联系、转换、灵活运用、举一反三、触类旁通等。	按照比例和方位的知识，绘制校园的平面图。(《数学课程标准》)

资料来源：钟启泉、崔允漷：《新课程的理念与创新——师范生读本》，73页，北京，高等教育出版社，2003。

2. 体验性目标

体验性目标就是描述学生自己的心理感受、情绪体验，所采用的行为动词往往是历时性的、过程性的。主要对应于"过程与方法""情感态度价值观"领域。它分为三个层次的水平：即经历(感受)、反应(认同)和领悟(内化)(见表6-2)。

表 6-2　体验性目标划分一览表

目标水平	行为动词	举例
经历(感受)水平： 独立从事或合作参与相关活动，建立感性认识等。	经历、感受、参加、参与、尝试、寻找、讨论、交流、合作、分享、参观、访问、考察、接触、体验等。	观察或访问身边的劳动者，了解他们的劳动情况。(《品德与社会课程标准》)
反应(认同)水平： 在经历基础上表达感受、态度和价值判断，做出相应的反应等。	遵守、拒绝、认可、认同、承认、接受、同意、反对、愿意、欣赏、称赞、喜欢、讨厌、感兴趣、关心、关注、重视、采用、采纳、支持、尊重、爱护、珍惜、蔑视、怀疑、摒弃、抵制、克服、拥护、帮助等。	分析班级民主参与和管理的现状，提出积极建议。(《品德与社会课程标准》)
领悟(内化)水平： 具有相对稳定的态度； 表现出持续的行为； 具有个性化的价值观念等。	形成、养成、具有、热爱、树立、建立、坚持、保持、确立、追求等。	热爱我国优秀的民歌和民间乐曲。(《艺术课程标准》)

资料来源：钟启泉、崔允漷：《新课程的理念与创新——师范生读本》，74 页，北京，高等教育出版社，2003。

3. 表现性目标

表现性目标就是明确安排学生各种各样的表现机会，所采用的行为动词通常是与学生表现什么有关的或者结果是开放性的。表现性目标主要应用于艺术类课程，它被划分为两个层次：复制和创作[①](见表 6-3)。

表 6-3　表现性目标划分一览表

目标水平	行为动词	举例
复制水平： 按照教师的提示重复某项活动； 利用可得到的资源，复制某项作品、产品或某种操作活动； 按教师指令或提示，利用多种简单技能从事某项任务等。	从事、做、说、画、写、表演、模仿、表达、演唱、展示、复述等。	能够以各种音源及不同的音乐表现形式，即兴创编音乐故事、音乐游戏并参与表演。(《音乐课程标准》)
创作水平： 按照提示，从事某种较复杂的创作； 按照自己的思想和可得到的资源，完成某项任务； 利用多种技能创作某种产品。	设计、制作、描绘、涂染、编织、雕塑、拓印、收藏、表演、编演、编曲、扮演、创作等。	采用拼贴、简易沙盘等方式设计、制作现在或未来的学校、村庄、公园、游乐场的地图或模型。(《美术课程标准》)

资料来源：钟启泉，崔允漷：《新课程的理念与创新——师范生读本》，74 页，北京，高等教育出版社，2003。

---

① 关文信：《初等教育课程与教学论》，47～49 页，北京，中国人民大学出版社，2006。

第二节　小学教学目标设计与表述

小学教学目标的设计必须遵循一定的原则，合理地设计和编写教学目标是教学工作的重要组成部分，也是每个教师应该具备的基本教学能力。

一、小学教学目标设计的基本原则

在设计教学目标时，教师应明确使学生掌握哪些知识和技能，养成哪些行为习惯，以怎样的态度对待学习，学会哪些学习方法。简而言之，教学目标中要包含知识技能的目标、过程与方法的目标以及情感态度价值观目标。根据小学生的个性需求，知识的基本逻辑体系以及社会的需要，我们在制定教学目标时需要遵循以下原则：

1. 整体性原则

整体性原则是指在设计教学目标时要有整体的、全局的观念，使教学目标与教育目的相符合，教学目标是在总的教育目的下的具体化。另外，整体性原则还指教学目标自身构成要浑然一体，既要有知识与技能方面的，又要有过程与方法，情感、态度与价值观层面的，并且三者要保持和谐一致。例如，案例6-1在教学目标的制定上，即遵循整体性原则。

【案例6-1】部编版《品德与社会》五年级上册"古代科技　耀我中华"教学目标设计。

(1)知识目标：

①了解我国古代科学家的故事，从独具特色的中医药、农学、天文学、算学角度，了解我国古代灿烂辉煌的科技成就。

②引导学生了解独领风骚的青铜器、丝绸、陶瓷、水利工程等古代技术创造。

③了解改变世界的四大发明及其产生的影响。

(2)过程与方法目标：

通过合作学习、汇报展示、课堂互动交流，感受科学技术从起步到逐步发展进步成熟的艰辛历程，体会科学技术的发展给人们生活带来的便利；培养学生收集分析资料的能力、团结协作的能力和与人交往的能力。

(3)情感、态度与价值观目标

感受中国古代科技的灿烂辉煌，树立强烈的民族自豪感。

2. 发展性原则

发展性原则是指教学目标要促进教师和学生的终极发展。教学目标设计最主要的目的就是要促进学生的发展。因此，教学目标的设计既要基于学生的实际，同时又要超越学生的现有水平，使教学目标指向于学生更高一层次的水平，这样教学目标才具有引导作用。在案例 6-1 中，我们可以看到，五年级的学生已经有了一定的阅读量和知识储备，大部分同学对古代科学家的故事是比较熟悉的，所以收集起来并不困难，但古代的发明创造中，哪些是属于中国独具特色的、哪些是开创世界之先河的、古代四大发明对世界文明造成了哪些影响，学生们了解得不多。基于此，教学目标设为通过学生自己查找资料，归纳总结，在知识和能力上得以提升，感受到我们国家古代科技的灿烂辉煌，从而产生民族自豪感。

3. 可操作原则

可操作原则是指教学目标要具有一定的操作性，能够用外显的、可操作的方式来表达。教学目标对知识与技能在陈述上不宜仅用缺乏质和量规定的"了解""理解""掌握"等词，而应多用可观察和测量的行为动词来描述学生所形成的具体行为，要符合学生的认知水平，陈述词要具体、细腻，这样才能保证教学目标具有一定的可操作性，从而发挥其强大的激励、指导与聚合功能。在案例 6-1 中，过程与方法目标的描述"通过合作学习、汇报展示、课堂互动交流，感受科学技术从起步到逐渐发展进步成熟的艰辛历程，体会科学技术的发展给人们生活带来的便利；培养学生收集分析资料的能力、团结协作的能力和与人交往的能力"就更为具体而有操作性，目标不是笼统的、泛泛而谈的，而是有具体实施的方法，学生和老师能够通过目标的指引很快地进入学习状态。

4. 可行性原则

可行性原则是指教学目标的设计要考虑到其实现的各种可能性，要考虑制约教学目标实现的各种阻碍，这样才能保证教学目标的顺利实现。因此，教学目标的设计要适当，一是符合外在的各种客观条件；例如，在小学科学课的学习中，"常见的动物和常见的植物"这一学习内容，我们就可以根据所在地区特点进行选择，而不宜让内陆地区的学生来研究海洋生物；二是符合学生的现有发展水平，考虑到学生个体之间的差异，要保证普遍性的目标全体学生都能达到，发展性的目标优生也能"吃饱"。在案例 6-1 中，通过分析"培养收集分析资料的能力、团结协作的能力和与人交往的能力"这一目标，我们可以看出，收集资料的能力和团结协作的能力是每一个学生都能够达到的，而分析资料的能力和与人交往的能力则对学生的要求相对高一点。

5. 阶段性原则

教学目标并非在各个阶段都是一成不变的，不同阶段的教学目标设计的侧重点应有所不同。教学目标的设计应该遵循阶段性原则，突出每个阶段的特点，并且使这些阶段具有一定的连贯性，从而保证教学目标的浑然一体。如小学第一学段着重培养学生养成良好的学习习惯，激发学生对学习的兴趣，为进一步学习打好基础；中高学段则更侧重于让学生有正确的学习态度，培养学生思维能力，发展学生思维的广阔性与创造性，培养学生发现问题、解决问题的能力等。例如，《语文课程标准》中"写作"方面对第一学段提出的要求是"对写话有兴趣，留心周围事物，写自己想说的话，写想象中的事物"，而对第三学段提出的要求是"懂得写作是为了自我表达和与人交流；养成留心观察周围事物的习惯，有意识地丰富自己的见闻，珍视个人的独特感受，积累习作素材；能写简单的记实作文和想象作文，内容具体，感情真实"。这应成为各学段教学目标的指南。

二、小学教学目标设计的基本步骤

课堂教学目标设计包括需求分析、需求类别化、目标筛选、目标分解、目标表述五个基本操作步骤，如图 6-2 所示。

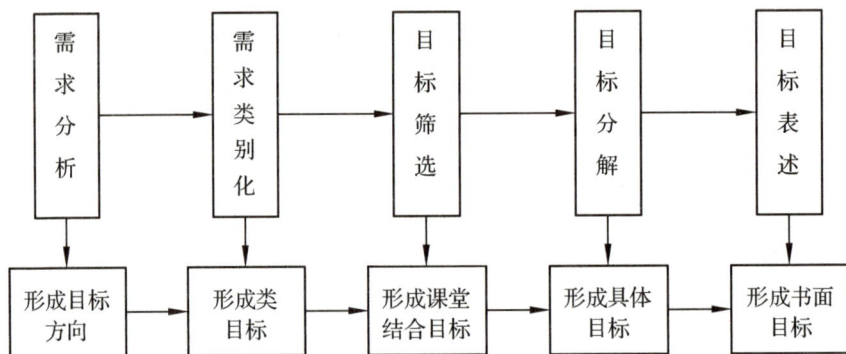

图 6-2　教学目标设计的基本程序

(一)需求分析

需求分析就是要找出"希望是什么"与"实际是什么"之间的差距，这种差距是要我们通过教学去缩小或消除的。如现在学生只能识记和应用 1000 个单词，而我们希望的是学生能识记和应用 2000 个单词，这里现实与希望的差距是 1000 个单词的识记与应用。需求分析的结果是形成目标方向。需求主要来源于以下两个方面。

1. 社会对人才的要求

教育的社会功能是为社会培养所需人才，这样社会对人才的要求也就转化成了教育教学对人才培养的希望状态。社会对人才的要求往往以教育目的、课程目标、学校教学目标等较宏观、概括的目标形式体现出来，如我国的教育目的是培养德、智、体、美、劳全面发展的社会主义建设者和接班人，这体现了我国社会对人才培养的要求。所以，我们可把教育目的、课程目标、学校教学目标看作是社会对我们课堂教学的总要求，在制定教学目标时需要从这些目的、目标出发分析课堂教学目标。

2. 学生的个性需求

罗塞特(Rossett)提出从五个方面分析学生的需求[①]：①学生在学习(或工作)中遇到了哪些困难；②学生想要学习的内容和内容的重要性顺序；③学生现有基础；

---

① 盛群力、李志强：《现代教学设计论》，85 页，杭州，浙江教育出版社，1998。

④学生的情感、态度或意向；⑤学生希望采用哪种培养方案或方法。罗塞特提出的五个方面并不是直接反映学生的需要，但通过了解这些因素却可以确定出学生的现有需要。例如，学生在学习中经常遇到不知怎样学习或学习效率低的"困难"（了解到学生在学习中遇到的困难），同时我们了解到学生现有的学习策略基础（了解到学生现有基础），那么根据克服学习困难需要掌握的学习策略可以推出希望学生掌握的策略，这些策略与学生现有学习策略的差距就是学生的需要。

（二）需求类别化

需求分析所得出的社会需求和学生需求是广泛的、繁杂的。为了进一步明确目标，我们有必要把需求进行类别化，转化成目标项。需求类别化的结果是形成类目标。

教学目标分类理论是把各门学科的教育教学目标按统一标准分类，使之成为规范化、系列化、具体化的理论。它对我们进行需求的类别化具有积极的指导作用。例如，我们将布卢姆等的目标分类加上加涅的目标分类中的认知策略，形成认知、情感、动作技能和认知策略四大目标系统，并以此系统对需求进行类别化。首先我们可能有"培养学生良好的人际交往能力和创造能力"这样的社会需求。考察第一项需求——培养人际交往能力。人际交往能力属于心智技能，所以我们把这一需要转化成学生心智技能中规则和高级规则等的发展这一目标；同时，对他人的态度也可能会影响人际交往，所以这一需求还要生成学生人际态度的发展这一目标；考察第二项需求——培养学生的创造能力。创造能力可以说是全新解决问题的能力，所以这项需求可生成学生问题解决能力的发展这一目标。同时，认知策略会影响创造能力，所以这一需求还要生成学生认知策略发展的目标。

（三）目标筛选

类别化生成的目标并不都能成为具体的课堂教学目标，这需要我们根据客观条件和学科性质与特点等因素筛选目标。而目标筛选的结果就是形成课堂教学目标。

1. 结合学科筛选

不同的学科中不同的课题只能满足与本学科相关的需求，也只能实现与本课题相关的目标。所以我们必须结合学科特点筛选教学目标，而且筛选出来的目标根据学科特点也会有轻重之分。如小学综合实践活动课劳动技术的学习环节可能更注重动作技能、劳动态度等目标，知识的记忆、领会之类的目标就应筛选出去或列为次要目标。而诸如数学、英语等知识性比较强的科目可能更应注重知识的记忆、领会和应用等目标，动作技能之类的目标就应筛选出去或列为次要目标。

2. 结合环境条件筛选

有的目标虽然可能在本学科内实现，但是由于环境和条件的限制不可能实现，这就需要我们结合环境与条件进一步筛选目标。如形成良好的烹饪技能本来可以成为小学综合实践活动课的教学目标，但是对我国大多数学校来说，没有让学生进行操作训练的条件，所以在筛选目标时也要排除或者用另外的形式体现这类目标。

(四)目标分解

经过需求类别化和目标筛选后形成的目标仍然是概括性的。为了进一步明确目标，还必须对目标进行分解细化。目标分解就是进一步使目标具体化、明确化。

目标分解必须结合学科的知识内容或是某一课题的知识内容进行。例如，我们根据"培养学生创造能力"这一社会需求类别化生成了"学生的高级规则得到发展"这一目标项。我们在数学"相似形"一章的教学中要实现这一目标就必须结合这章的知识内容分解目标，生成"学生能运用相似形的性质进行距离测量或创造作图新方法"等与教学的知识内容结合的具体目标。

(五)目标表述

课堂教学目标的表述也称课堂教学目标的书写、陈述等。其实质就是把已经确定好的课堂教学目标用书面的形式展现出来，让别人明了你所制定的课堂教学目标。

三、小学教学目标的表述

近几十年来，许多教学论、教育心理学专家致力于教学目标表述的研究，主要形成了传统的内部心理表述、行为表述、结合表述等课堂教学目标表述模式。

(一)传统目标表述与行为目标表述的发展

早期人们对教学目标的理解类似于对教育目的或培养目标的理解，所以早期的教学目标比较抽象概括。基于此，传统教学目标表述一般是用描述内部心理的抽象词语来描述。这样描述的课堂教学目标含糊、不精确，也无法观察到。这使得课堂教学目标不能很好地发挥其功能。

为了克服目标表述的含糊性，教育心理学家们开始寻求一种精确描述课堂教学目标的方式。1934年泰勒提出了行为目标概念，希望能用预期学生的行为变化来陈述目标。泰勒提出了行为目标的概念，但并没有论及怎样来表述行为目标。此后，布卢姆等人的探索走出了行为目标研究关键的一步。布卢姆等人的教育目标分类是对学生学习结果行为的分类。他指出："我们设计的这种分类学是一种对学生行为的分类，而这些行为代表了教育过程所要达到的结果。"另外，为了避免目标的"支离破碎"和"原子化"，布卢姆等用主要类别和从属类别来标识教学目标。如他们把认知领域的学习结果分为六大主要类别，即知识、领会、运用、分析、综合、评价。这六大主要类别又再度细分为从属类别。如把领会分为三个从属类别，即转化、解释、推断。每一类别都用一个动词来加以描述。这些动词特别是描述主类别的动词往往是描述内部心理的而不是描述学生学习行为结果的。基于这样的类别描述，他们的教学目标表述也未实现用行为表述目标。他们的教学目标表述往往采用"主语＋谓语＋宾语"。主语是特定的学生，谓语是某一动词，宾语是特定的学习内容。例如：如果教学目标是"通过鸦片战争学习培养学生的爱国主义精神"，根据行为目标理论，可以陈述为"学完本节课后，学生能根据鸦片战争中中华儿女抗击英国侵略者的事迹写一篇 400 字左右的赞美他们的文章并当众朗读"。这里的动词很多都是描述学生内部认知的，所以有人把它看成是教学目标表述的"认知方式"。我们认为完全把它看成是一种认知方式是不妥的，因为布卢姆等人的目标表述中有很多动词也确实描述了学生的行为，而且"认知表述"也与他们的初衷——基于行为结果的教学目标分类——相违背。其实，布卢姆的教学目标表述不完全是认知模式或行为模式，而是在目标行为化过程中的一种探索。

(二)行为目标表述模式

行为目标表述模式指用可以观察的或可以测量的行为来描述课堂教学目标。它以行为主义心理学为理论基础。目标表述的行为化是马杰最终完成的。1962 年马杰出版的《准备教学目标》一书系统阐明了陈述行为目标的理论与方法。马杰认为，为了克服传统教学目标的含糊性，必须用描述行为的术语代替描述内在心理状态的术语来陈述教学目标。他认为写好行为目标必须表述清楚三个要素，即行为（performance）、条件（condition)和标准(criteria)。

1. 行为表述

行为表述指表述可观察的、具体的行为。行为表述力求避免使用诸如"知道""理解""掌握""欣赏"等描述内部心理过程的词语。因为不同的人可以从不同角度、不同层面来理解这些词语的意义，这就会给教学目标的具体导向及检测带来困难。表述行为的基本方法是使用一个动宾结构的短语，行为动词说明学习的类型，宾语则说明学习的内容。例如，能用简短的书信、便条进行交流；听辨不同情绪的音乐，能用语言做简单描述；能估测一些物体的长度，并进行测量；用普通话正确、流利、有感情地朗读课文。

2. 条件表述

条件是指学习者在什么情况下表现行为，也就是说在评定学习者的学习结果时，该在哪种情况下评定。如要求学习者操作计算机，要说明是在教师或说明书指导下操作还是独立操作。

行为产生的条件通常包括下列因素：①环境因素，包括空间、光线、温度、气候、室内或室外、安静或噪声；②人的因素，包括独立进行、小组集体进行、在教师指导下进行等；③设备因素，包括工具、仪器、图纸、说明书、计算器等；④信息因素，包括资料、教科书、笔记、图表、词典等；⑤时间因素，包括速度、时间限制等；⑥问题明确性因素，即提供什么刺激来引起行为的产生。

在描述行为产生的条件时，要注意区分学习过程与学习结果产生的条件。如"通过一个月的训练，学生能……"这里的"通过一个月的训练"指的是学习的过程，而非学习结果产生的条件。这里的条件必须是用以评定学习结果的约束因素，说明在何种情况下来评定学习结果。

3. 标准表述

标准是指衡量学习结果的行为的最低要求。对行为标准做出具体要求，使教学目标具有可测性的特点。标准的表述一般与"好到哪种程度""精确度怎样""完整性如何""在多少时间内"等问题有关。下面是若干表述方式：①按正确次序，如把下列 8 个数按从小到大的次序排列；②至少 80% 正确，如检查计算机故障，排除故障正确率达 80%；③精确度 2 毫米，如测量桌子的厚度，误差在 2 毫米以内；④在 1 分钟以内，如在 1 分钟以内做仰卧起坐 30 个。

根据马杰的三要素编制方法，我们可以把培养学生的"分析能力"的教学目标具体描述为："提供报纸上一篇文章，学生能将文章中陈述事实与发表议论的句子进行分类，至少 85% 的句子标记正确。"该目标的三要素分析如表 6-4 所示。这样，培养学生分析能力的笼统目标就变得具体、明确，便于落实。

表 6-4　马杰的教学目标

教学目标的要素	要问的问题	举例
1. 学生的行为。 2. 作业的条件。 3. 合格作业的最低标准。	做什么？ 在什么条件下做？ 做得怎样？	把"事实"与"议论"标记出来。 提供报纸上的一篇文章。 至少有 85% 的句子标记正确。

在教学目标的设计中，行为表述是基本的部分，不能缺少，而行为产生的条件和标准则可根据教学对象或内容，省略其一或两者全省。例如：小学科学中，"描述蚕的生命周期"，就省略了行为产生的条件和标准。省略了的条件和标准可在测量时再做规定。

行为目标表述是在行为主义心理学居主导地位的年代提出的，提出后得到了广泛的肯定。有许多人还进一步完善了这一目标表述方式。如后来有人提出了 ABCD 表述模式，使教学目标的构成要素增至四个，即行为主体（audience）、行为（behavior）、行为条件（condition）和表现程度（degree），简称 ABCD 模式。以下是这一表述方式的一个例子：在观看图形的实物或是图片时（行为条件），小学一年级的学生（行为主体）能辨认长方体、正方体、圆柱体和球（行为），正确率至少达 80%（表现程度）。

（三）内隐与外显行为相结合的表述模式

1. 格朗伦（N. E. Gronlund）模式

行为目标表述方式避免了传统目标表述的含糊性，但它强调行为结果的同时却忽视了内在心理过程。这就导致了两方面的问题：第一，教师编写这种教学目标往往不能把握目标整体，写出可操作的目标但却不明白此目标对学生内在心理有何促进；第二，目标用行为描述出来，虽然明确，但有使教学局限于某种具体行为训练的危险。为了克服行为目标表述的不足，格朗伦提出一般目标——具体行为的方法，即先用描述内部过程的术语陈述概括的教学目标，然后用可观察的行为为例使这个目标具体化。如"领会心理学术语表象的含义"，这是教学目标的概括陈述。但"领会"是一个内部过程，每个人掌握的标准不一，难以直接观察和测量。所以需用可以证明"领会"水平的行为实例来进一步说明，如"用自己的话转述表象定义""能列举2～3种表象实例""能区别表象与想象的异同"。有这三种实例的补充，教学目标"领会"就不再是不可捉摸的了。

格朗伦的内外结合观不仅避免了用内在心理术语描述目标的抽象性和模糊性，同时也防止了行为目标可能产生的机械性与局限性，所以许多心理学家比较支持格朗伦的观点。

2. 加涅模式

加涅进一步提出了明确表述教学目标的方式。加涅认为："一些表示明确动作的动词有'达标''计算''书写'等，虽然行为动词在描绘学习目标的任务方面显然是有用的，但它们往往并不为将要学会能力的推断提供必要的提示。例如，一个任务可能要求'书写'一个数学问题的答案（智力技能），而另一个任务则可能要求'书写'一个句子以表达一个事实（言语信息）。"这样学习者表现出来的特殊行为常常与习得性能相混淆。为了避免这种混淆，加涅提出了书写目标的五成分法。五成分是：情境；性能动词；对象；行动动词；工具、限制和特殊条件。五成分法用两个动词来避免特殊行为与习得性能的混淆。一个动词用以界定性能，被称为性能动词，也称标准动词，加涅等认为"要使用标准动词来暗示他们所包含能力的类型"。另一个动词用来界定可观察的行动，被称为行动动词（见表6-5）。

①情境。学生面临的刺激情境是什么。例如，当要求学生"在电脑上录入一封信"时，我们是以普通速度呈现信的内容吗？要录入的信是以听觉信息还是书面的形式呈现出来的？

②性能动词。用于描述习得性能的类型。基于学习结果的分类，往往用一个标准动词来描述每一类习得性能。

③对象。指出学习者行为表现的内容。例如，演示（习得性能的动词）两个三位数和的计算（对象）。

④行动动词。描述了行为是如何被完成的。例如，"通过打字复制一封家信"描述了一个可观察的行为——打字。

⑤工具、限制和特殊条件。在某些情境中，行为表现需要使用特殊工具，需要某种限制及其他条件。例如，打一封信使用何种电子打字机（工具）；打一封信要求在规定时间内完成并少于三个错误（限制）。

表 6-5　描述人类性能的标准动词和含有行动动词的短语例举

性能		性能动词	例　子
智力技能	辨别	鉴别	通过比较来区分拼音中"u"和"ü"的发音。
	具体概念	识别	通过说出代表性植物各部分的名称来识别根、茎和叶。
	定义概念	分类	运用一个定义将概念"族系"分类。
	规则	演示	通过解答口头陈述的例子来演示乘除法。
	较高级规则（问题解决）	生成	通过综合可应用的规则，生成一段描述一个人处于害怕情境下的行为的文章。
认知策略		采用	采用通过栽培植物的方式来了解植物生长的过程。
言语信息		陈述	口头陈述课文中的主要事件。
运动技能		执行	通过拍球、运球、投篮来完成一项比赛。
态度选择		选择	跳长绳为一项娱乐活动。

这里试举五成分法表述一个教学目标的完整例子：当口头提问时（情境），要求学生不看参考资料（限制），用口头或书面语形式（行动），陈述（性能动词）鸦片战争爆发的主要原因（对象）。

加涅的表述方式有行为色彩，但他更进一步地提倡用性能动词（标准动词）来描绘教学目标的行为，揭示了将要学会的人类性能的类型。所以，这可以看成是内外结合表述的一种形式。这种方法为教师用什么方法，或设计什么条件来实现教学目标提供了帮助。

（四）表现性目标设计

高级认知目标的实现尤其是情感、态度、价值观等目标很难在短时间内实现。这些目标的实现往往需要通过学生自主活动，在与师生平等交流的会话、探究和意义建构中发展。由于教师很难预期一两节课后学生将会发生的变化，所以这类目标采用行为目标和结合目标表述方式都不可取。为此，艾斯纳（E. W. Eisner）提出了表现性目标。这种目标要求明确规定学生应参加的活动，但不精确规定每个学生应从这些活动中习得什么。例如，《科学课程标准》中有这样的表述："观看从月球上拍摄的地球的照片。"表现性目标不是教师在课堂上的一种教育机智，而是教师课前的深思熟虑，是依据教学内容和学生实际创设的，旨在培养学生的创造性和个性化，只能作为具体的教学目标的一种补充，必须慎用。教师切不可依赖这种目标[1]。

综合以上观点，我们认为教学目标的科学表述应注意以下四点。

（1）教学目标表述的是学生的学习结果，不宜表述教师的教学行为。例如，"传授五言绝句的写作方式"，就是错把教学目标当作了教师的教学行为来描述，我们可以修改为"通过学习五言绝句的写作方式，尝试用这一文体来进行创作"。这样的表

---

[1]　郭成：《课堂教学设计》，89 页，北京，人民教育出版社，2010。

述体现的是学生的学习过程和通过学习可能获得的结果。

(2)教学目标应尽可能表述得具体,可以测量。例如,在数学课程标准中的"测量"环节第一学段的要求是"在实践活动中,体会并认识长度单位千米、米、厘米,知道分米、毫米,能进行简单的单位换算,能恰当地选择长度单位",这样的表述就非常具体,并且目标能够作为衡量学生是否掌握这一知识的标准。

(3)目标的表述应反映学习结果的类型和层次。例如,"初步认识'拍皮球、打球'等6个词语,能读准字音、认清字形并认识两个偏旁'扌、足'。"这一目标体现的是识记层面的学习结果;"尝试用所提供的乐器来演奏大自然的声音。"这一目标体现的是综合创造层面的学习结果。

(4)不同类型的课堂教学目标表述要求不尽相同,要灵活选择最恰当的表述方式。

复习与思考

1. 什么是教学目标,它具有什么样的特点?

2. 请分析以下对教学目标的表述是否合理,如果不合理该如何修改?

(1)训练学生正确理解和运用语言文字的能力。

(2)通过学习,使学生对战争的危害有较深刻的认识,培养他们热爱和平、珍惜和平生活的观念。

(3)知识与技能:动物的生长过程,动物的运动方式,保护濒危动物的重要性。

(4)了解常见的动植物。

(5)发展语言,培养自信心,表达自己的意见。

3. 就教学目标如何发挥其激励功能说说你的看法。

4. 选择现行小学教材中的某一单元,尝试进行教学目标的设计与编写。

拓展阅读

1.[美]诺曼·E.格朗伦德,苏姗·M.布鲁克哈特.设计与编写教学目标[M].8版.盛群力,郑淑贞,冯丽婷,译.北京:中国轻工业出版社,2017.

2.王允庆,孙宏安著.课堂教学目标研究[M].北京:人民教育出版社,2015.

3.[美]斯蒂芬·耶伦.目标本位教学设计:编写教案指南[M].白文倩,任露铭,译.福州:福建教育出版社,2015.

第七章　小学教学设计与教学模式

【本章要点】▶

- 理解小学教学设计的内涵、特点、程序、方法及学习理论基础
- 理解小学教学模式的内涵、特点及种类
- 熟悉国内外常用的小学教学模式

第一节 小学教学设计

教学设计是联系学习理论与教学实践的纽带，过去通常被称为备课，基本上是一种经验性的活动。随着 20 世纪 60 年代以来教育技术学的兴起，教学设计已逐渐发展为该领域的一门独立学科。1974 年美国教育心理学家加涅的《教学设计原理》一书的出版标志着现代教学设计理论的诞生。至 20 世纪 80 年代，"第一代教学设计理论"逐渐成熟。20 世纪 80 年代末 90 年代初，以情境教学、建构主义心理学与计算机多媒体技术(还有知识工程、人工智能)相结合的"第二代教学设计理论"开始兴起。教学设计理论是在 20 世纪 80 年代中期引入我国的。从关注"具体的教材教法的研究"转变为关注"以促进学生学习的有效的教学策略研究"是从传统教案走向现代教学设计的根本转折点。[①]

一、教学设计的内涵及特点

教学设计是顺利开展教学活动的前提，它要解决的核心问题是——怎么教，也就是在选择和确定了课程目标和内容以后，该如何有效地将它们传授给学生，并促使学生达到理解与内化。

(一)教学设计的内涵

什么是教学设计呢？目前，对于教学设计概念的界定并没有统一，有格斯塔弗森(K. L. Gustafson)和布里格斯(L. J. Briggs)的"过程"说、瑞奇(R. Richey)的"科学"说、梅里尔(M. D. Merrill)的"技术"说、戴克斯特拉(S. Dijkstra)的"计划"说等，分别从不同的侧面对教学设计进行了诠释。正是研究者对教学设计的各个侧重点的关注，凸显出了教学设计的设计对象应是个充满动态复杂关系的教学系统。因此，教学设计也称教学系统设计。

我国近年来在教学设计的研究上进展迅速。关于教学设计的概念，出现了一些角度不同并颇具代表性的观点：如从整体上认识提出"教学设计作为一个系统计划的过程，是应用系统方法研究、探索教学系统中各个要素之间的关系，并通过一套具体的操作程序来协调配置，使各个要素有机结合完成教学系统的功能"[②]；如从过程上认识提出"教学设计是以获得优化的教学效果为目的，以学习理论、教学理论和传播理论为理论基础，运用系统方法分析教学问题、确定教学目标、建立解决教学问

---

① 鲁献蓉：《从传统教案走向现代教学设计——对新课程理念下的课堂教学设计的思考》，载《课程·教材·教法》，2004(7)。

② 乌美娜：《教学设计》，11 页，北京，高等教育出版社，1994。

题的策略方案、试行解决方案、评价试行结果和修改方案的过程"[1]；如从具体内容认识的角度指出，教学设计是指"对整个教学系统的规划，是教师教学准备工作的组成部分，是在分析学习者的特点、教学目标、学习内容、学习条件以及教学系统组成部分特点的基础上统筹全局，提出教学具体方案，包括一节课进行过程中的教学结构、教学方式、教学方法、知识来源、板书设计等的过程"[2]；等等。

尽管对教学设计概念的定义没有得到统一，但是学者们对教学设计的以下几点基本内涵还是达成了共识：教学设计有着自己的理论和方法基础；教学设计关注学生的需要和特点；教学设计是一个系统计划的过程。

(二)教学设计的特点

1. 系统性

教学系统是多种教学要素组成的复杂系统，教学设计是建立在系统理论基础上的。将系统方法作为教学设计的核心方法是教学设计发展过程中研究者与实践者所取得的共识。何谓"系统方法"？系统方法就是指把对象放在系统当中，从系统和要素、要素和要素之间的相互联系和相互作用的关系中综合地、精确地考察对象，以达到最优化处理问题的一种方法。

任何教学设计，都需要将教学系统视为一个和谐的整体，由设计者综合考虑教师、学生、教材、媒体、环境等各个要素在教学中的地位和作用以及相互之间的联系，通过系统化安排和设计教学步骤与程序，切实保证"对象、目标、策略、评价"四者间的相互衔接和协调一致，从而发挥出各要素"1＋1＞2"的最佳整体效应。

2. 目的性

教学是有目的的教育活动。目的是教学设计的出发点，因而具有明确的指向性；目的也是教学设计的落脚点，因而又具有超前性。一般地，教学程序的安排和教学策略的选择都是为教学目标服务的。如"数与计算"历来是小学数学教学的基本内容，当教学目标仅仅定位于培养小学生的计算能力时，最重要的教学策略莫过于大量的机械记忆和反复强化；而当教学目标转向于培养学生的思维能力时，对计算道理的理解就成为教学中最重要的程序，动手操作和口头表述同时也成为重要的教学策略；如果还需培养学生的创新能力，那么注重算法多样化和开放题的教学策略就成了必然。因此，只有目的鲜明，教学才能有的放矢，取得实效。

3. 操作性

教学设计需要解决的是实际教学情境中所存在的各种问题，最终要在教学实践活动中加以落实，这就要求设计的程序应条理分明，每个环节的工作应具体化，每个步骤的实施应具有很强的可操作性。为确保组织教学时能有据可依，在教学设计方案中，设计者通常会对选择哪些教学内容、运用什么教学方法和手段、如何分配

---

① 王辉等：《学校教育技术操作全书》，577页，北京，经济日报出版社，1999。
② 顾明远：《教育大辞典》，210～211页，上海，上海教育出版社，1990。

教学时间和调适教学环境、实施怎样的教学评价手段等做出具体明确的规定和安排，同时，他们还会将各类教学目标分解成具体的、操作性的目标。如将小学数学中"掌握加法结合律"这条教学目标具体分解为以下三条可明确操作的目标：能举例说明加法结合律的含义；能用字母表示加法结合律；会运用加法结合律使一些计算简便。

4. 创造性

教学设计是一项极富创造性的研究工作，是融合理性与直觉的创造性过程。一方面，教学设计没有固定死板的程式可循，需要"因材施教"，也就是说教师应根据不同教学目标和不同学生的实际与特点来创造性地思考和设计教学实施方案；另一方面，由于教师个人的教学经验、风格的差异，以及教育教学智慧的差别，每个教师设计的教学方案都会不同程度地带有个性色彩。近年来兴起的"同课异构"教学研讨模式，就是充分利用了教学设计的创造性。即使是相同的教学内容，不同的教师根据自己的实际、自己的理解所进行的教学设计不仅风格各异，而且他们在设计中采用的教学方法和教学策略也不尽相同，呈现出问题解决方案的新颖性及独特性。

教学系统的复杂性决定了教学设计特点的多样性，除了以上这四个鲜明的特点外，研究者们还提出了指导性、合作性、预演性、易控性、主体性等其他特点。

二、教学设计的程序与方法

教学设计依次由四个基本问题组成：首先是"现在在哪里"，即教学起点的分析，包括学习需要的分析、学习内容的分析和学习者分析；然后是"要去哪里"，即教学目标的制定；接着是"如何去那里"，即包括教学内容的分析与组织、教学方法与媒介的选择；再是"怎么判断已到达了那里"，即教学的评价。一般来说，教学设计过程包括前期分析、方案设计、教学评价三个阶段。

（一）前期分析

前期分析概念是美国学者哈里斯(J. Harless)提出的，指的是在教学设计过程开始的时候，先分析若干直接影响教学设计但又不属于具体设计事项的问题，包括学习需要分析、学习内容分析和学习者分析三个方面。

1. 学习需要分析

学习需要分析是通过系统化的调查研究过程，发现教学中需要解决的问题，通过分析问题产生的原因，确定解决该问题的主要方法和必要途径，然后联系现有的资源条件，论证解决该问题的必要性和可行性。学习需要是进行教学设计的逻辑起点，主要解决教师"为什么教"、学生"为什么学"的问题。其内容包括学习的社会需要分析、学生需要分析及资源条件分析。

学习的社会需要分析是对学科学习现状与社会需要之间的差距所做的分析，这是确定学科教学目标和教学内容的依据。以数学学科为例，社会的进步以及数学自身的发展，特别是数学与计算机的结合，使得数学同时具有科学和技术的双重特征。

数学的研究领域、研究方式和应用范围都有了空前拓展，它的内容、思想、方法和语言已经广泛渗入人们的日常工作和生活中，影响着人们的思维方式和社会文化的进步。这些趋势，必然推动人们对数学学科教学内容与方法的重新审视。[①] 一般来说，教师可以通过阅读课程标准、教材和配套的参考书来了解学科教学的社会需要和学科需要信息。

学习的学生需要分析即学习的内部需要分析，是将学习者的现有水平与学习目标相比较，找出两者之间存在的差距，从而揭示学习需要的分析方法。这是工作在教学第一线的教师最有必要完成的任务。因为学习的外部需要分析，大都可以通过查阅多种资料获取相关信息，而学习的内部需要尽管有共性，但更多的是个性，常常因班、因人而异，有待教师做出系统分析，加以把握。

学习资源和约束条件的分析包括对教学可利用的设备、媒体，以及教师的相关教学经验和时间、精力等教学条件因素的分析。

2. 学习内容分析

学习内容分析包括两方面：确定学习内容的范围和深度；揭示这些学习内容的结构和内在联系。前者是为了确定学生应当认识或掌握的知识、技能的广度，应当达到的理解程度和技能、能力水平。后者是为了明确学习内容中各项知识、技能的相互关系，为教学的有序展开打下基础。教师通常所说的教材分析实际上就是学习内容分析。学习内容分析主要解决教师"教什么"、学生"学什么"的问题。经过分析所确定下来的学习内容是为实现总的教学目标服务的。小学学习内容分析可以从学习课程标准、分析教材内容、借鉴参考资料三方面着手进行。

学习课程标准，首先要领会课程标准的基本理念和实施建议的主要精神，以提高贯彻课程标准的全面性与自觉性。其次要了解课程总目标和每一学段的学习目标，特别要理解描述学习结果用语的含义，以提高落实学习目标的准确性和适切性。例如，数学课程目标包括结果目标和过程目标，结果目标有"了解""理解""掌握"和"运用"四个层次；过程目标分为"经历""体验""探索"三个层次。[②]

分析教材内容包括：教材内容中的知识技能结构分析；教材内容中认识过程特点分析，以利于形成教学过程的思维框架，为依据学生内部的认识规律而设计外部的教学条件奠定基础；教材内容中态度情感因素的分析，分析教材内容中体现真、善、美的内容成分，将这些价值观也作为教学内容，与知识技能有机地结合在一起，使学生得到相应的价值体验。

可借鉴的参考资料有教师教学用书、网络教学资源、音像资料、其他教师的教学体会、教学设计或教学课件等。需要注意的是，借鉴并不能替代教师自身的独立

---

① 杨庆余：《小学数学课程与教学》，163 页，北京，高等教育出版社，2004。

② 中华人民共和国教育部：《义务教育数学课程标准（2011 年版）》，4 页，北京，北京师范大学出版社，2011。

思考。

3. 学习者分析

教学设计中学习者分析的内容有：学习者的起点能力分析、一般特征分析、学习风格分析等。学习者分析主要解决教学设计的"针对性"和"时效性"问题。

(1)学习者的起点能力分析。学习者的起点能力对教师而言，叫作教学的起点，一般是指学习者对进行相关课程学习已具备的有关知识、技能的基础，以及对有关学习内容的认识与态度。

学习者的起点能力分析具体包括：

①知识起点分析。主要分析学习者头脑中是否存在与新知识有逻辑关系的知识以及学习者认知结构中的知识层次是否合理。

②技能起点分析。主要了解学生在学习任务开始前所必备的从属技能，既包括智力技能水平的分析，又包括动作技能水平的分析，还包括人际关系和自我认识技能的分析。

③学习者态度起点分析。如了解学生对将要学习的内容有无兴趣、对这门学科是否存在着偏见和误解、有没有畏难情绪等都是学习态度分析的内容。

确定学习者的知识和技能起点可通过作业、小测验或课堂提问、观察等方法，而具体分析学习者的态度是比较困难的，可通过观察、谈话甚至是"态度量表"等方式来了解。

(2)学习者的一般特征分析。学习者的一般特征是指对学习者从事学习产生影响的心理、生理和社会的特点，包括年龄、性别、认知成熟度、学习动机、生活经验等内容。它们与具体学科内容虽无直接联系，但影响教学设计者对学习内容的选择和组织、影响教学方法、教学媒体和教学组织形式的选择与运用。例如，低龄学习者由于年龄限制，阅读能力较弱，教学设计中可以考虑使用一些视听资料。

下面列举小学生的某些一般特征。

①学习动机由直接动机向间接动机发展，由外部动机向内部动机发展，并且社会动机在不断丰富和增强。

②由无意识记占主导逐渐发展为有意识记占主导。

③由无意注意占优势逐步发展到有意注意占主导；对具体生动、直观形象的事物的注意占优势，对抽象材料的注意在发展；注意有明显的情绪色彩。

④从以具体形象思维为主要形式向以抽象逻辑思维为主要形式过渡。小学低年级学生以具体形象思维为主，而高年级学生逐步发展为以抽象逻辑思维为主。

⑤道德认识能力逐渐发展起来，从只注意行为的后果，逐步过渡到比较全面地考虑动机和结果。

获得学生一般特征的方法有访谈、观察、问卷调查、查阅文献等。

(3)学习者的学习风格分析。所谓"学习风格"，是指学习者持续一贯的带有个性特征的学习方式。具体包括：信息加工的风格，如有的学习者是沉思型，而有的学习者是冲动型等；感知或接受刺激主要使用的感官，如学习者中有的是视觉型，有的是听觉型，还有的是动觉型等；情感或情绪的需求，如有的学习者期望经常受到鼓励、安慰，而有的学习者能自动激发动机，坚持不懈等；社会性需求，如有的学习者喜欢和同龄人一起学习，而有的喜欢和大一些的学生一起学习，还有的喜欢自学等；环境的需求，如有的学习者喜欢弱光和低反差，有的学习者喜欢在白天或晚上的某一特定时间学习等。

对学习者的学习风格进行了解和判断，其目的绝不是试图去改变学生在学习风格方面的差异，而是在承认、尊重学生学习风格存在差异的前提下，为设计出有利于因材施教的教学方案提供依据。因此，从某种意义上说，因材施教就是"因风格而教"，它对于促进学生个性全面和谐发展具有重要的意义。

(二)方案设计

教师授课的效果如何，很大程度上取决于教学方案设计的质量。方案设计一般是在前期分析的基础上，从制定教学目标开始，然后设计教学内容，再安排教学过程。关于教学目标的设计在第六章中已有详细介绍，这里不再赘述。

1. 教学内容的设计

教学内容设计是指根据教学目标的主次轻重，将复杂的教学内容进行分解，为教学过程安排奠定基础，即为"如何教"服务。

教学内容设计主要包括以下三个方面。

(1)划分课时，分配各课教学任务。即根据学科内容的逻辑特点以及儿童的接受能力，将一个单元、一节或一段教材的内容，加以适当分解、组合、安排到各节课中。同时还要考虑好哪些课以新授为主，在这些新授课之间或之后安排几节练习课及复习课，尽可能使每节课都有一个明确的中心任务。[①]

(2)处理教材，加工教学内容。即根据该课的教学目标与本节课教与学的实际情况对教材进行删减、补充、改造或重组，使教学内容的展开转化为一系列的教学活动。这项工作可以与本节课的教学过程安排结合起来考虑。

(3)设计练习。练习是学生掌握知识、巩固知识、形成技能、发展思维、提高解决问题能力的主要途径，它是教学设计中重要的组成部分。练习过程是教师对学生知识与技能，解决问题的能力、情感与价值观做出评价的主要手段。练习的设计应有针对性，要符合教学目标，练习的形式要多样化，另外，练习的难度要适当，还应具有层次性。

教学内容的设计应紧密围绕教学的三维目标，要立足学生实际、贴近现实生活、体现时代性，所确定的教学内容的知识点、能力点、创新点以及重点和难点应成为一个完整而又合乎逻辑的知识体系，既要能满足学生发展的心理需要，又应注意各

---

① 杨庆余：《小学数学课程与教学》，179 页，北京，高等教育出版社，2004。

学习单元之间的连贯性。①

2. 教学过程的安排

教学过程是指从授课开始到授课结束的整个过程。该过程设计的好坏，将直接影响教学目标的实现和教学内容的完成。通常认为，教师、学生和教学内容是教学过程的三个基本要素，但除此之外，教学过程还包含诸如教学管理人员、教材、设备、媒体、教学目标、教学方法、教学手段、教学测量、教学评价等其他要素，这些要素之间相互依存、相互关联。只有对诸要素进行系统、科学的构思与设计，才能促使教学效果达到最优化。

教学过程是一个双边活动过程，教师与学生都是主动参与者，学生是学习的主体、认识的主体和发展的主体，教学过程应体现"以生为本"的观念，而教师是教学活动的组织者、知识技能的传播者、学生学习的合作者，在教学过程中发挥着主导作用。因此，在安排教学过程时，既要强调学生的主体地位，又不能忽视教师的主导地位。

教学方法设计在教学内容完成、教学目标达成之间起着中介、联结作用，是引导和调节教学活动最重要的手段之一。教学方法的选择主要受四个方面因素的制约：教学目标要求；教学内容特点；教师自身特点；学生年龄特征和知识基础。

教学媒体是传递教学信息的工具，它直接沟通教与学两个方面。教学设计中媒体的含义是广泛的，既包括语言、文字、粉笔、黑板等传统媒体，也包括电视、电影、录音、录像、电脑、平板、互联网、手机等现代电子媒体。选择教学媒体时，设计者需要综合考虑以下几方面的因素。

（1）媒体的物理特性。如有的媒体能呈现视觉效果，而有的则不能，又如有的能动态呈现事物，而有的也不能等。在选择媒体时，要针对媒体的特性优先考虑最能表现教学内容特点的媒体。此外还应考虑媒体是否便于教师操作，操作是否灵活，是否能随意控制等。

（2）教学任务方面的因素。在选择教学媒体时，首先取决于教学内容的特点，即所要传递的经验的性质。"在这方面，媒体之间最大的不同可能就在于互动的品质。当学习动作技能时，对于学习者无论正确或错误的反应提供适当的回馈，可以说是最能增进教学效果。当学习有空间顺序或时空关系的具体概念或规则时，教学中就有必要呈现图像或影像。例如在学习花的结构或是钟摆的摆动，最有效的呈现方式即以图像的方式，而非文字的描述。"②媒体是以不同功能来实现教学目标的，因此要根据教学目标选择具有相应功能的媒体。另外，教学方式不同，可供选择的媒体也往往不同。如果采用直接交往方式来传递经验，可用口头言语系统媒体，而在采用间接交往方式来传递经验时，一般用书面言语系统。

---

① 张传燧：《课程与教学论》，211页，北京，人民教育出版社，2008。
② 钟启泉、汪霞：《课程与教学论》，115页，上海，华东师范大学出版社，2008。

（3）学习者方面的因素。教学媒体对经验的传递作用取决于学习者的接受及加工能力，如感知能力、知识水平、智力水平、认知风格、兴趣爱好及年龄等。年龄不同，思维发展水平不同，采用的教学媒体也应有所差别。

总之，在安排教学过程时，教学方法及教学媒体的选择和设计需要充分依据学习目标、学习内容、环境条件和学习者的认知水平和规律。教学方法及教学媒体的使用不应简单地追求形式，而要关注其对教学效果的优化。

（三）教学评价

教学评价的设计与实施是教学设计与实施的重要组成部分，其目的不仅仅是为了考查学生实现教学设计目标的程度，更重要的是对已有的教学设计方案进行评价、反思与修正。诚如邬美娜教授所言："评价是修改的基础，是教学设计成果趋向完善的调控环节。"教学评价的设计要尽量做到定性与定量评价、形成性评价与总结性评价相结合。关于教学评价的具体内容，详见本书第十章。

【案例 7-1】

一、前期分析

1. 学习需要分析

（1）愿意了解社会生活中与数学相关的信息，主动参与数学学习活动。

（2）结合具体情境，理解小数的意义。

（3）能进行简单的小数运算，掌握必要的运算技能。

（4）会独立思考，能探索分析和解决简单问题的有效方法。

（5）经历与他人交流各自算法的过程，并能表达自己的想法。

（6）了解解决问题方法的多样性，体会一些数学的基本思想。

（7）能借助计算器进行运算，解决简单的实际问题，探索简单的规律。

（8）能解决小数的简单实际问题，在运用数学知识和方法解决问题的过程中，认识数学的价值。

2. 学习内容分析

小数乘整数是苏教版五年级上册第 55～56 页的内容，是第五单元"小数乘法和除法"的起始课。本节课是在学习了小数的意义和性质，并且会进行小数加减法以及整数乘法计算的基础上学习的，是整数乘法意义的进一步拓展。教材通过创设学生熟悉的购物活动情境，试图激活学生的生活经验，启发他们积极主动地理解运算意义并探索小数乘整数的计算方法。小数乘整数既是小数乘法的重要组成部分，同时也为后面进一步学习小数乘小数、小数除法以及小数四则混合运算等知识做准备。

3. 学习者特征分析

（1）五年级学生已经掌握了小数的意义和性质，具备了一定的小数加减法和整数乘法的学习经验和相应的计算技能，为学习小数乘整数提供了知识技能基础。

（2）"元、角、分"是学生熟悉的计量单位，学生已初步积累了关于小数乘整数的生活经验利于学习迁移，但缺乏理性认识的支撑。

（3）学生具有一定的独立思考、自主探索、合作交流等活动经验，能进行一定程度的抽象、概括和推理。

二、教学目标

（1）在具体情境中理解小数乘整数的意义，探索并初步掌握小数乘整数的竖式计算方法并能正确进行计算，理解小数乘整数的算理，能用小数乘整数解决一些简单的实际问题。

（2）经历观察、比较、抽象、概括、推理等探索过程，体会小数乘整数与整数乘整数之间的内在联系，感悟转化思想。

（3）体会小数乘整数在生活中的应用价值，感受数学活动的乐趣，提高交流讨论的意识，增强学习数学的信心。

三、教学重、难点

1. 教学重点及其解决措施

（1）教学重点：理解小数乘整数的意义，探索并掌握小数乘整数的竖式计算方法。

（2）解决措施：首先创设学生熟悉的生活情境，通过拓展整数乘法的意义理解小数乘整数的意义；然后引导学生经历仔细观察、独立尝试、交流讨论、比较归纳等活动探索小数乘整数竖式计算方法的形成过程，实现整数乘法向小数乘整数的迁移和转化；再用计算器验证积的小数位数的变化规律进行计算方法的巩固；最后设计针对性的练习提高学生小数乘整数的运算能力。

2. 教学难点及其解决措施

（1）教学难点：理解小数乘整数的算理。

（2）解决措施：结合具体情境激发学生对小数乘整数已有的生活经验和认识基础；利用多媒体的直观生动充分展现数形结合的过程，结合小数的意义以及运算的意义深入理解小数乘整数的算理；通过练习中的说理过程巩固对小数乘整数算理的理解。

四、教学准备

多媒体课件、计算器、练习纸

五、教学过程①

（一）创设情境，引入新课

谈话：同学们喜欢吃西瓜吗？在不同的季节，西瓜的单价也会发生变化。（出示场景图）观察这两幅图，你能获得哪些信息？

谈话：夏天和冬天这两个不同的季节，买3千克西瓜各要多少元？可以怎样列式？

---

① 戴萍、张齐华：《"小数乘整数"教学设计与评析》，载《小学数学教育》，2015(9)。

板书：0.8×3   2.35×3

比较：这两道乘法算式和以前学习的乘法算式有什么不同？这就是我们今天要学习的内容——小数乘整数。（板书课题）

（二）自主探索，掌握算法

1. 探索 0.8×3 的计算方法

提问：0.8×3 表示什么意思？

谈话：3 个 0.8 相加的和是多少？你会自己想办法计算吗？4 人小组讨论后，再把计算过程写在练习纸上。

学生在小组内活动，教师巡视。

指名到实物投影前介绍计算的过程和结果，集体讲评。

学生中可能出现以下算法：

（1）用加法算：0.8＋0.8＋0.8＝2.4。

（2）单位换算：0.8 元＝8 角，8 角×3＝24 角＝2.4 元。

提问：还有不同的算法吗？

引导学生理解：0.8 里面有（8）个 0.1，8 个 0.1 乘 3 得（24）个 0.1，也就是 2.4。

结合学生的回答，课件演示把正方形看作"1"，分别表示出 3 个 0.8，再拼合成 24 个 0.1 的过程（见下图）。

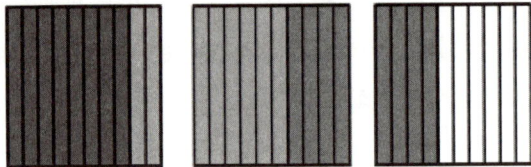

提问：你会用乘法竖式计算吗？

根据学生回答，板书：

$$
\begin{array}{r}
0.8 \\
\times\quad 3 \\
\hline
2.4
\end{array}
$$

指名说说是怎样用竖式算出得数的，并通过师生谈话理解算法。相机提出以下问题引导学生思考：为什么把 3 和 8 对齐呢？然后怎样算？这里的 8 代表多少？2 和 4 代表什么？得数的小数点应点在什么位置？为什么要在 2 的右下方点上小数点？

提问：比较这几种解法，哪种最简便？

再问：0.8×3＝2.4 中，0.8 是几位小数，积呢？

启发：积的小数位数与乘数的小数位数是否存在某种联系呢？我们继续研究。

【评析】在引导学生用已有的知识计算 0.8×3 时，学生分别从小数加法、单位换算的角度说明如何计算，此时教师又引导学生从小数的意义的角度来说明如何计算，并用动画的形式向学生展现：把一个正方形图平均分成 10 份，其中的 1 份用小数表示是 0.1，0.8 里有 8 个 0.1，8 个 0.1 乘 3 等于 24 个 0.1，也就是 2.4。用小数的意义来说明 0.8×3＝2.4，对于学生深入理解小数乘法太重要了。

2. 探索 2.35×3 的计算方法

谈话：2.35×3 等于多少呢？先估算一下，再想想可以怎样用竖式算？请同学们自己尝试，并把你的算法与同桌交流。

引导：你是怎样用竖式计算的？

提问：得数的小数点应点在什么位置？为什么？

启发：比较这两个乘法竖式，想一想为什么 0.8×3 的积是一位小数，而 2.35×3 的积是两位小数？

猜想：如果用一个三位小数乘 3，积会是几位小数？四位小数乘 3 呢？

谈话：我们还需要进一步的验证。

3. 用计算器探索积的小数位数的变化规律

用计算器计算下面各题，看看积和乘数的小数位数有什么联系。

$$4.76×12 \qquad 2.8×53 \qquad 103×0.25$$

学生独立完成计算，教师巡视。

提问：你有什么发现？

明确：小数乘整数，乘数是几位小数，积就是几位小数。

讨论：小数乘整数应该怎样计算？

小结：小数乘整数，先用整数乘整数的方法计算，再看乘数是几位小数，就从积的右边起数出几位，点上小数点。

【评析】使用计算器进行探索，是为了避免涉及多位小数乘整数的复杂计算，更是为了让学生把精力集中于探索活动本身，以提高探索发现的有效性。

4. 练习

(1)用竖式计算。

第一组：3.7×5　　0.18×5

谈话：先说一说每道题要看作多少乘多少？积是几位小数？再计算。

结合右边一题的交流，相机启发：0.18×5，乘数是几位小数，积就是几位小数？

再问：积的小数末尾有 0，要怎么办？

追问：化简的依据是什么？

指出：计算小数乘整数，如果积是小数且末尾有 0，一般要把 0 划去，把小数化简。

第二组：46×1.3　　35×0.24

比较：这两题和上面的两题有什么不同？

学生独立完成计算，组织讲评。

【评析】把教材中的巩固练习分两组出现，第一组可以看作两位数乘一位数的乘法，第二组可以看作两位数乘两位数的乘法，乘的时候两个部分积要错位相加，这一点经常会有学生因忽视导致犯错，分组练习更能体现出知识的逻辑层次。

第三组：用竖式计算：24×0.123

提问：不计算，你能确定积是几位小数吗？

再问：这道题可以怎样列竖式？

指出：为了方便计算，我们一般把位数多的数写在竖式的上面。

【评析】补充一道巩固练习，可看作是三位数乘两位数的乘法，巩固竖式的写法。

(2)改错。

出示：

$$
\begin{array}{r}
5\,3 \\
\times\ \ 4.1 \\
\hline
5\,3 \\
2\,1\,2\ \ \\
\hline
2\,6.5
\end{array}
\qquad
\begin{array}{r}
3.2\,4 \\
\times\ \ \ \ 6\,5 \\
\hline
1\,6\,2\,0 \\
1\,9\,4\,4\ \ \\
\hline
2\,1.0\,6\,0
\end{array}
$$

先说说每道题错在哪，再改正。

5. 小结小数乘整数的计算方法

提问：通过今天的学习，你认为小数乘整数应该怎样计算，要注意什么？

明确：小数乘整数，要先按整数乘法的方法计算；再看乘数是几位小数，就从积的右边起数出几位，点上小数点；积的小数部分末尾有 0 时要把小数化简。

(三)课堂练习

1. 填一填

根据第一栏的积，直接写出其他各栏的积。

乘数	153	15.3	1.53	0.153
乘数	47	47	47	47
积	7191			

提问：你会推算 0.153×4.7 的积吗？

2. 猜一猜

出示：14.8×23

提问：不计算，你能直接写出这道题的积吗？如果不会，希望老师给你提供什么帮助？

出示 $148 \times 23 = 3404$，让学生根据整数乘法算式的积直接推算小数乘整数的积。

交流：你是怎样推算的？为什么？

出示下面三题，让学生直接写得数。

$$148\times0.23 \qquad 148\times2.3 \qquad 1.48\times23$$

提问："14.8×23"和"148×2.3"这两题的算式不同，为什么结果却相同？

出示算式：148×23＝34.04。

谈话：你能根据算式中已知的积，在乘数中添上小数点，使等式成立吗？

【评析】猜一猜这一环节，根据 148×23＝3404，直接写出相关算式的积。教师不是直接照书上的步骤按部就班地呈现，而是从有利于培养学生逻辑思维的能力出发，按"按图索骥"的思路，先出现 14.8×23，然后提问："不计算，你能直接写出这道题的积吗？如果不会，希望老师给你提供什么帮助？"一石激起千层浪，学生展开积极的思维，这种方式对学生的激励作用更大。

3. 想一想

出示题目：我市出租车收费标准为起步价前 3 千米收费 11 元（含燃油附加费 2 元），超过 3 千米的部分每千米收费 2.4 元。戴老师从家乘出租车到学校行驶了 8 千米。要付车费多少元？

让学生独立完成解题，并组织交流。

4. 思考题

```
      □ 3
  ×   2.□
    ─────
    □ □ 8
  1 □ 2
  ─────
  1 □ 8.□
```

让学生先在小组里讨论，找到答案后组织交流，并说说解题时的思考过程。

（四）资料链接

播放短片：《小数点的故事》。

故事梗概：1967 年 8 月 23 日，苏联的联盟一号宇宙飞船在返回大气层时，突然发生了恶性事故——减速降落伞无法打开，导致飞船坠毁。后来研究发现，造成事故的原因是因为地面站检查相关数据时，忽略了一个小数点。可见在科学研究中认真仔细地计算有多么重要，点错一个小数点，就有可能酿成一场重大的灾难。

（五）全课总结

提问：本节课学习了什么内容？你认为计算小数乘整数时要注意什么？还有哪些收获和体会？

三、教学设计的学习理论基础

教学设计的理论基础包括系统科学理论、传播理论、教学理论和学习理论，下面简要介绍其中的学习理论基础。

（一）行为主义理论与教学设计

行为主义心理学起源于 20 世纪初的美国，先后产生了华生（J. B. Watson）、桑代克(E. L. Thorndike)、斯金纳(B. F. Skinner)等一大批对教育心理学有重大贡献的行为主义心理学家。行为主义心理学产生的哲学背景是：机械唯物主义哲学、实证主义哲学和实用主义哲学。前者将生物体视为无生命的机器，如拉·美特利(La Mettrie)认为："人也是机器，人脑是意识的器官"；实证主义的基本原则是，"一切科学知识都必须建立在来自观察和实验的经验事实的基础上"；实用主义则强调行为、实践和生活，其要点是要立足于现实生活，把获得效果当作最高目的。行为主义的教学设计理论很大程度上就建立在这些哲学思想之上。

行为主义者强调，由于内在的思维活动或心理过程不可能被直接观察到，因此，心理学的研究应局限于可见的行为。他们试图从行为的角度观照人的心理，找到人的行为的本质及其变化规律，以便有效地控制行为。行为主义学习理论的核心是：学习的本质为刺激与反应的联结，学习就是行为的改变，而这主要是一种受控的行为。早期行为主义者认为在一个具体的环境刺激呈现后，能表现出一个恰当的反应，学习就算是发生了。如在数学小卡片上呈现一个等式"3＋5＝?"，如果学生回答是"8"，那么学习就发生了。在这里，等式是刺激，而适当的回答是反应。

行为主义的教学设计就是基于行为控制而设计教学的，以完善人的行为为根本宗旨。新行为主义者的观点认为，教学的主要任务是运用适当的强化作用，使学生形成种种正确的行为反应，强化联结，学习的有效性取决于"强化"作用的安排。由于行为主义理论强调的是外显的和可观察、可量化的行为，以其为基础的教学设计就必然会非常重视外部学习环境的设计和分析。学习机与电脑辅助教学的开发等都是受行为主义理论影响而发展的。

(二)认知主义理论与教学设计

认知主义学习理论产生于 20 世纪初，以格式塔心理研究为起源，主要反对行为主义机械性和生物性的倾向以及完全忽略人在学习时的内在思维过程和心理过程。早期的认知主义学习理论主要有格式塔派学习理论和托尔曼符号学习理论。20 世纪60 年代认知学习理论迅速发展，以认知心理学为基础的认知主义的教学设计理论也随之开始兴盛起来。

认知主义者认为，人的认识不是由外界刺激直接给予的，而是外界刺激和认知主体内部心理过程相互作用的结果，人类的学习可以看作是由一系列假设的信息加工转换过程来实现的，已有知识、认知结构对人的行为和当前的认知活动有着决定性的作用，而且各种认知之间相互作用和影响，记忆在学习过程中起着重要的作用，学习的结果取决于信息是否在记忆中能用一种合适的方式储存起来。他们据此提出了学习与记忆的信息加工理论，试图探讨学习者内部心理结构的性质及其变化规律，以促进信息加工的最优化。认知心理学运用信息加工观点来研究认知活动，其研究范围主要包括感知觉、注意、表象、记忆、思维、言语等认知过程。[1] 认知主义学

---

① 王甦、汪安圣：《认知心理学》，1 页，北京，北京大学出版社，1992。

习理论的核心是：学习并非简单地在强化条件下形成的机械被动的刺激（S）—反应（R）联结，而是要通过主体积极主动地进行认知操作活动以形成新的完形或认知结构。

认知主义的教学设计就是基于学生的认知发展而设计教学的，以发展学生的认知能力和水平为根本宗旨。认知主义的教学设计强调学习者主动参与学习过程，强调知识获得的内部心理结构，关注学习过程中的信息是如何接收、组织、储存及提取的。在此基础上，认知主义者还提出了基于认知发展的教学策略，如类比、隐喻、运用框架、提纲、记忆术、概念匹配和先行组织者等，以引导学生面对问题情境时，能采取最适当的策略和方法。

（三）建构主义理论与教学设计

建构主义是当代欧美国家兴起的一种庞杂的社会科学理论，其思想来源驳杂，流派纷呈。一般认为，建构主义观点是由瑞士心理学家皮亚杰（Jean Piaget）于 1966 年提出的。建构主义理论的一个重要概念是图式，图式可以看作是个体心理活动的框架或组织结构。在建构主义者看来，图式是认知结构的起点和核心，即是人类认识事物的基础，而认知发展的实质就是图式的形成和变化。

皮亚杰从认识的发生和发展这一角度对儿童心理进行了系统、深入的研究，提出了认识是一种以主体已有的知识和经验为基础的主动建构，这正是建构主义观点的核心所在。皮亚杰认为，儿童与环境的相互作用涉及"同化"与"顺应"这两个基本过程。同化是指个体把外界刺激所提供的信息整合到自己原有认知结构内的过程，是认知结构数量的扩充；顺应是指个体的认知结构因外部刺激的影响而发生改变的过程，是认知结构性质的改变。认知个体通过同化与顺应这两种形式来达到与周围环境的平衡：当儿童能用现有图式去同化新信息时，他处于一种平衡的认知状态；而当现有图式不能同化新信息时，平衡即被破坏，而修改或创造新图式（顺应）的过程就是寻找新的平衡的过程。儿童的认知结构就是通过同化与顺应过程逐步建构起来，并在"平衡—不平衡—新的平衡"的循环中得到不断的丰富、提高和发展。

在皮亚杰的"认知结构说"的基础上，科恩伯格（O. Kornberg）对认知结构的性质与发展条件等方面做了进一步的研究；斯腾伯格（R. J. Sternberg）和卡茨（D. Katz）等人强调个体的主动性在建构认知结构过程中的关键作用，并对认知过程中如何发挥个体的主动性做了认真的探索；维果茨基（L. Vygotsky）提出了"文化历史发展理论"，强调认知过程中学习者所处社会文化历史背景的作用。另外，维果茨基还提出了"最近发展区"的理论，区分了个体发展的两种水平：现实的发展水平和潜在的发展水平，现实的发展水平即个体独立活动所能达到的水平，而潜在的发展水平则是指个体在成人或比他成熟的个体的帮助下所能达到的活动水平，这两种水平之间的区域即"最近发展区"。在此基础上，以维果茨基为首的维列鲁学派深入地研究了"活动"和"社会交往"在人的高级心理机能发展中的重要作用。所有这些研究都使建构主义理论得到进一步的丰富和完善，为实际应用于教学创造了条件。

建构主义学习理论对"什么是学习"与"如何进行学习"这两个问题进行了一些新的阐释。建构主义认为，知识并不是通过教师传授得到的，而是学习者在一定的情境即社会文化背景下，借助他人（包括教师和学习伙伴）的帮助即人际间的协作与交流活动，利用必要的学习资料，通过意义建构的方式而获得的。

（1）理想的学习环境。建构主义者认为，理想的学习环境应包括"情境""协作""交流"和"意义建构"四个部分。

①情境：学习环境中的情境必须有利于学生对所学内容的意义建构。这就意味着在教学设计中应创设有利于学生建构意义的情境，并把情境创设看作是教学设计的最重要内容之一。

②协作：应贯穿于学习过程的始终。师生、生生间的协作对学习资料的收集与分析、假设的提出与验证、学习进程的自我反馈、学习结果的评价以及意义的最终建构均有重要作用。

③交流：是协作过程中不可或缺的环节。学习小组成员之间必须通过交流商讨如何完成规定的学习任务，达到意义建构的目标。此外，协作学习过程显然也就是交流过程，在此过程中，每个学习者的智慧为整个学习群体所共享。因此，交流是推动学习进程的重要手段之一。

④意义建构：是整个学习过程的最终目标。所要建构的意义是指事物的性质、规律以及事物之间的内在联系。在学习过程中帮助学生建构意义就是要帮助学生对当前学习内容所反映的事物的性质、规律以及该事物与其他事物之间的内在联系达到较深刻的理解。这种理解在大脑中的长期存储形式就是"图式"，也就是关于当前所学内容的认知结构。

建构主义提倡在教师指导下的、以学习者为中心的学习，也就是说，既强调学习者的认知主体作用，又不忽视教师的指导作用，教师是意义建构的帮助者、促进者，而不是知识的传授者与灌输者。学生是信息加工的主体、是意义的主动建构者，而不是外部刺激的被动接受者和被灌输的对象。[①]

（2）学生的主体作用与教师的指导作用。学生要成为意义的主动建构者，就需要在学习过程中发挥以下几方面的主体作用：①运用探索法、发现法建构知识的意义。②在建构意义过程中主动收集并分析相关的信息和资料，对所学习的问题能提出各种假设并努力加以验证。③"联系"与"思考"是意义构建的关键。将当前学习内容所反映的事物尽量和自己已知道的事物相联系，并加以认真思考，同时结合协作学习中的协商过程（即交流、讨论的过程），则学生建构意义的效率会更高、质量会更好。

教师要成为学生建构意义的帮助者、促进者，就需要在教学过程中发挥以下几方面的指导作用：①激发学生的学习兴趣，帮助学生形成学习动机。②通过创设符

---

① 关文信：《初等教育课程与教学论》，194 页，北京，中国人民大学出版社，2006。

合教学内容要求的情境和提示新旧知识间联系的线索，帮助学生建构当前所学知识的意义。③为了使意义建构更有效，教师应在可能的条件下组织协作学习以开展讨论与交流，并对协作学习过程进行引导，使之朝有利于意义建构的方向发展。其中，引导的方法包括：提出适当的问题以引起学生的思考和讨论；在讨论中设法把问题一步步引向深入以加深学生对所学内容的理解；启发诱导学生自己去发现规律、自己去纠正和补充错误的或片面的认识等。

(3)遵循原则。建构主义的教学设计应遵循以下原则。

①强调以学生为中心。主要体现在三个方面：要体现学生的首创精神，即能在学习过程中充分发挥学生的主动性；要让学生有多种机会将知识"外化"，即能在不同的情境下应用他们所学的知识；要让学生能实现自我反馈，即能根据自身行动的反馈信息来形成对客观事物的认识和解决实际问题的方案。②强调以问题为核心驱动学习，并且问题必须是一项真实的任务，必须在真实的情境中展开。③强调学习任务的复杂性，反对两者必居其一的观点和两者择一的环境。④强调设计展开学习任务的学习环境，要求提供必需的信息资源和认知工具等方面的帮助，并确保学习发生后，学习者将在这一环境中活动。⑤强调协作学习的重要性，要求设计的学习环境能够支持协作学习。⑥强调设计多种自主学习策略，使得学习能以学生为主体展开。⑦强调非量化的整体评价，反对过分细化的标准参照评价。

综上所述，尽管建构主义理论的内容非常丰富，但其核心可以简要概括为：以学生为中心，强调学生对知识的主动探索、主动发现和对所学知识意义的主动建构。

第二节 小学教学模式

教学设计的内容不仅包括教学目标、教学内容、教学方法、教学媒体等方面的设计，也包括教学模式的设计。也就是说，教学模式不仅是教学设计的结果之一，也是教学设计的实际展开模型。[①]

一、教学模式的内涵及特点

(一)教学模式的内涵

教学模式是教学理论与教学实践的中介和桥梁。最早提出"教学模式"概念的是美国学者乔伊斯(B. Joyce)和韦尔(M. Weil)，1972年，他们的《当代西方教学模式》一书的问世拉开了国外对教学模式进行系统研究的序幕。在该书中，他们认为教学模式是"系统地探讨教育目的、教学策略、课程设计和教材以及社会和心理理论之间相互影响的、可以使教师行为模式化的各种可供选择的类型"。后续有很多国外学者

---

① 张传燧：《课程与教学论》，220 页，北京，人民教育出版社，2008。

从不同的角度提出了自己对教学模式的理解。

我国教育界对教学模式的研究始于 20 世纪 80 年代中期,人们对教学模式相关问题也是众说纷纭,连教学模式的定义也难以统一,有代表性的如理论说、程序说、结构说、方法说等。理论说认为,"教学模式是在教学实践中形成的一种设计和组织教学的理论"[①];程序说认为,"教学模式是在一定教学思想指导下建立起来的完成所提出教学任务的比较稳固的教学程序及其实施方法的策略体系"[②];结构说认为,"教学模式是一定教学思想或理论指导下建立起来的各种类型教学活动的基本结构或框架"[③];方法说认为:"常规的教学方法俗称小方法,教学模式俗称大方法。它不仅是一种教学手段,而且是从教学原理、教学内容、教学目标和任务、教学过程直至教学组织形式的整体、系统的操作样式,这种操作样式是加以理论化的。"[④]

综而观之,教学模式是一个完整、复杂的教学行为系统,是在一定教学目标和教学理论的指导下,围绕某一个教学主题,形成相对稳定的、系统化和理论化的教学范型和活动程序。每种教学模式都包含教学思想、教学目标、操作程序、师生组合、条件和评价六个要素。

(二)教学模式的特点

随着教学实践和教学理论研究的不断深入发展,教学模式的种类也越来越多,不过它们都具有下述几个共同特点。

1. 简约性

教学模式往往以精练的语言、明确的符号或象征性的图形来概括其本身的结构、过程和操作程序,显示的是某种教学理论或活动方式中的最核心部分。如用流程图、框图来表达教学步骤间的逻辑关系和教学流程等。正因为教学模式的简约性,才使得它既便于掌握又便于交流。[⑤]

2. 操作性

教学模式比一般的教学理论更接近于教学实践,每种教学模式都清晰地呈现其特定的、比较稳固的操作程序、方法和策略,具体规定了教师的教学行为,方便教师理解、把握和运用。如基于暗示原理的暗示教学模式有其特定的基本操作程序,以语言教学为例:说明内容——朗读——边播放音乐、边朗读——角色表演——伸展活动。详细操作方式如下:①教师说明新课文。②教师读课文,用不同的声调连续读三次。第一次用谈话的声调,接着用私下耳语的声调,最后用得意的声调。③播放音乐,教师再读三遍课文,并告诉学生不要听读课文,只注意听音乐,使课文不知不觉进入头脑。④学生 2~3 人一组,分别扮演不同角色,用新学的语言对话。

---

① 张武升:《关于教学模式的探讨》,载《教育研究》,1988(5)。
② 甄德山:《教学模式及其管理浅议》,载《天津师范大学学报》,1984(4)。
③ 吴也显:《我国中小学常用教学模式》,2 页,昆明,云南教育出版社,1993。
④ 叶澜:《新编教育学教程》,332 页,上海,华东师范大学出版社,1991。
⑤ 李定仁、徐继存:《教学论研究二十年》,270 页,北京,人民教育出版社,2001。

⑤学生把课文重读两遍。⑥全体学生用新学语言唱歌、游戏或演戏。

3. 整体性

教学模式揭示的是教学过程中诸因素间的动态联系，注重从全局上把握教学过程的始末，是教学现实和教学理论构想的统一。任何教学模式都有一套比较完整的结构和机制，体现着理论上的自圆其说和过程上的有始有终。因此，在运用时，我们必须整体把握，既透彻了解其理论原理，又掌握其方式方法。如布卢姆的掌握学习教学模式，基于相信每个学生都能学好的指导思想，主张根据不同对象提供不同程度的帮助和不等量的时间，使每个学生都能掌握教学内容。如果不把握这一思想就去从事具体操作，是难以取得预期效果的。

4. 指向性

教学模式具有明显的目标指向性，每种教学模式都是围绕一定的教学目标设计的。没有适合所有教学过程的万能模式，只有在一定情况下能达到特定目标的最有效的教学模式。如操练式教学模式有利于知识技能的训练，但对培养学生的探究精神却不太适合。因此，教师在教学时应注意不同类型的教学目标，以选用与特殊的目标相适应的教学模式。

5. 发展性

虽然教学模式一旦形成，其基本结构便保持相对稳定，但这并不意味着该教学模式就固定不变了。随着教学实践、观念和理论的不断发展变化，教学模式也会不断地得到丰富、创新和发展。如传递—接受教学模式源于赫尔巴特的四段教学法，后来苏联教育家凯洛夫等人对该模式进行了重新改造，传入我国后，我国又在此基础上融入了一些传统的教育思想方法，对其进行了适当调整与修改。由此看来，教学模式应是一个动态开放的系统，它的不断变革与发展是其有效性的重要保证。

二、教学模式的分类

在教学模式的形成和发展过程中，由于依据的标准和研究的角度有别，学者们对教学模式的分类也不尽相同。下面介绍几种较有影响力的教学模式的分类。

(一)国外学者对教学模式的分类

1. 乔伊斯和韦尔的分类

乔伊斯和韦尔将教学模式分为以下四类。

(1)信息加工教学模式。这类模式依据的是信息加工理论，把教学看作是一种创造性的信息加工过程，依据计算机、人工智能的运行规程确定教学程序。它着眼于知识的获得和智力的发展，如皮亚杰和西格尔的认知发展教学模式、布鲁纳的概念获得教学模式、奥苏伯尔的先行组织者教学模式等。

(2)社会互动教学模式。这类模式依据的是社会互动理论，强调教学中师生、生生间的相互影响和社会联系。它着眼于学生社会性品格的发展，如奥利弗和夏沃尔的法理学教学模式，杜威和塞林的小组探索模式，马歇尔和考科斯的社会探索模式等。

（3）个别化教学模式。这类模式依据的是个别化教学理论和人本主义教学思想，注重学生在教学中的主观能动性。它着眼于个人潜力和人格的发展，如罗杰斯的非指导性教学模式，格拉斯尔的教室集会教学模式等。

（4）行为控制教学模式。这类模式依据的是行为主义心理学理论，认为学习过程是作用于学习者的刺激和学习者对它做出的反应之间的连接形成过程。它着眼于学生行为习惯的控制和培养，如斯金纳的程序教学模式等。

2. 史密斯的分类

加拿大学者史密斯（D. G. Smith）认为教学模式关注的因素是学生、学科和教师，依据对这三个要素关注点的不同和关注点的数量差异，可以将教学模式分为以下七类：关注学生的教学模式；关注教师的教学模式；关注学科知识的教学模式；关注学生和教师的教学模式；关注学生和学科知识的教学模式；关注教师和学科知识的教学模式；同时关注学生、教师和学科知识的教学模式。

（二）我国学者对教学模式的分类

王策三在《教学论稿》一书中，从教师在教学中的作用这个角度把教学模式分成三类："师生系统地传授和学习书本知识"的教学模式；"教师辅导学生从活动中自己学习"的教学模式；"折中于两者之间"的教学模式。

瞿葆奎在《中国教育研究新进展》一书中，根据教学关注的重点将教学模式分为四类：关注学生需求和兴趣的教学模式；关注教师成长的教学模式；关注知识结构的教学模式；关注学生和教师关系的教学模式。

甄德山按师生活动的不同强度把教学模式依次分为注入式、启发式、问题式、范例式和放羊式五类。按照从前往后的顺序，教师活动强度依次递减，学生活动的强度依次递增。

一般来说，对教学模式的分类有两种途径：一种是从教学目标、任务、作用等外部因素入手进行分类；另一种是从教学的组织形式、教学程序以及理论依据和指导思想入手进行分类。目前，我国教育实践中用得较多的是这两种方法相结合的分类方法。

三、国内外常用小学教学模式简介

（一）国外主要教学模式

自 20 世纪以来，国外教学模式的研究出现了学派林立的局面。在此，我们研究其中几个代表性强的教学模式。

1. 程序教学模式

美国心理学家、新行为主义者斯金纳提出了程序教学模式，他通过实验发现，有机体并不总是被动地对环境做出应答性反应，更多的是会主动地、有目的地操作环境，而且强化作用在操作性行为中起着重要作用。因此，他认为人类所从事的有意义行为大多是主动的操作性学习的结果，被动的应答性学习只占其中很小的一部分。就这样，操作性条件反射和强化原理构成了他的程序教学的理论基础。由于借鉴、使用了普莱西(S. L. Pressey)所发明的教学机器，斯金纳的程序教学常被称为"机器教学"，而他本人也被誉为"教学机器之父"。

程序教学的操作程序是：解释—问题—解答—确认。把教学内容分解成许多小的单元或项目，按照一定的逻辑排列好，并事先做出解释，然后依次呈现给学生，供他们学习。每学完一个小单元或项目，就会要求学生回答问题，每个问题都有正确答案。当学生回答完问题之后，出示正确答案，让学生确认自己解答的正误。只有解答正确后，才能进入下一阶段的学习。否则，将继续学习原来的内容。

斯金纳的程序教学理论促进了学习理论的科学化，加速了心理学与教育学的有机结合，而且还推动了教学手段的科学化和现代化。在信息技术飞速发展的今天，它对如何利用现代技术改革教学，进一步提高教学质量，仍具有很重要的启发意义。另外，程序教学模式中蕴含了鼓励学生张扬个性、发展学习者个性潜力、尊重学习者主体性、促进学生主动学习的热情以及及时反馈等教育理念，时至今日仍贴近教育的时代精神。但是，程序教学设计有其显而易见的局限性，如忽视学习过程的开放性和学习中的交互作用，很难提供解决问题的思维材料，妨碍教师主导作用的发挥，否定学习者的主观能动性，很少考虑学习者的学习动机等。

2. 掌握学习教学模式

掌握学习教学模式是美国教育心理学家布卢姆于 20 世纪 60 年代提出的。"掌握学习"就是在"所有学生都能学好"的思想指导下，以集体教学为基础，辅之以经常、及时的反馈，为学生提供所需的个别化帮助以及所需的额外学习时间，从而使大多数学生达到课程目标所规定的掌握标准。

(1)理论基础："新的学生观"；心理学提出的学生的情感影响着学生学习结果的结论；布卢姆所创立的"教育目标分类学"和教学评价理论。

(2)教学目标：解决学生学习效率的问题，以求大面积提高教学质量。

(3)实现条件：师生双方对"掌握学习"都要抱有信心；确定所教学科的内容、目标和测量手段，包括：确定学习内容，明确学科学习范围，并概括地加以表述；明确掌握目标，编制教学目标"双向项目表"（横栏表示行为，纵栏表示内容）；准备终结性测验，试题要覆盖所有目标；为掌握制订计划。

(4)操作程序：诊断性评价—团体教学—单元形成性测验—已掌握者进行巩固性、扩展性学习或帮助未掌握者成为掌握者(或未掌握者接受矫正并再次测验，予以认可)—进入下一单元。在一学期结束或几章节全部教材学完后进行总结性测验和评价。

掌握学习教学模式强调的是因材施教，使教学适应学生的心理特点和个别差异，从而使大多数学生达到课程目标所规定的掌握标准，达到大面积提高教学质量的目标。这种教学模式并没有根本改变学校和班级的组织，在普通的学年制班级里便可实施，因此获得了相当广泛的反响，其他国家也得到了相当程度的普及。不过，掌握学习也有许多问题需研究解决。如教学内容怎样划分单元才更科学、合理；教师上课前的大量准备工作，以及要使用多种教学手段和方法，势必会增加教师的负担；一般来讲，对于"掌握学习"是成绩较差和一般的学生比较适应，优等生则比较不适应，深化学习和扩展学习难以解决好。

3. 先行组织者教学模式

奥苏伯尔的教学模式是以其意义学习理论为基础的。他从两个维度对学习作了区分：从学生学习的方式上将学习分为接受学习与发现学习，从学习内容与学习者认知结构的关系上分为有意义学习和机械学习。奥苏伯尔认为，有意义学习的实质就是以符号代表的新观念与学习者认识结构中原有的适当观念建立起非人为的和实质性联系（这种联系称为潜在意义）的过程。如学生在说明"$4 \times 9 = 36$"的理由时，不仅会背诵"四九三十六"这句口诀，而且还知道是"4个9相加的和"，那么这就是有意义学习，因为他将"乘"与原认知结构中的"加"建立了实质性的联系。如果他仅仅知道背诵口诀，那么就是机械学习。

奥苏伯尔提出，意义学习与机械学习的划分并不是绝对的，而且发现学习、接受学习与意义学习、机械学习之间并不存在必然的对应关系，发现学习和接受学习都有可能是意义学习或机械学习。奥苏伯尔还认为，学校中的学习应该是有意义的接受学习和有意义的发现学习，但他更强调有意义的接受学习，认为它可以在短时间内使学生获得大量的系统知识，这正是教学的首要目标。他十分重视学生认知结构的发展，提出认知结构是个体在特殊学科领域内的知识的组织，认为教学的目标就是培养学生良好的认知结构，并且认为教学的关键在于学习是否有意义，有意义的讲解或教学是课堂教学的基本方式。

有意义学习需具备的条件是：学习材料对学生而言有潜在意义；学生头脑中有同化新学习材料的知识；学生具有有意义学习的意向。如小学数学中"异分母分数的加减法"就需通过通分同化到"同分母分数的加减法"中去。

为了促进有意义学习，奥苏伯尔提出了渐进分化和综合贯通两条教学原则。前者是指教学应遵循从一般到个别的原则，首先讲授最一般的、包摄性最广的观念，然后再逐步分化为具体的或初级的观念。后者则是指在教学中应比较观念间的相同点与不同点以建立观念间的联系。

奥苏伯尔在其代表作《教育心理学：认知观》的扉页上写道："假如我不得不把全部的教育心理学归纳为一条原理的话，我将一言以蔽之：影响学习的唯一的最重要的因素就是学习者已经知道了什么，探明这一点，并据此进行教学。"为了有效激活

新旧知识之间的实质性联系，提高已有知识对接受新知识的影响，奥苏伯尔提出了
"先行组织者"的教学策略。他认为，促进学习和防止干扰的最有效的策略，是利用
与学习者认知结构中已有观念相联系又与新观念有关的、包摄性较广的、最清晰和
最稳定的引导性材料，这种引导性材料就是"组织者"。"组织者"为学习新观念提供了
一个"观念固定点"，使新知识能顺利纳入已有认知结构中去。由于这些"组织者"通常
在呈现教学内容之前介绍，以确定有意义学习的心向，因此被称为"先行组织者"。

　　后经发展，"组织者"也可在某一材料学习之后呈现。奥苏伯尔还指出："组织
者"的概括性、抽象性和包摄性水平可以高于或低于学习材料。如学生在学习"两位
数乘两位数的笔算乘法"之前，教师提供的"两位数乘整十数"的口算复习材料就可以
看成是新内容学习的"组织者"。又如要学习平行四边形的面积计算，可以先比较同
底同高的平行四边形与矩形的面积，这里的矩形也是一个"组织者"。显然，通过提
供这样一些"组织者"材料，教学内容的掌握就变得比较容易了。

　　美国学者乔伊斯和韦尔把奥苏伯尔的教学模式概括为"先行组织者模式"。该模
式的教学过程主要由三个阶段组成，如表7-1所示。

表7-1　"先行组织者模式"的结构

第一阶段 "先行组织者"的呈现	第二阶段 学习任务和材料的呈现	第三阶段 认知结构的加强
阐明课的目的； 呈现"组织者"： 　鉴别限定性特征， 　举例， 　提供前后关系， 　重复， 　唤起学习者的知识和经验的 　意识。	明确组织； 安排学习的逻辑顺序； 明确材料； 维持注意； 呈现材料。	运用综合贯通的原则； 促进主动积极的接受学习； 引起对学科内容的评析态度； 阐明学科内容。

　　资料来源：张华：《课程与教学论》，131页，上海，上海教育出版社，2000。

　　奥苏伯尔的教学模式建立在他提出的有意义学习、先行组织者、渐进分化、综
合贯通等原则和方法之上，有利于教学内容的设计和教学序列的安排，新旧知识的
适当联系使学习更容易、便捷且省时，促进了学生对知识的学习、保持和运用。但
该教学模式也有不足之处。如建立在该原理之上的教学设计更适合于课堂的知识教
学，而在智力开发、技能训练以及各种能力培养等方面却显不足；只关注到学生课
堂接受学习和教师的课堂讲授教学，而忽略了学生的读书学习和教师对学生的阅读
指导；此外，注重具体知识的迁移，而忽略了学习方法和学习策略的迁移等，因而
学生的迁移能力可能较弱。[1]

---

[1]　关文信：《初等教育课程与教学论》，192页，北京，中国人民大学出版社，2006。

4. 发现学习教学模式

发现学习的思想渊源可上溯到古希腊哲学家苏格拉底（Socrates）的"产婆术"教学法，为美国教育心理学家布鲁纳所倡导，当代在教学中应用广泛。该教学模式是以掌握学科的基本结构为内容，即把学科的基本概念、原理及特有的研究方法纳入教材内容，并围绕学习课题准备好假设、验证用的资料、实验等，教师充当指导角色，学生作为学习主人去探索和发现，师生协作，保证学生积极主动开展学习活动的教学形式。

(1)理论基础：布鲁纳的认知结构学习理论。

(2)教学目标：主要是让学习者通过体验所学概念、原理的形成过程来发展学生的归纳、推理等思维能力，掌握探究思维的方法。

(3)实现条件：精选材料；难度适中，并围绕着学习课题准备好假设、验证用的资料、实验等；教师要以少胜多讲清基本原理，引导学生探索，激发学生探索的积极性；师生在教学中处于协作关系；教师要引导学生由半发现至独立发现。

(4)操作程序：创设问题情境—利用材料做出假设—检验假设—做出结论。

发现学习教学模式可引起学生主动探究，使他们产生内在的学习动机，有利于迁移能力的形成并可培养学生创造的态度，从而提高儿童智慧潜能。但该模式所追求的"发现"较为费时，难于全面推广。另外它需要有一定的知识和先行经验的储备，要求学生有相当的思考能力，所以低年级学生和低智商的学生采用后将产生困难。

5. 范例教学模式

范例教学模式由德国学者瓦根舍因首创，是指在一组特定的知识中选出有代表性的、最基础的、本质的实例（或称范例），通过这些实例内容的讲授，使学生掌握同一类知识的规律，举一反三，获得独立思考、独立解决问题的一种教学模式。

(1)理论基础："知识迁移"理论；教养性学习的教育思想。

(2)教学目标：促进学生由"知"向"能"发展。强调将知识学习与开拓学生包括智力、情感、态度的整个精神世界相结合。

(3)实现条件：原则上是要掌握学科基本结构，因而要精选教材，能从中提炼出最基本的结构，难度要适中，并围绕着学习课题准备好假设、验证用的资料、实验等；教师要以少胜多讲清基本原理，引导学生去探索；使学生了解各种可供选择的方法和不同的观点，诱发学生探索的积极性；师生在教学中处于协作关系，使学生能开展积极能动的活动，对所引用的材料敢于发表自己的见解；教师要根据具体的课题和学生的情况来决定学习者的主动程度，使他们由半发现至独立发现。

(4)操作程序：范例地阐明"个"—范例地阐明"类"—范例地掌握规律和范畴—范例地获得关于世界关系和切身经验的知识。

所谓范例性地阐明"个"，指用典型的、具体的、单个实例来阐明事物的本质特征；所谓范例性地阐明"类"，是指根据第一阶段获得的关于"个"的知识，用许多在本质上与"个"一致的事实和现象来进行归纳、推断，从而认识一"类"事物的本质特征；范例地掌握规律和范畴是指对通过第一、第二阶段获得的认识进一步探究，总结出规律和原理，掌握事物发展的客观趋势；范例地获得关于世界关系和切身经验的知识，认识更为抽象的规律。

范例教学模式侧重于教学内容的优化组合，提倡用精选的、带有基本性和基础性的范例内容来编制教材，通过范例性材料，使学生遵从由特殊到一般、再从一般到特殊的规律来认识世界，了解事物，这是符合人类认识规律的。但该模式在具体实施过程中也存在一定难度，主要的问题和困难在于教材的编排方面，难以使各个课题同整个知识体系有机衔接。如为每门学科科学地选定范例性课题便绝非易事，而且也不是每一个教师都能做得十全十美的。另外，范例教学理论对某些问题的论述还不够具体、明确，如它强调各门学科的基本性、基础性、范例性，但没有给出具体的确定方法，这些都给教师实施该教学理论增加了难度。

【案例 7-2】小学科学《鸭——适宜于水中生活》的教学①

上课了，教师拿出一只用泡沫塑料雕塑的鸭子，放在一只玻璃大水槽中（在讲台上）。孩子们看到一只大白鸭悠然自得地漂浮在水上。教师请一位同学用彩色笔在它身上沿着水面画线，然后教师把这只"鸭子"拿出水槽让孩子们观察，并提出问题：鸭子的身体在彩色线以下部分（即鸭子在水中的部分）像什么？

孩子们一眼就看穿了，许多孩子争着回答："像一艘船。"

教师又取出一块与鸭子一样宽的木板，用手推着木板在玻璃大水槽中前进，问在水槽旁边的孩子们："你们看到了什么现象？"

一位孩子立即答道："当木板推着前进时，在水槽中掀起了'波浪'。"

教师又将塑料鸭放在水槽中同样推着前进，孩子们惊奇地发现，水槽中没有看到波浪。接着教师提示学生说，鸭子的内脏集中在身体的后半部分。

接着教师让各小组的孩子们拿出教师早已准备好的鸭脚（这是教师从鸭子身上取下来的），孩子们两手拿着鸭脚在小组的水槽中学着鸭子来回划水。很快孩子们就发现一个奇怪的现象：当鸭脚向后划水时，鸭脚趾间的蹼会自动张开。这不是一个孩子偶然的发现，而是全班同学试验时发现的规律。

教师问道："谁能说说人们是怎样利用鸭脚结构的这一特点的呢？"

一个孩子回答说："划船时，我们用桨向后划水，总是使桨和水的接触面尽量大，这样能使船划得快一些；当把桨向前移动而插入水中时，总是将桨侧着入水，这样可以减少阻力。"

另一个孩子说："我游泳时，手向后划水时总是手指并拢用力向后划，这样可游得快些；当手往前插入水中时，总是侧转了手插入水中，这样可以减少游泳时的阻力……"

---

① 徐学福：《科学课程的探究教学案例》，56～58 页，重庆，西南师范大学出版社，2003。

教师要求孩子们再用鸭脚在水中划动，体验一下，鸭子是怎样前进的，怎样转弯的……很快，孩子们又得出一个结论：鸭子脚的结构适合它在水中行动。

接着教师又拿出一个纸袋，里面放着几片鸭子的羽毛，他要求孩子们把羽毛放入水槽中，然后再取出，仔细观察，能发现什么？孩子通过实验都观察到，羽毛片放在水槽中都漂浮在水面上，有时可以看到羽毛上一颗颗的小水珠。当把羽毛拿出水面，小水珠都滚落下来，羽毛仍然是干的。针对孩子们的疑惑，教师提出一些要求："你们能使这些羽毛沉入水中吗？如果需要什么材料或工具老师向你们提供。"

孩子们开始用手把羽毛按入水中，松开手，它又浮了起来。再试一次，结果仍然一样。把羽毛拿出水面一看，一点也没有潮湿感。一个孩子自言自语道，羽毛片上好像涂了一层油脂。其他的孩子马上得到启发，用实验证实一下。于是孩子向老师要肥皂、洗洁剂等，并用肥皂或洗洁剂在羽毛片上擦洗着，然后再把羽毛放进水槽里，发现这些羽毛都沉入水中。

通过这一实验，孩子们证实了羽毛上确实有一层油脂。老师又问，这油脂是从哪里来的？孩子们思索着，却很难找到答案，老师启发道，平时看到鸭子在水面上休息时，总喜欢用嘴去"整理羽毛"。其实，这时鸭子并不是在梳理自己的羽毛，而是不停地在给自己的羽毛涂上一层油脂。油脂是从哪里来的呢？原来在鸭的尾部长着一个脂肪腺，鸭子在水中休息时不停地用嘴从它尾部的脂肪腺中取出油脂，然后不断地涂在羽毛上。这才是我们看到的鸭子"整理羽毛"的原因。

接着老师拿出鸭子的标本，要孩子们仔细观察鸭子的羽毛是怎样排列的，这样排列有什么作用？孩子们观察后有的答道，羽毛的排列像鱼的鳞片一样，有的说像屋顶上的瓦片一样……这样的排列能防止水浸湿身体，游泳时能减少阻力……这又使孩子们想到，原来人们屋顶瓦片的排列方法也是从羽毛的排列上得到启示的。

接着教师又拿出另一只纸口袋，要求孩子们做个实验，孩子们拿出来一看是一些羽绒。教师要求孩子们用手去抚摸，看看有什么感觉？然后将这些羽绒放入水槽中，仔细观察有什么现象发生？这些现象说明了什么？羽绒长在鸭子的什么部位？有什么作用？

孩子们通过实验发现这些松软的羽绒投入水槽后，下沉了，说明羽绒上没有油脂。通过讨论他们明白：冬天大雪纷飞，冰天雪地，人们穿着厚厚的冬衣还觉得冷，而鸭子为什么还能逍遥自在地在水中游荡？原来是鸭子贴身的羽绒为它保暖。现在人们也利用鸭绒制作过冬的衣被。

接着教师又给每个小组发了只鸭头标本让孩子们仔细观察，要求研究鸭子的嘴和舌头。孩子们扒开了鸭嘴，看到鸭舌头的两侧像梳子的形状。教师又提出问题，鸭舌这样的形状有什么功能？孩子们进行猜测，但不能得到完美的解答。这时教师放了一段录像，展示鸭子在水中觅食的情境，接着一个慢镜头：鸭子在河中觅食，它张大了嘴不加选择地把水、沙、食物等全部装了进去，当它把嘴合拢时，水和沙就从梳子状的空隙中流出，而把食物留在嘴中，多巧妙的结构啊！

最后孩子们自己从鸭子的外形、脚步、羽毛、羽绒、长长的头颈以及嘴和舌的构造进行总结，说明鸭子适宜水中生活。

老师最后总结道：鸭子完美的结构与大自然和谐的配合是长期以来对大自然适应的结果。因此，我们每个人对大自然的美、和谐都要珍惜，而且要很好地保护。同时，我们还可以用这样的方法去研究其他的生物，它们的外形、构造、习性是怎样的？为什么是这样的？我们从中可以得到哪些启示？哪些能为我们所利用？

这是德国基础学校三年级常识课的教学内容。很明显，教师采用了范例教学模式。为了让学生了解鸭子的身体形状、鸭脚结构、羽毛、羽绒、鸭舌的构造等方面的特征，教师事先做了大量准备，教学材料也相当丰富，基本上是通过演示实验或学生动手操作等方式让学生思考"个"——鸭子的本质特征，然后联想到生活中具有同样特征的事物，学生进而归纳出"类"的本质特征，待各个特征都研究完之后，学生总结出鸭子适宜水中生活的完美结构，并认识到这些都是鸭子长期以来对大自然适应的结果，最后推广到可以用类似的方法去研究其他的生物，还认识到人人都要珍惜和保护大自然的美与和谐这样抽象的道理。

6. 合作教育教学模式

合作学习是 20 世纪 70 年代初兴起于美国，并在 20 世纪 70 年代中期至 20 世纪 80 年代中期取得实质性进展的一种教学模式。该模式从教学过程的集体性出发，针对传统教学忽视同伴相互作用的弊端，着眼于生生之间互动的变革，将合作性的团体结构纳入了课堂教学之中，构建了以生生互动为基本特征的课堂教学结构，通过组织开展学生小组合作性活动来达成课堂教学的目标，并促进学生的个性与群性的协同发展。

（1）理论基础：目标结构理论；发展理论。

（2）教学目标：改善课堂内的社会心理气氛，大面积提高学生的学业成绩，促进学生形成良好的非认知品质，注重人际交往，促进学生个性发展与群体的协调。

（3）实现条件：小组合作学习的管理和评价；学习任务要给小组成员相互合作提供可能；设置的问题要真正适合学生交流探究；教师要提供一定的帮助。

（4）操作程序：创设情境，明确目标—独立思考，自主尝试—小组研讨，集体交流—教师总结，反馈评价。

合作学习的评价与传统教学的评价相比有很大不同，它是"将常模参照改为标准参照评价，把个人之间的竞争变为小组之间的竞争，把个人计分改为小组计分，把小组总体成绩作为奖励或认可的依据，形成了'组内成员合作，组间成员竞争'的新格局，使得整个评价由鼓励个人竞争达标转向鼓励大家合作达标"[1]。而且该模式强调促进教与学两个方面的积极性，主张师生合作和发展学生的个性、创造能力，因

---

[1] 王坦：《论合作学习的基本理念》，载《教育研究》，2002(2)。

而具有极强的生命力，正成为一种有影响的教学模式。在西方国家也出现了以人际关系为教学目标或手段的教学模式，如小组探究模式、社会探究模式等。

但该模式也有以下不足：如果学得慢的学生需要学得快的学生的帮助，那么对于学得快的学生来说，在一定程度上就得放慢学习进度，影响自身发展；能力强的学生有可能支配能力差或沉默寡言，使他们更加退缩；合作容易忽视个别差异，影响对合作感到不自然的学生的学习进步；小组的成就过多依靠个体的成就，一旦有个体因为能力不足或不感兴趣，则会导致合作失败。

7. 暗示教学模式

暗示教学模式是由保加利亚教育暗示学研究所所长、心理学博士洛扎诺夫(G. Lozanov)首创，因而也叫"洛扎诺夫教学模式"。这是一种运用暗示手段，充分激发心理潜能，使学生在轻松愉快的环境中学习，从而提高学习效率的教学模式。该模式认为，个人的理智和情感，分析和综合，有意识与无意识不可分割，当它们处在最和谐的状态时，是人活动最有效的时刻，因此主张教学要从这些因素相统一的角度加以组织。

(1)理论基础：暗示学；人与环境的关系。

(2)教学目标：通过各种暗示手段不仅能使学生学得又多又快又好，而且使人能够学会充分发展自我，提高记忆力、想象力和创造性解决问题的能力，使学生在充满乐趣、没有心理压力和学习负担的良好感觉状态下掌握大量知识。

(3)实现条件：创设优雅的教学外部环境；学前动员，利用艺术的力量动员起学习者的可接受性，使学习者自觉进入学习情境；采用各种暗示手段，暗示的实现必须和反暗示防线相协调，权威、直观、音乐、节奏、声调等都是暗示不可缺少的手段。

(4)操作程序：入境——用对话形式揭示教材——使学生进入最佳学习状态——教师运用形象化手段教授新课——在轻快的乐声中唤醒学生，结束学习。

暗示教学能充分激发学生的学习兴趣，满足儿童的求知欲。暗示教学注意到了左右脑功能的协调，有意识与无意识心理活动的结合，形成学习的最佳心理状态，从而充分发挥学习潜力，提高教学效果。但是，实施暗示教学要求众多的条件，如教学设备方面，要有宽敞的、布置雅致的教室；较好的音响设备；学生人数要少，一个班只能十多人；教师不仅要有专业知识和教学能力，而且要能运用心理学知识，运用音乐、戏剧、舞蹈等综合艺术形式。

【案例7-3】基于暗示教学模式的外语教学

环境要求：

1. 每班人数12人，男女各半。

2. 教室光线柔和，桌椅舒适。

3. 学生排成半圆形，教师坐在末端。

4. 教师可用姿势和语调让学生理解词句的意义。

教学步骤：

1. 运用会话、游戏或短剧等形式复习旧知识。

2. 通过可表演的日常生活对话，用语法翻译形式呈现新知识。

3. 分两个阶段授新知识，积极注意和消极注意各占 25 分钟：前者按瑜伽的调息全身放松，高度集中，默记词句，后者播放交响乐和 18 世纪的音乐，教师有表情地朗读对话，学生静听音乐，无意识地体会课文内容（即学生不要听读对话，只注意听音乐，使对话不知不觉进入头脑）。

4. 以轻快的长笛声唤醒全班。

8. 抛锚式教学模式

抛锚式教学模式是由温特比尔特认知与技术小组（Cognition and Technology Group at Vanderbilt）在约翰·布朗斯福特（John Bransford）的领导下开发的，也被称为"实例式教学"或"基于问题的教学"或"情境性教学"。该模式深受目前西方盛行的建构主义学习理论影响，是以技术学为基础的一种重要的教学模式。

（1）理论基础：情境学习、情境认知以及认知弹性等建构主义学习理论。

（2）教学目标：使学生在一个完整、真实的问题背景中，产生学习的需要，并通过镶嵌式教学以及学习共同体中成员间的互动、交流，即合作学习，凭借自己的主动学习、生成学习，亲身体验从识别目标到提出目标直至达到目标的全过程。

（3）实现条件：要求建立在有感染力的真实事件或真实问题的基础上。确定这类真实事件或问题被形象地比喻为"抛锚"，因为一旦这类事件或问题被确定了，整个教学内容和教学进程也就被确定了（就像轮船被锚固定一样）。

（4）操作程序：创设情境—确定问题—自主学习—协作学习—评价反思。

抛锚式教学的学习过程就是解决问题的过程，这是使学生适应日常生活，学会独立识别问题、提出问题、解决真实问题的一个十分重要的途径。但该模式对教师在角色转换方面提出了极大的挑战：教师不可能成为学生所选择的每一个问题的专家，所以教师应从信息提供者转变为"教练"和学生的"学习伙伴"，即教师自己也应该是一个学习者。而这一角色的转换对很多教师是十分困难的。

案例 7-4 的教学实施者为安德莉亚，教学对象为澳大利亚门尼·彭兹中心小学六年级的 30 名学生。

【案例 7-4】门尼·彭兹中心小学的教改试验

教学内容：关于奥林匹克运动会。

案例描述：

首先，安德莉亚鼓励她的学生围绕这一教学内容拟定若干题目，例如奥运会的历史和澳大利亚在历次奥运会中的成绩等问题（确定与主题密切相关的真实性事件或问题作为学习的中心内容——"抛锚"），确定媒体在解决这些问题的过程中所起的作用，并要求学生用多媒体形式直观、形象地把自己选定的问题表现出来。

经过一段时间在图书馆和互联网上查阅资料以后，其中米彻尔和沙拉两位小朋友合作制作了一个关于奥运会历史的多媒体演示软件。在这个软件向全班同学播放以前，教师提醒大家注意观察和分析软件表现的内容及其特点。

播放后立即进行讨论。一位学生说，从奥运会举办的时间轴线，他注意到奥运会是每4年召开一次。另一位学生则提出不同的看法，他认为并不总是这样，例如1904年、1906年和1908年这几次是每两年举行一次。还有一些学生则注意到在时间轴线的1916年、1940年和1944年这几个年份没有举行奥运会，这时教师提出问题："为什么这些年份没有举办奥运会？"有的学生回答，可能是这些年份发生了一些重大事情，有的学生则回答发生了战争，有的则更确切地指出1916年停办是由于第一次世界大战，1940年和1944年停办是由于第二次世界大战。

经过大家的讨论和协商，认为有必要对米彻尔和沙拉开发的多媒体软件作两点补充：说明第一、第二次世界大战对举办奥运会的影响；对奥运历史初期的几次过渡性（两年一次）奥运会做出特别的解释。这时候有位小朋友提出要把希特勒的照片通过扫描放到时间轴上的1940年这点上，以说明是他发动了第二次世界大战。教师询问全班其他同学："有无不同意见？"沙拉举起手，高声回答说："我不同意用希特勒照片，我们应当使用一张能真实反映第二次世界大战给人民带来巨大灾难（例如大规模轰炸）的照片。"教师对沙拉的发言表示赞许。

从以上案例可以看到，教师让学生用多媒体计算机建立一个有关奥运会某个专题的情境，并以奥运历史或澳大利亚在历次奥运中的成绩这类真实性事件或问题作为"锚"（学习的中心内容），用以激发学生的学习兴趣和主动探索精神，再通过展开讨论，把对有关教学内容的理解逐步引向深入。在这个案例中，学生始终处于主动探索、主动思考、主动建构意义的认知主体位置，但是又离不开教师事先所做的、精心的教学设计和在协作学习过程中画龙点睛的引导；教师在整个教学过程中说的话很少，但是对学生建构意义的帮助却很大，充分体现了教师指导作用与学生主体作用的结合。整个教学过程围绕建构主义的情境、协作、会话和意义建构这几个认知环节自然展开，而自始至终又是在多媒体计算机环境下进行的（同时用互联网实现资料查询），所以上述例子是以多媒体计算机和互联网作为认知工具实现建构主义抛锚式教学的很好案例。

9. 支架式教学模式

"支架"原本指建筑行业中使用的"脚手架"，在这里用来形象地比喻对学生解决问题和建构意义起辅助作用的概念框架。支架应是一个完整的概念体系，起点概念不是学生已经掌握的知识，而应略高于学生已有的知识水平，其理论基础是苏联心理学家维果茨基的"最近发展区"理论。教师应根据"最近发展区"来构建概念框架，这样搭建的支架就能帮助学生顺利进行不断的建构活动，直至完成学习任务。支架式教学的主要环节包括以下几个步骤。

（1）搭建支架——围绕当前的学习主题，按"最近发展区"的要求建立知识框架以及概念框架，把复杂的学习任务加以分解。

（2）进入情境——呈现一定的问题情境，将学生引入概念框架中的某个节点，在真实情境中有助于学生激活新旧知识间的联系，为学生的建构活动提供基础。

（3）独立探索——让学生在支架的帮助下自主寻求问题的答案。探索的内容包括：确定与给定概念有关的各种属性，并将各种属性按其重要性大小顺序排列。在探索过程中，教师要适时提示，帮助学生沿概念框架逐步提高。但教师的引导和帮助作用应由多到少，直至使学生能独立在概念框架中继续攀升。

（4）协作学习——进行小组协商、讨论。讨论的结果有可能使原来确定的、与当前所学概念有关的属性有所变化和调整，并尽量使学生在共享集体思维成果的基础上达到对当前所学概念比较全面、正确的理解，即最终完成对所学知识的意义建构。

（5）效果评价——对学习效果的评价包括学生个人的自我评价、学习小组对个人的学习评价以及教师对学生代表个体的评价，评价内容包括三个方面：自主学习能力；对小组协作学习所做出的贡献；是否完成对所学知识的意义建构。

【案例7-5】小学五年级数学《三角形面积的计算》教学过程设计[①]

1. 搭脚手架

围绕《三角形的面积》这个主题，按"最近发展区"的要求建立概念框架，提出如下问题：

①三角形的面积与平行四边形的面积有什么关系？

②两者之间有关系的条件是什么？

③三角形的面积怎样计算，有公式吗？

④三角形的面积公式是怎样产生的？

2. 进入情境

脚手架搭成以后，把静止的平面教案变成立体的课堂活动，教师在电脑上演示：每个小方格为边长1厘米的正方形，沿对角线截去一半后，得到的三角形的面积是多少？

3. 独立探索

进入问题情境之后，就让学生独立探索。在活动设计时，教师估计到学生有可能遇到的障碍，恰当地设计了三个直观支架：

支架1：让学生动手用两个全等的直角三角形拼成一个图形（可能为长方形、平行四边形、三角形）。

支架2：用两个全等的锐角三角形，运用旋转、平移的方法，拼成平行四边形。

支架3：用两个全等的钝角三角形旋转、平移，拼成平行四边形。

---

① 刘庆莲：《支架式教学模式在小学数学教学中的应用——以"三角形面积的计算"为例》，载《新课程（小学）》，2010（9）。

让学生观察三角形与拼出的平行四边形，思考它们之间有怎样的关系。

4. 协作学习

独立探索结束时，教师组织小组协商，讨论，师生共同得到：

①三角形与拼成的平行四边形有以下的关系：三角形与平行四边形的底相等，高相等；三角形的面积是拼成的平行四边形面积的一半。

②三角形面积与平行四边形有关系的先决条件是：三角形与平行四边形等底等高；三角形的面积是等底等高平行四边形面积的一半。即：

平行四边形的面积＝底×高；三角形的面积＝底×高÷2。

5. 效果评价

教师给出以下几个问题：

①判断：下面三个三角形的面积都是"3×5÷2＝6（平方厘米）"，对吗？为什么？

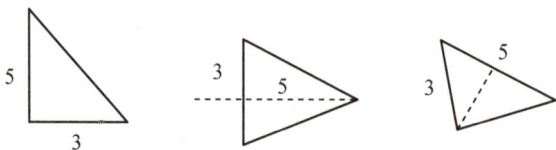

在下面的三个完全一样的平行四边形中，最大的三角形面积相等吗？

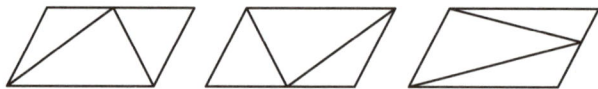

②讨论出结论：等底等高的三角形面积相等，形状不一定相同。

③问题4：三角形的面积公式是怎样产生的？除了这些推导方法，还有其他的推导方法吗？

④要求学生动手动脑，用其他方法推导三角形面积计算公式。

该案例中，教师为了让学生理解并掌握三角形面积计算公式的推导过程，将整个任务分解成了四个问题，搭建好脚手架。上课伊始，通过多媒体动画及问题呈现，使学生进入情境。接着，教师为了让学生能发现三角形与平行四边形的面积间的关系，要求学生动手操作，分别用不同的三角形做"拼图游戏"，实际上是教师创设了三个"背景支架"。三个支架的搭建，使学生顺利地跨越了"最近发展区"，从"实际发展水平"（对平行四边形公式的原认知）进入了"潜在发展水平"（三角形面积公式的新认知）。随后，教师一步步撤去给学生的学习支撑（所搭建的理解支架），把任务逐步交给学生自己来完成。为了帮助学生更好地掌握所学的内容，形成自主学习能力，教师要求学生先努力做到独立完成任务，再与同伴或小组成员进行交流。直至最后让学生对自己本堂课的学习情况进行效果评价，反思自己是否真正掌握了所要学习的内容。

在支架式教学模式中，学习者不是消极接收教师陈述的信息，而是通过搭建的支架自主建立先验知识和形成新的知识。这种模式能提高学生的自主学习热情和学习效果，在对缺乏自尊心和学习能力低下的学生进行教学时，支架提供了一个给予积极反馈的机会。但只有教学模式个性化，才能达成这个目标，使每个学习者受益。这对教师来说，无论在精力上还是在能力上都具有相当大的挑战性，因为要成为一个合格的帮助者，就需要因材施教，需要根据学习主体的不同而搭建不同层次的概念框架。

(二)国内教学模式

1. 示范—模仿式教学模式

示范—模仿式教学模式是历史上最古老的模式之一，也是教学模式中最基本的模式之一，是指通过教师有目的地进行讲解和示范，学生相应采取参与性行动，通过模仿有效地掌握知识技能的一种教学模式。

(1)理论基础：示范模仿，即口耳相授、形体相传，这是人类经验得以产生和传递的基本模式之一，也是创造活动的基础。

(2)教学目标：使学生掌握一些基本行为技能，如读、写、算、唱、跳及各种运动和操作技能；在学龄初期或社会化早期，通过示范模仿，使学生掌握社会的道德习惯和行为模式。

(3)基本操作程序：定向参与性练习—自主练习—迁移。

(4)实现条件：教师示范应准确、到位；教师对学生的每次练习应及时提供信息反馈；注重学生之间的相互交流和观摩。

示范—模仿式教学模式的运用范围广，尤其适用于以行为技能的掌握为目标的教学内容。当代西方国家所采用的模拟教学，就是利用该种模式与现代化手段相结合，从而提高学习效率。在该模式中，技能的形成有赖于学生自己练习。

2. 传递—接受式教学模式

传递—接受式教学模式源于赫尔巴特提出的"四段教学"，后经苏联凯洛夫等人进行改造传入我国，在我国广为流行。该模式强调教师的指导作用，认为知识是教师到学生的一种单向传递的作用，非常注重教师的权威性。

(1)理论基础：斯金纳的"操作性条件反射的训练"心理学；行为主义心理学。

(2)教学目标：传授系统知识、培养基本技能。

(3)基本操作程序：组织上课—检查复习—讲授新知识—巩固新知识—检查评价。

传递—接受式模式能使学生在单位时间里较为迅速有效地获得更多的知识信息，突出地体现了教学作为一种简约的认识过程的特性，是人类传播系统知识经验最经济的模式之一。而且，它能有效地发挥教师的主导作用，易于达到预期的教学目标，这一模式主要适用于学科课程书本知识的教学，适用于加强基础知识和基本技能的训练，适用于班级授课制的课程教学。但在这种教学模式中，学生处于被动地位，不利于学生学习主动性的充分发挥，多年来受到各方面的批评。

然而正如美国心理学家奥苏伯尔所指出：接受学习不一定都是机械被动的，关键是教师传授的内容是否具有潜在的言语材料，能否同原有的知识结构建立实质性联系；教师能否激发学生主动从自己原有的知识结构中提取有联系的旧知识来"固定"或"类属"新知识。如果能实现上述两点，则这种模式在掌握知识技能中所具有的独特功能就无法否定。

3. 情境—陶冶式教学模式

情境—陶冶式教学模式是指在教学活动中创设一种情感和认知相结合的教学情境，运用学生的无意识心理活动和情感，让学生在轻松愉快的教学气氛中有效获得知识同时陶冶情感的一种教学模式。"情境教学""愉快教学""成功教育""快乐教学""情·知教学"等皆属此列。

(1)理论基础：情·知教学论、现代心理学理论和以此为基础的"暗示教学理论"。

(2)教学目标：通过情感和认知多次交互作用，使学生的情感不断得到陶冶、升华，个性得到健康发展，同时又学到科学的知识。

(3)操作程序：创设情境—情境体验—总结转化。

(4)实现条件：教师是学生情感的"激发者"和"维持者"，因此要求教师具有多种能力，如表演、语言表达能力等；教师还要根据教学要求，提供音乐器材、教具或教学场所，并把他们组织好；要有融洽的师生关系，师生一起进入角色，使情境更加入情入理，达到诱导学生情感和促进学生认知的作用。

采用情境—陶冶式教学模式的主要作用在于对学生个性的陶冶和人格的培养，通过设计某种与现实生活同类的意境，让学生从中领悟到怎样对待生活、认识自己和对待他人，提高学生的自主精神和合作精神。一般而言，此教学模式较适宜于品德、外语、语文等课程的教学，还可以广泛适用于课外各种文艺兴趣小组和社会实践活动等教学活动。近年来，由于现代教学媒体的运用，该模式也可以尝试运用于其他学科的教学。由于情境创设是该模式的核心，因此，我们需要努力提高情境覆盖教学信息的程度，以防止情境与教学内容相脱离。

4. 自学—指导式教学模式

自学—指导式教学模式是指在教师指导下，学生通过课前预习，课中自学，课堂观察，然后再进行有针对性的重点讲授教学内容的一种课堂教学模式。该模式的教学活动以学生自学为主，教师的指导贯穿于学生自学始终。

(1)理论基础："教为主导，学为主体"的辩证统一的教学观；"独立性与依赖性相统一"的学生心理发展观；"学会学习"的学习观。

(2)教学目标：以自学能力为主要目标，实现以"讲"为主向以"导"为主的转变。

(3)实现条件：教师要有正确的教学指导思想，以"学"为主，"导"为主线；教师要设计要求明确的自学提纲，提供必备的参考书、学习辅助工具，如词典、字典等；

教师要有一套指导学生自学的方法。

(4)操作程序：提出要求—学生自学—讨论和启发—练习运用—评价和小结。

自学—指导式教学模式可以提高学生学习的主动性和主体意识，有利于学生自学能力和学习习惯的培养，加速创造性思维能力的发展，有利于适应学生的个性差异，更好地解决集体教学中如何因材施教的问题。采用这一模式，教师虽少讲了，只起点拨、解疑的作用，但对教师的主导作用要求却更高了。如果教师不能做到这一点，自学就会导致自流，这种教学模式的优越性就难以体现。

属于这一类型教学模式的较多，如卢仲衡提出的"自学辅导教学"模式；魏书生提出的"六步教学法"模式；黎世法提出的"六课型单元教学"；杜郎口"三三六"自主学习课堂模式等。

5. 引导—发现式教学模式

引导—发现式教学模式又称引导—探究式教学模式，是一种以问题解决为中心，注重学生独立活动、着眼于创造性思维能力和意志力培养的教学模式。被誉为"德国教师的教师"的阿道尔夫·第斯多惠提出："科学知识是不应该传授给学生的，而应当引导学生去发现它们，独立地掌握它们。"其后的英国教育家斯宾塞也有相同论断，认为："在教育中应该尽量鼓励个人发展的过程，应该引导学生进行探讨，自己去推论，给他们讲的应该尽量少些，而引导他们去发现的应该尽量多些。"

(1)理论依据：认知建构主义学派的建构原理；顿悟学说。

(2)教学目标：注重发展学生自主学习能力，促进学生的主动发展；培养学生善于发现问题、分析和解决问题的能力；养成学生探究的态度和习惯，逐步形成探索的技巧。

(3)实现条件：师生处于协作关系，要求学习者能展开积极能动的活动；教师要用精练的语言为学生创设一个认识上的困难情境，使学生产生要解决这一认识上的困难要求，从而能认真思考所要研究的问题；教师要根据教学需要为学生提供探究所需的材料(如文献资料、仪器等)和场所(如资料室、实验室等)。

(4)操作程序：提出问题—建立假设—拟订计划—验证假设—总结提高。

引导—发现式教学模式充分体现了学生学习的主观能动性，在教师的引导下，学生的学习有了明确的目的性、计划性和选择性，他们能主动去认识、学习和思考，并达到预期的学习目标。在该模式的课堂教学活动中，学生将学会如何学习，如何发现问题，如何加工信息，如何提出假设，如何推理、论证等，有利于培养学生科学的学习态度和探索能力。不过，引导—发现式教学模式需要学生有一定的经验储备，对于基础较差、自学能力较弱的学生及结构松散、难度较大的教材内容，不宜采用这种教学模式。

复习与思考

1. 教学设计通常具有哪些特点？你认为教学设计还应具有哪些特点？

2. 试就案例 7-1 的教学设计进行点评。

3. 教学设计有哪些基本程序？请任选下列一个内容进行教学设计。

(1)统编本小学三年级语文下册《海底世界》。

(2)人教版小学五年级英语上册"What would you like"。

(3)人教版小学五年级数学下册《3 的倍数的特征》。

4. 教学设计有哪些基本模式？对于每种基本模式有何适用范围，请你谈谈自己的看法。

5. 在 20 世纪 80 年代后期苏联出现了"合作教育"教学模式，这与"合作学习"教学模式在基本理论上有何异同，请查阅资料进行说明。

6. 教学模式有哪些共同特点？你认为教学模式还应具有哪些特点？

7. 观摩至少两堂小学课，认真听课并做好各项记录，观察老师授课所采用的教学模式有哪些？效果如何？

8. 就国内五种代表性教学模式中提及的一些个性化的教学模式，请选择至少三种你比较感兴趣的，通过翻阅资料进行详细了解，并尝试在小学教材中选择比较合适的内容进行相关的教学设计。

推荐阅读

1. 关文信. 初等教育课程与教学论[M].2 版. 北京：中国人民大学出版社，2011.

2. 曾用强. 小学教学设计与实施：广东省小学名师培养对象优秀教学设计集[M]. 广州：华南理工大学出版社，2019.

3. 魏宏聚，申建民. 中小学课堂教学设计切片诊断(上)[M]. 北京：科学出版社，2019.

4. 魏宏聚，申建民. 中小学课堂教学设计切片诊断(下)[M]. 北京：科学出版社，2019.

5.[美]布鲁斯·乔伊斯，玛莎·韦尔，等. 教学模式[M].8 版. 兰英，等，译. 北京：中国人民大学出版社，2014.

6. 魏宏聚. 分课型构建教学模式的理论与实践[M]. 北京：北京师范大学出版社，2018.

7. 马国忠. 新课改与中小学教学模式优化：选课走班、翻转课堂与雄安未来学校[M]. 北京：中国言实出版社，2019.

第八章　小学教学原则与教学方法

【本章要点】▶

- 了解小学教学原则的内涵及我国小学常用教学原则体系
- 理解小学教学方法的内涵、分类、选用依据
- 了解小学教学方法的改革与发展趋势

第一节　小学教学原则

教学原则的系统研究始于夸美纽斯，之后赫尔巴特、凯洛夫、赞可夫、布鲁纳等人都有过研讨。教师要顺利开展教学，把教学的基本原理结合起来，中间必经环节就是教学原则。那么究竟何为教学原则？教学原则又是依据什么制定的？现行小学教学原则的体系又是怎样的？接下来我们将进行详细阐述。

一、教学原则的内涵

教学原则是根据一定的教学目标和任务，遵循教学规律而制定的对教学的基本要求。它指导教学的全过程，既指导教师的教，又指导学生的学。对于教学原则，我们需要厘清以下内容。

首先，教学原则与教学规律不同，有较强的主观性。教学规律是存在于教学过程中客观的、需要人们正确认识和掌握的本质联系。而教学原则是人们在对教学规律认识的前提之下制定出的教学活动过程的实施要求，主观性要素成分较浓，也就是说，一个人所秉持的教学目的不同，对教学规律的认识不同，对教学的基本要求就会不同，因而制定的教学原则也会有差异。所以不同的教育家提出的教学原则体系各异。不过，科学的教学原则一定是最适应、最切合教学规律的。

其次，时代发展、区域文化差异造就了不同的教学方针和教育目的，也就出现了不同的教学原则。不同时代、不同地区的教学方针和目的会有所不同，反映到教学原则上也会相应发生变化。这从另一个角度也诠释了教学原则的主观性意味。

最后，教学原则的中间环节位置极为重要。有了教学规律的认识，似乎接下来只要考虑的是如何选用教学内容以及如何教授的问题，但是中间的环节教学原则其实是一个极为重要的规范性要求，不可忽略。相对于教学规律来说，教学原则更贴近教学实践，而相较于教学方法和手段，教学原则则显现出更浓厚的理论性质。

二、小学教学原则的制定依据

关于小学教学原则的制定依据，现代教学论专家斯卡特金做了如下概括。确定教学原则的重要因素是：由社会发展的需要所决定的教育目的；作为教与学相互结合的教学活动的客观规律；运用这种客观规律去实现教育目的的方式；进行教学活动的具体条件。[①] 具体来说，包括以下几个依据。

[①] ［苏］斯卡特金：《中学教学论》，59页，北京，人民教育出版社，1985。

1. 教学规律

教学规律是客观存在的，人们努力去探索、分析和发现它，并在教学实践中予以运用。教学原则是主观的，它必然要反映教学规律，然而由于受主客观条件的限制，人们对于教学规律的认识角度和层次存在差异，也必然导致主观制定的教学原则存在差异。比如在师生关系上认为以教师为中心，则在教学原则制定上偏向于教师的角度，而很可能忽视学生的心理；如果将教学过程认为是一种认识过程，则在教学原则制定上基本以认识规律为依据，而很可能忽略非认知心理发展。

教学原则要依据教学规律，但并不一定一一对应，人们往往根据自己的理解针对同一教学规律提出不同教学原则，也可能同一条教学原则反映多条教学规律的要求。

2. 教育目的

教学总是要为实现一定的教育目的而服务，因此教学原则的确立也离不开对教育目的的认识与分析。不同社会、不同阶层提出的教育目的存在差异，那么教学原则也必然存在差异。比如我国封建社会时期，目的主要在于通过学校教育为封建社会培养"建国君民"的统治人才，于是用儒家的封建伦理思想教化人民，教学上极为强调师道尊严、驯服以及盲从，惩罚原则受到重视；而现代社会需要培养有创造精神、独立人格的现代公民，因此特别强调启发性原则，强调建立民主平等的师生关系。

3. 教学经验

教学原则源自长期教学实践经验的概括和总结，而这些经验的概括和总结通常包含了人们对于教学客观规律一定程度上的认识。教学原则往往是在对经验概括和总结的基础上提炼而来的，例如：当人们有了学习知识必须时常温习的经验时，就提炼出了巩固性原则；当人们发现教学的时候要重视引导受教者自己思考时，就提炼出了启发性原则。教学经验对于教学原则的制定有着重要意义，它不仅是制定教学原则的重要依据，同时也是检验教学原则的标准，教学原则必须在教学实践中不断检验、修正和完善。

三、小学教学原则的内容

小学教学原则是根据小学教育目的和小学教学过程的客观规律，有效进行小学教学所必须遵循的基本要求。现阶段我国小学常用的教学原则体系，是在苏联凯洛夫教育学的教学原则体系基础上发展而来的，其内容经由我国教学理论和实际工作者的探索和研究而有所发展，具体包括以下内容。

(一)直观性教学原则

1. 直观性教学原则的内涵

直观性教学原则是指依据教学需要，教师通过实物、模像等直观手段，让学生获得具体形象的感性认识和经验。小学阶段直观性原则极为重要，这是因为小学生的思维特点尽管一开始具有抽象概括的能力，但是水平较低，而且仍然直接与感性经验相联系，因此我们需要充分认识到小学生的思维特点，在教学中采用直观性的教学手段开展教学。

对于教学中的直观性原则，古今中外教育家都做过非常精辟的阐述。我国古代教育家荀况就曾说过"闻之而不见，虽博必谬"，提出了在学习中不仅要"闻之"更要"见之"，才能"博而不谬"。17世纪捷克著名的教育家夸美纽斯在《大教学论》中指出："可以为教师们定下一则金科玉律。在可能范围内，一切事物都应该尽量地放到感官的跟前。""应该尽可能地把事物本身或代替它的图像放在面前，让学生去看看、摸摸、听听、闻闻等。"他率先提出了教学中的直观性原则。俄国教育家乌申斯基对这一原则进一步阐述，指出："逻辑不是别的东西，而是自然界的事物和现象的联系在我们头脑中的反映。"近现代教学实践的发展证明，直观性原则在教学中正处于越来越重要的地位。

2. 直观性教学手段

直观性教学手段的运用主要有三种：实物直观、模像直观和语言直观。

(1)实物直观。即通过实物直接呈现，为学生提供理解所需的感性经验。包括实物观察、收集标本、野外考察、参观、实验等。其优点是能带给学生以真实感、亲切感，有利于激发学生的学习兴趣，调动学习积极性。其缺点是受时空条件及感官特性的限制，许多事物的特征与联系难以在实物直观中直接被觉察。

(2)模像直观。指的是运用各种手段模拟实物，包括图片、图表、模型、课件、录音、电视等。模像直观能弥补实物直观的缺憾，尤其是现代教育技术手段应用大大增强了直观的范围，提高了直观的效果。不过，模像直观毕竟只是事物的模拟形象，与实际形象存在差距，因此要注意将模像与学生熟悉的事物相比较，并且尽量使模像直观与实物直观相结合。

(3)语言直观。语言直观就是教师运用形象化的语言，帮助学生获得感知和经验的一种直观形式。语言直观不受时间、地点和设备条件限制，运用极为广泛，而且能通过教师的抑扬顿挫、起伏变化语调和生动形象的事例激发学生想象；不过语言直观所引起的感知往往不如实物直观和模像直观鲜明、完整、稳定。

3. 直观性教学原则的教学要求

在教学中贯彻直观性教学原则，有以下教学要求。

(1)恰当选用直观手段。学科不同，教学任务不同，学生层次水平不同，学生年龄特征不同，所需要选择的直观手段也会不同。

(2)直观只是手段而非目的。一般而言，教学内容对于学生来说是比较生疏的，学生在理解和掌握上遇到困难时，才采用直观手段辅助教学。如果是为直观而直观，就会剥夺学生的思考权利，导致教学效率低下，因为把事物的产生和发展过程全盘托出，或者把认识事物的探索甚至是失败历程全部斩断，只以直观的方式呈现结果，那么学生就会缺乏体会、经验、思考的过程，不利于能力的发展。

（3）直观不能剥夺学生想象的空间。采用直观手段还应做到有重点，不能把一切内容都直接给学生看。比如上语文课《荷塘月色》，一开始就通过课件将荷塘月色的美予以呈现，这时每个学生心中的"荷塘月色"总会受限于课件的喧宾夺主而缺乏内心的想象。而且事实上，无论课件做得怎样美轮美奂，一经展示便少了心中的意境，也破坏了每个人内心构建的美的多姿多彩。

（4）重视在直观基础上提高学生的认识水平。直观给予学生的是感性经验，而教学的根本任务在于让学生掌握知识并能应用于实践。因此，教师应当在运用直观教学手段时注意指导，如通过提问和解释鼓励学生细致深入观察，启发学生区分主次轻重，引导学生思考现象和本质及原因和结果等。

（二）启发性原则

1. 启发性原则的内涵

启发性原则是指教学中教师把学生放在学习主体的地位，调动学生学习的积极性和主动性，努力开发学生独立思考的能力，从而达到对所学知识的理解和掌握。

在我国，孔子是启发教学的创始人，他非常注重"循循善诱"。孔子的得意门生颜渊说："夫子循循然善诱人，博我以文，约我以礼，欲罢不能。"意思是：孔子善于有步骤、有方法地诱导我，用广博的知识丰富我，用一定的礼节约束我，使我想停下来又停不下来，始终保持强烈的求知欲望。孔子还提出"不愤不启，不悱不发"。就是说，当学生处于想了但没想通，想通了但说不出口的时候，教师就应适时进行诱导、点拨。追溯西方，苏格拉底是西方启发式教学的鼻祖，他倡导的"产婆术"就是用问答方式来启发和引导学生自己去寻求正确答案。

2. 启发性原则的教学要求

（1）确立学生的主体地位。学生是学习的主人，而非被动接受的客体，教师的启发只有承认学生的主体地位，从学生的角度去思考教学，启发教学才会有针对性，启发才会有效。

（2）调动学生的积极思维。人的认识活动不是消极被动的反映，而是积极能动的思维活动。学生的学习过程就是一种认识活动，所以教学中，贯彻启发性教学原则要充分发挥教师的主导作用，调动学生思维的积极性。

（3）建立民主平等的师生关系。在权威式的师生关系中，教师是凌驾于学生之上的。只有在民主和谐的教学环境中，学生才可以轻松舒畅地发表自己的见解，积极参与教学问题的讨论。启发性原则要求师生之间的关系是民主平等的。

【案例8-1】《认识乘法》教学片段①

教师创设情境：森林里小熊过生日，熊妈妈就问小熊，要邀请多少个小动物来

---

① 陆佩香：《学习是一种"体验"——"认识乘法"教学案例与反思》，http：//www.ffkj.net/FanSi/ShuX-ueFS4/9167.html，2009-10-04，引用时有改动。

家里玩？熊妈妈说她要为每个小动物准备 2 个苹果。

小熊说："我最好的朋友是小鸭子、小兔子。我邀请两个小动物来玩。"那么小熊妈妈要准备几个苹果呢？你能用一个算式来表示吗？

生：4 个。2＋2＝4。（教师同时板书）

师：那如果来了 4 个小动物，还是每个人分 2 个苹果，这时小熊妈妈又应该准备多少个苹果呢？你会列式吗？（对连加计算的要求比较高，所以教师只要求列式）

生：2＋2＋2＋2。

师：如果有 9 个小动物呢？

生：2＋2＋2＋2＋2＋2＋2＋2＋2。

（教师在板书时，故意写成了 10 个 2 相加。）

生：老师你写错了，应该有 9 个 2，你写成了 10 个 2 相加，多写了一个。

师（故作疑状）：老师平时一向都很细心的，今天怎么会弄错呢？

生：老师，那是因为 2 的个数太多了。没关系，你下次仔细一点数好了写就不会错了！

师：是啊，这么多的 2，老师眼睛都花了，写的时候可能会多写一个，也可能会少写一个呢！那你们能不能帮我想个办法，既要能让人看懂是 9 个 2 在相加，也要在写的时候不出错，比较简便呢？

（学生独立思考，然后小组里交流。）

生 1：我是这样写的，2＋2＋…＋2。

（学生们开始附和。）

师：可是我们怎么知道是 9 个 2 相加呢？

生 2：我的比他的更简单一些。只要写一个 2，再添个 9。像这样，2＋2＋…＋9。后面的 9 就表示有 9 个 2。

生 3：老师，我的更简便，2…9。

生 3：我觉得还可以把 9 写在 2 的右上角、右下角，或者左下角都可以。

生 4：老师，可以写成 92 或者 29。

有些学生就说，那这不是和 92，29 相同了吗。

生 4：那就隔开一点。9　　2。

可是隔开多长距离呢？有的隔得远，有些隔得近。

大家争论不休。

生 5：老师，干脆这样，在当中加个符号吧。写成 2▲9，或者是 9▲2。就是 9 个 2 相加。

老师（及时给予表扬）："这样不错，挺好的，我觉得我弄明白了。你们觉得呢？"

有些学生说：我不喜欢三角形，我喜欢方块，用方块好。（有的说五角星，有的说圆形……）

又有一个学生举手了。

生：我认为他们刚才所写的 2◆9、2★9 等都可以表示出 9 个 2，很简便，但是我们要表示的是 9 个 2 相加，我觉得总应该和加法有联系吧！所以我想在 2 和 9 之间用"＋"号连接。

刚说完，马上许多学生举手都表示反对。

生：不行，那就变成了 2 和 9 相加了，2＋9＝11。

生：老师我想到了，我们就把"＋"换一个方向，变成"×"，那不就可以和"＋"区别开了吗？

师：真是太棒了！那不就是乘号吗？其实，乘号仅仅是人们约定俗成的一种符号表现形式。在古代，各国对乘号的表示方法都各不相同。据史料记载就有十几种之多。直到 18 世纪，美国数学家欧德莱才最终确定，把"×"作为通用的乘号。而大家刚才所经历的有意义的探索不就是人类乘号创造过程的一种再现吗？

案例中，教师通过故事激发学生兴趣，同时创设自己出错的情境，引发学生积极思考，调动了学生的积极思维；同时，在整个讨论过程中，教师以一个引导者的身份，鼓励学生发表不同看法和意见，适时予以肯定和表扬，确立了学生的主体地位，创设了民主平等、轻松和谐的教学氛围，取得了良好的教学效果。

(三)系统性原则

1. 系统性原则的内涵

系统性原则指教学活动应按照一定的逻辑系统，根据学生认识发展的顺序，持续、连贯、系统地开展，使学生掌握系统的知识和技能，培养学生严密的逻辑思维能力。这一原则是为处理好教学活动的顺序、学科课程体系、学生发展规律之间的关系而提出的。

一般来说，教学活动的顺序主要受学科课程体系和学生身心发展规律的影响，需按照这两方面的要求持续、连贯地进行。同时，教师也要了解作为课程基础的科学理论本身的发展变化，从而能够更自觉地安排、处理教学，使教学活动的顺序更加科学、合理。

2. 系统性原则的教学要求

在教学中贯彻这一原则，对教师有以下要求。

(1)依据教材的系统性进行教学。一般来说，教材是按照一定的顺序编排的，考虑了各个阶段内容之间的系统性、同一学科内容的系统性、各个学科之间的联系以及每次课堂授课内容的系统性。教学中教师就应该注意知识结构之间的有序性。

(2)教学必须由近及远、由浅入深、由简到繁。教师在依据教材的系统性之外，还需要认真研究学生，针对他们在学习过程中的认识需要和特点处理好近与远、浅与深、简与繁等问题。

(3)根据具体情况予以调整。系统性原则并非要求教师刻板、僵化地按照教材的情况开展教学。实际教学中，不同地区、学校、学生的情况有很大差异。在基本服从教材顺序的前提下，教师要从具体的实际出发，适当调整速度，增删内容，突出重点和难点。

(四)巩固性原则

1. 巩固性原则的内涵

巩固性原则指在教学中通过经常性的复习，使学生牢固地掌握所学知识。巩固性原则的提出主要是因为人的记忆遗忘规律的影响。教学活动在连续进行，学生们在学习新知识的同时不可避免地会出现对旧知识的遗忘，因此教学中要不断巩固，通过练习、复习帮助学生牢固掌握知识。

孔子就曾提出"学而时习之""温故而知新"，说明了运用巩固性原则极具教学意义和价值。巩固不仅有利于强化旧知识，同时也有助于学习新知识，因为知识是有内在联系的，旧知识是新知识的基础。

2. 巩固性原则的教学要求

在教学中贯彻这一原则，教师需要注意以下基本要求。

(1)确保在理解的基础上巩固。理解是巩固的前提，任何知识的学习只有在理解的基础上才能更好地进行巩固和掌握，没有学会知识而谈巩固是不可能达到好的效果的。因此，教师在教学中应确保学生学懂了、学明白了，这样才可能实现良好的巩固效果。

(2)采用多样化的巩固方式。除常见的各种练习和书面作业外，教师应善于针对不同的知识类型采用不同的方式帮助学生巩固知识，比如手工制作、实地调查、实践参与等，都能使学生将知识运用于实际，有效达到巩固的目的。

(3)保证巩固的科学性。德国心理学家艾宾浩斯发现遗忘的规律是先快后慢，先多后少，呈不均衡变化。遗忘在识记的初期最快，以后逐渐减慢，到了一定时间，几乎不再遗忘，保持量趋于恒定。教师在教学中可根据这一规律，在学生学习新知识后合理安排复习时间及复习量，提高巩固的效率。

(五)量力性原则

1. 量力性原则的内涵

量力性原则是指教学活动要建立在学生通过一定努力可能达到的知识水平和智力发展水平上，即适合学生的发展水平。我国古代的《学记》中就提出："语之而不知，虽舍之可也。"这句话指出了教学难度要适宜学生的能力发展状况。现代心理学方面苏联的维果茨基关于儿童的"最近发展区"理论以及日本教育界提出的学力理论等，都为此原则提供了科学基础。

量力性原则主要表现在两个方面：一是教学广度。一般来说教学活动讲究教学效率，单位时间内，学生学会的内容越多则教学效率越高，但是，教学效率的获取必须以符合学生身心发展规律为基础。二是教学难度。教学难度若是过高，超过学生实际接受能力，学生则不可能理解和掌握所学知识，且易造成心理的极大挫伤；

相反，难度若是太低，则无法引起学生必要的注意和紧张，难以调动学生的学习积极性。

2. 量力性原则的教学要求

在教学中贯彻这一原则，对于教师有以下基本要求。

(1)重视儿童年龄发展的特点。教师需加强自身心理学素养，了解儿童不同年龄阶段发展的特点，针对学生年龄段的不同特点开展教学。比如皮亚杰的认知发展心理学认为，小学阶段的儿童处于具体运算阶段，获得了守恒概念，能够进行比较、分类、间接推理等逻辑运算，因此，就可以根据这一阶段儿童的思维特点安排教学内容的层级和难度，确保学生的学习在可接受的范围之内。

(2)了解学生实际发展水平。儿童年龄特征和发展阶段主要揭示的是个体发展的普遍规律，而小学生具体的实际发展情况是有差异的，因此教师要具体研究学生的实际发展情况。比如，在学习某种新知识的时候，就需要了解学生原有的知识储备如何，思维水平是否能完成这一学习任务，可能发生哪些困难，能够达到怎样的目标，等等。这样才能真正做到"量力"。

(3)恰当把握教学难度。量力性的要求没有稳定、确切的具体标准，需要教师依据心理学规律和学生具体的实际情况予以确定，需要教师不断思考和自己把握。这也充分体现了教师教学活动的创造性。

(六)科学性与思想性相结合原则

1. 科学性与思想性相结合原则的内涵

科学性与思想性相结合原则指教学要在科学的方法论的指导下进行，即教学中要做到科学知识的传授学习与思想品德教育统一起来。这一原则要求教师在教学当中不仅要促成学生知识、技能的发展，还要关注学生情感、态度和价值观的养成。该原则中科学性是思想性的前提和基础，思想性是科学知识的内在属性。

2. 科学性与思想性相结合原则的教学要求

(1)保证教学的科学性。在小学教学中，教师要注意两方面的正确合理选择：一是在教学内容上选择先进的、科学的、富有教益的知识作为小学生学习的基础知识，不宜选用有争议的甚至有偏误的知识；二是教学方法上需根据学生身心发展特征灵活选用，做到课堂讲解清晰、正确、明了。

(2)充分发掘思想性因素。在教学中贯彻这一原则就需要教师能够根据各个学科的特点，对小学生进行有效的思想品德教育。例如，社会学科具有鲜明的思想性，像语文、品德与生活等是提升小学生思想修养和开展人生观教育的重要课程；自然学科则渗透着唯物思想和辩证法，是培养小学生辩证唯物主义思想的重要知识基础。教师在发掘思想性的时候不宜简单说教，而应结合知识的讲授，做到潜移默化、"润物细无声"。

(3)提升教师的专业能力和思想修养。教学科学性与思想性能否有效结合，取决于教材内容的选择，更取决于教师对教材的理解和领悟以及自身的思想修养。因此，教师需要不断充实与更新自己的知识，提升自己的专业能力和思想修养。总之，教师的专业能力是教学坚实的基础，良好的思想修养是教师的职业要求，提升教师的专业能力和思想修养是至关重要的。

【案例 8-2】 统编本语文《大禹治水》教学片段

师：谁来读读课文第三自然段？

生：禹离开了家乡一去就是十三年，这十三年里他到处奔走，曾经三次路过自己家门口，可是他认为治水要紧，一次也没有走进家门看一看。

师：同学们，你们发现没有？有几个词语他读得特别突出，哪些词语？

生：一去、十三年、三次、一次也没有。

师：这几个数量词，为什么要重读呢？

师：孩子们，你们看，禹一去就是十三年，十三年啊，一年有多少天？

生：365 天。

师：13 个 365 天加在一起就是四千七百多个日日夜夜，在这四千七百多个日日夜夜里，他只有二次路过家门的机会，可连这仅有的三次机会，他都没有走进家门去看看。孩子们，你们说，十三年里，他想念自己的亲人吗？（想）是呀，谁不爱自己的家啊。他的妻子和孩子想念他吗？（肯定想）你们看，在我们湖南株洲攸县酒仙湖上，大禹的妻子攸女，抱着刚出生的孩子一直在张望，等待着丈夫回家。

师：可是他认为治水要紧……（引读）

生：一次也没有走进家门看一看。

师：这就是禹三过家门而不入的感人故事。

师：孩子们，在这十三年里，禹一次也没有回家，他到处奔走，他都到了哪些地方呢？

生：全国各地。

师：其实老师也不知道，但我知道，他到处奔走，走遍了千山万水，直到现在，中华大地上到处都有关于大禹的遗迹和传闻。你们看，安徽怀远县境内有禹墟和禹王宫，陕西韩城县有禹门，四川南充县也建有禹王宫，长沙岳麓山顶有禹王碑，甚至后世把整个中国称为禹域，意思就是大禹治理过的地方。这些都是他曾经去过哪里、到处奔走的见证。他去这些地方干什么呢？

生：去治水。

师：是啊，他得到处奔走，从南方来到北方，从太阳升起的地方走到太阳落下的地方。有时候是黑夜，他就睡在草窝里，有时候遇到猛兽，他就爬到树上面去，他长年累月地泡在水里，脚跟都被泡烂了，依然拄着拐杖去勘测地形，去疏通水道，去找水能够畅通的地方，为百姓治水。孩子们，听完禹的故事，你觉得禹是个怎样的人？

生：禹心系百姓，舍小家为大家。

生：禹做事情专心致志，不辞劳苦。

生：禹是个心系百姓的人，他有着无私奉献的精神。

生：禹特别执着，坚韧不拔，他是一个伟大的人。

师：孩子们说得太好了，正是因为禹的心中时时装着百姓，有着舍小家为大家的无私奉献的精神，他也理应受到人们的爱戴，他的名字也必将代代相传，正是因此，我们称呼禹为——

生：大禹。

在这个案例中，教师没有说教，而是结合课文内容层层分析，通过问题牵引、资料的补充、情境的展现，让学生在语文课文知识的学习中潜移默化、润物无声地获得情感态度价值观的熏陶和感染，达到了课堂教学科学性与思想性的有机融合。

(七)理论联系实际原则

1. 理论联系实际原则的内涵

理论联系实际的原则，是指小学教学应以学习理论知识为主，注意结合具体实际来帮助学生理解所学的理论知识，培养和提高学生运用理论知识分析问题和解决问题的能力。一般来说，学生主要是通过书本学习来获取间接知识，由于这种方式脱离学生生活，学生往往难于理解，不过，反过来看，学生也不可能事事都亲身体验和感受，否则必然影响学习效率，因此，在教学中，教师应尽量把教学内容和学生生活实际相结合，保证学生能很好地理解和吸收知识。

2. 理论联系实际原则的教学要求

(1)重视理论知识的教学。理论联系实际不是说理论知识不重要，也不是说只要直接体验和感受。事实上，学生的发展离不开一定的理论知识储备，这是促进学生发展的基础，任何脱离理论知识盲目联系实际的教学是不利于教学的，否则既消解了学校教育的优势，也否定了理论知识对于人成长发展的价值和意义。

(2)从多方面入手联系实际。联系实际要从多方面入手。首先，应当尽可能广泛地让学生接触社会生活的各个方面；其次，应当尽可能结合本地区的特点；最后，应当注重小学生发展的实际。

(3)注重在联系实际的过程中发展学生的能力。与课堂学习相比，联系实际的过程提供了更加丰富多样的能力要求。教师要敢于放手，鼓励学生去尝试和探索，运用所学的知识解决问题，同时在解决问题的过程中获取新的知识，补充书本知识的不足，从而使各种能力得到锻炼、发展。新课程改革倡导的研究性学习实际上就是理论联系实际、发展学生各种能力的良好学习方式。

(八)因材施教原则

1. 因材施教原则的内涵

因材施教原则指教师在教学活动中应根据学生的实际发展特点，有的放矢地进行有差别的教学。在实际教学中，虽然同一班级的学生有着基本一致的年龄特征，但是由于遗传因素、家庭环境等的不同，在学习态度、学习方法、性格特征、兴趣爱好、禀赋潜能等方面存在较大差异。面对个性完全不同的学生组成的班级教学，因材施教显得比较困难。但是，教师应尽可能最大限度地、有针对性地开展教育。

因材施教在我国有着悠久的历史传统，孔子教育不同个性的弟子时说："求也退，故进之；由也兼人，故退之。"意思是：冉求老是退缩，因此我要鼓励他上前；仲由呢，他胆子大，敢作敢为，因此我要压压他。可以看出孔子在教育学生的时候能因人施教，各因其材。

2. 因材施教原则的教学要求

在教学中贯彻这一原则，对于教师有以下要求。

(1)深入了解学生的实际情况。学生在相同年龄特征基础上，仍然存在多方面的差异，教师要做到因材施教，就必须深入了解学生的实际情况，如个性特征、思维特点、家庭背景、成长经历等。

(2)针对不同学生选用不同方法。现代教育提出每一个儿童有权利得到适合于自己的教育。可见，现代教育强调，要使教育适应儿童而不是相反。因此，针对不同学生的特点，教师需要选用有效的方法以适应不同特点学生的发展需求。

(3)注意培养有天赋的学生。现有的班级授课制注重整体发展，容易忽视有天赋的学生的个别培养。因材施教原则不单要求教师关注能力差的学生，更要关注有天赋才能的学生，要采取有效措施，使有才能的学生获得充分的发展。

【案例8-3】靳家彦课堂实录片段①

师：你们班谁读书读得最好？（学生推荐一名女生）

师（请该女生站起来）：你是不是这个班中书读得最好的？

生（不好意思地）：不知道。

师：你的回答很妙！说"是"吧，不够谦虚；说"不是"吧，心里又不愿意。你真聪明！

（生读后，师予以表扬。）

师：再请班里读书有困难的同学站起来。

（学生目光集中到一名男生身上，该男生难为情地低着头慢慢站起。）

师（摸着该男生的头，问站着的女生）：他读书一定能超过你，你信不信？

生：不信！

（师带着该男生一遍又一遍地读课文第一句话，读了三遍，男生读得很好。）

师（问女生）：他这样大胆认真刻苦地努力下去，能超过你吗？

女生（激动地点点头）：能！

（男生充满自信地坐下。）

---

① 赵宏：《感悟〈语文课程标准〉的四个基本理念》，载《小学教学参考》，2002(9)。

教师在教学中既关注优生，同样关注后进生，在方法上也不一样，对优生给予称赞，对后进生给予鼓励，并引导其养成正确的学习态度，较好地贯彻落实了面向全体学生、因材施教这一基本原则。

第二节 小学教学方法

【案例 8-4】《记金华的双龙洞》教学片段

一教师上课，内容为小学四年级语文课文《记金华的双龙洞》，文中有一个生词"石笋"，学生问"石笋"是什么，教师按照词典上的注释答：石笋，就是石灰岩洞内直立的物体，它是由洞顶滴下的水滴中的碳酸钙沉淀堆积而成的。学生听后不甚了了。教师课后反思，修改设计，第二次执教如下：

师：你们见过石笋吗？

生：没有！

师：那你们见过笋吗？

生：见过。

师：笋是什么模样的呢？

生：下面大上面小，一层一层、一节一节的。

师：同学们平时观察真仔细！那你们吃过笋吗？

生：吃过。

师：好不好吃呢？

生：好吃，可脆了！

师：是的，笋可好吃了。但是呀，石笋可就不好吃了，要是哪个小傻瓜去咬一口，说不定还要咬掉两颗大门牙呢！因为石笋是石头，它长啥模样呢？同学们请看黑板（教师相机出示石笋教学挂图），在石灰洞洞顶（指图），有水不断往下滴，水里面有一种物质叫碳酸钙，滴到地面后水流走了，但是碳酸钙留下来了，水不断往下滴，碳酸钙就越积越多，日积月累就形成了我们现在看到的石笋。

两次执教教学效果截然相反，原因就在于教师经过反思，调整了教学方法，采用了谈话法、讲授法、演示法等多种教学方法进行教学，有效地达到了教学目的。课堂教学中就需要这样灵活运用教学方法才可能达成良好的教学效果。

一、教学方法的内涵及分类

(一)小学教学方法的内涵

小学教学方法是小学教师引导小学生掌握知识技能、获得身心发展而共同活动的途径和手段，包括小学教师教的方法和小学生学的方法。有效的教学方法应该是一种结合教和学的要求，合理体现教法与学法的方法。教学方法有着重要的作用，在教学过程中，教学方法使用不当可能会造成教学效果不佳，不能很好地完成教学任务。相反，有效的教学方法可以调动学生的积极性，激发学生学习的兴趣，达到良好的教学效果。

(二)小学教学方法的分类

教学方法的分类有很多种，从不同的角度可以提出不同类型的方法。根据教学任务，可以将教学方法分为学生获得知识的方法、学生形成技能技巧的方法、学生创造性活动的方法以及巩固与检查知识和技能的方法。根据信息接收与表达的方式可以将教学方法分为两大类：一类是通过听、看、读等活动，让学生接收外界信息的方法；另一类是通过讲、写、用等活动来指导学生表达信息的方法。按照学生掌握知识和技能的特点，可以将教学方法分为讲解法、图解法、复述法、讲述法、模拟法和启发法等。不过，教育界普遍认同按照学生认识活动的形态来进行分类：以语言表达为主的教学方法；以直接观察为主的教学方法；以实际操作为主的教学方法。

二、小学常用的教学方法

1. 以语言表达为主的教学方法

这类方法是指教师和学生主要以语言，尤其是口头语言作为媒介来进行教学的教学方法。其主要有讲授法、谈话法、讨论法、读书指导法等。讲授法运用极为广泛，在所有学科中都可以运用。讲授法又分为讲述、讲解、讲读和讲演。讲述就是以叙述和描绘的方法向学生传授知识；讲解指的是用系统而逻辑严密的语言向学生说明、解释和论证的方法，多用于小学数学、科学等课程教学；讲读是指师生双方通过诵读来传授和学习知识的方法，多用于小学语文和小学英语等课程的教学；讲演是指教师以某一教学内容为专题进行系统深入的分析、论证，并得出科学结论的方法，主要以演说和报告、讲座形式出现。谈话法是指师生之间相互交谈的方法。讨论法则是师生之间、学生之间就某个问题讨论的方法。读书指导法是指教师指导学生预习、复习、阅读教科书、参考书等的方法。

这类方法主要通过语言直接传授，教学信息量大，有利于短时间内传授系统知识，有利于教师主导作用的发挥，但不太利于学生积极性的发挥，容易忽视学生的个别差异；不过这类方法当中的谈话法、讨论法有利于活跃课堂气氛，发挥学生的积极性，但耗时相对较多，容易在讨论交谈过程中偏离主题，影响教学任务的顺利完成，教师要能有效地加以控制和调整。

【案例 8-5】《月光曲》教学片段

文章讲述了德国著名音乐家贝多芬因同情穷兄妹而为他们弹琴，盲姑娘对音乐的痴迷激发贝多芬即兴创作了《月光曲》的传奇故事。课文写到贝多芬为盲姑娘弹琴的时候,盲姑娘激动地说:"弹得多纯熟啊!感情多深哪!您,您就是贝多芬先生吧?"

学到这里,有学生提问:"为什么盲姑娘能从琴声中听出弹琴者是贝多芬?"学生有的说因为贝多芬弹琴弹得好。可弹得好的也不止贝多芬一人呀!

于是,教师相机向学生讲述"高山流水觅知音"的故事:"我国古代有两个人,一个叫俞伯牙,一个叫钟子期。伯牙喜欢弹琴,子期喜欢听琴。一次,伯牙刚弹到描绘高山的音乐时,钟子期就情不自禁地说:'善哉,峨峨兮若泰山!'意思是弹得真好啊,高峻得就像泰山一样。当伯牙弹到描绘流水的音乐时,钟子期又说:'善哉,洋洋兮若江河!'意思是弹得太美妙了,盛大得像滔滔的江水。伯牙非常高兴,觉得世界上再也没有人像钟子期这样了解自己,他是自己的知音。后来,钟子期死了,伯牙就再不弹琴了,因为子期是伯牙的知音。那么为什么盲姑娘能够知道弹琴者就是贝多芬呢?"

当教师讲到这里,一个学生忍不住站起来大声说:"老师,我明白了,盲姑娘就像钟子期一样,是贝多芬的知音。"

在这个案例当中,教师紧扣学生的疑问,通过生动形象的讲述,很好地启迪了学生的思维,使学生理解了盲姑娘是贝多芬的知音。

2. 以直接观察为主的教学方法

这类教学方法是指教学过程中教师主要通过实物、教具或带领学生参观等方法来进行教学,而学生则主要以直观感知的方式来进行学习的教学方法,如演示法、参观法等。演示法是教师通过展示实物、直观教具或实验使学生获得知识或巩固知识的方法。如语文课《圆明园的毁灭》,教师播放电影《火烧圆明园》片段,让学生从电影中直观感知帝国主义侵略者烧杀抢掠的场景,祖国的瑰宝圆明园就在帝国主义侵略者的野蛮行径下化为灰烬,从而激发了学生的爱国之情,加深了对课文的理解;科学课《蚕的生命周期》一课中教师利用课件,图文并茂、形象直观地演示蚕经历蚕卵、幼虫、蚕蛹、蚕蛾四个阶段,帮助学生理解和记忆蚕的生命周期。参观法是教师根据教学任务的要求,组织学生到工厂、农村、展览馆、自然界和其他社会场所,通过对实际事物和现象的观察与研究而获得知识的方法。如地理学科、历史学科参观名胜古迹、博物馆,理化学科参观科学馆,艺术学科观看美术展览、戏剧表演等。

【案例 8-6】韩国教师执教《认识图形》

师:日常生活当中有很多这样的图形,(边说边从讲台下拿出正方形坐垫)看,这是什么?

生:(兴奋)正方形。

师:对,正方形。不错!(师接着神秘地从讲台下拿出圆形平底锅)来,再看这个,这叫什么?

生:(很开心)圆。

师：现在我们把圆压扁，它变成了什么呢？（左手将圆形平底锅藏入讲台下，右手拿出长方形平底锅）

生：长方形。

师：对了，接下来看仔细了。这是什么形状？（拿出正方形面包放入平底锅）我把它们烤烤。

生：正方形。

师：对，如果我们仔细观察的话，就会在我们的食物还有周围生活的环境里发现好多这样形状的物体。

之后教师依次拿出（圆形）蜡烛、（八角形）火柴盒、（三角形）衣架、（长方形）纸币等物品让学生说出其形状。

教师将日常生活当中的实物拿到课堂，既激发了学生学习的兴趣，又让学生直观感受数学图形，达到了良好的教学效果。

由此，我们可以发现这类方法的特点是：学生可以直观感知教学事物，可调动多种感官，感知更清晰，记忆和思维更深刻，符合儿童形象思维为主的心理特点，但是运用时一定要注意根据实际需要采用，不是直观越多越好，因为有的时候什么都让学生直观，反而会限制的想象和思考。

3. 以实际操作为主的教学方法

教师引导学生通过实际操作练习、参与活动等方式进行学习的教学方法。其主要有实验法、练习法、实习作业法。实验法是指在教师指导下，学生运用一定的仪器设备，按照规定要求独立完成作业，观察事物及其发展过程的变化，探求事物的发展规律，以获得知识和技能的教学方法。练习法是指学生在教师指导下反复完成一定的操作以形成技能技巧的方法。实习作业法是指学生根据教师布置的任务，在课上或课外进行实际操作，将已经学过的知识运用于实践的教学方法。实际操作有利于训练学生的动手操作能力，培养学生的研究能力，开发学生的思维；不足在于耗费时间，需适度采用，因为不可能所有知识学习都通过学生实际操作和演练来达到学习目的。

【案例 8-7】《三角形三边关系》教学片段

三年级数学《三角形三边关系》中，教师是这样引入学习的：让学生课前准备好4 根小棒，长度分别为 3 cm、5 cm、7 cm、8 cm。课中分组做实验，每个小组拿出准备好的 4 根小棒，任选 3 根搭成一个三角形。想一想长度分别为 3 cm、5 cm、7 cm、8 cm 的小棒可以搭出多少个不同的三角形。请分别写出这些三角形的三边长度。学生们动手实验操作，结果发现 3 cm、5 cm、7 cm 的小棒放在一起时，可以构成三角形，但是 3 cm、5 cm、8 cm 的小棒无法构成三角形。于是产生了疑问，教师这个时候说：满足什么条件的三条线段才能构成三角形呢？然后逐步引导学生发现三角形当中任意两条边之和大于第三边才能构成三角形。

在这个案例中，教师运用实验法让学生自己操作，既锻炼了学生的动手操作能力，又激发了学生的积极思维。

三、小学教学方法的选用依据

教学方法很多，但是我们需要认识到，各种具体的教学方法都有其优点，也有其局限性。课堂教学中我们需要综合考虑各种因素，恰当地选用教学方法。

1. 学科特点

不同的学科内容有着不同的学科特点，一定程度上决定了主要方法的选用。例如，数学课注重逻辑思维的训练，故较多采用讲解法、练习法；音乐课注重艺术素养的训练，故较多采用演示法、练习法；科学课适宜实验法；语文课是语言课，多采用讲授法、讨论法、读书指导法等。

2. 教学目标

课堂教学目标也是教学方法选用的重要依据。比如《地震中的父与子》讲述地震后父亲徒手挖了几十小时将自己的孩子救出来的故事，教学目标之一是"学生能领会父子之间的深厚情感和坚强信念"。一老师上课采用了现代化教学手段进行演示，展示了很多地震的图片，地震灾难发生后的场景，接着又给学生们讲述地震发生的原因，地震发生之前的征兆，还让大家分组来探讨在地震发生时怎样保护自己。在这样一堂课当中老师运用了演示法、讲述法、谈话法、讨论法等，方法虽然多，但都是无效的。因为没有围绕该课教学目标来确定教学任务，进而选择合适的教学方法。

3. 教学内容

相同的教学内容可以采用不同的教学方法，不同的教学内容也可能采用相同的教学方法。我们要针对教学内容选择最有效、最能启发学生思维的方法。例如，小学语文《两小儿辩日》，我们可以通过讲授法教会学生"辩斗"一词就是"争论、争辩、争斗"的意思，但特级教师王崧舟却通过师生表演进行诠释。

【案例 8-8】王崧舟《两小儿辩日》教学片段

师：怎么才是辩斗呢？同桌之间分好角色，放开声音，把这味读出来。（生读）

师：下面，我做一小儿，你们推荐一位胆子大点儿的同学，做另一小儿。（学生推荐一男生上台）

师：你身子稍微向着同学们，但眼睛要看着我，因为你要跟我辩斗。（学生按老师要求站好）

师：我以日始出时去人近，而日中时远也。

生：我以日初出远，而日中时近也。

师：日初出大如车盖，及日中，则如盘盂，此不为远者小而近者大乎？

生：日初出苍苍凉凉，及其日中如探汤，此不为近者热而远者凉乎？

师：日始出时近，日中时远。（语速加快）

生：日初出远，日中时近。（生的语速也相应加快）

师：非也，日始出时近，日中时远。

生：非然也，日初出远，日中时近。

师：非也，非也！日始出时近，日中时远！

生：非然也，非然也！日初出远，日中时近！

…………

师生通过角色表演情境的创设，巧妙还原和再现了两小儿辩日的场景，深化了学生对"辩斗"一词的理解。

4. 教学对象

不同年级的孩子心理特点以形象思维为主，思维水平不一，要根据教学对象的特点选用适合的教学方法。比如，低年级孩子喜欢听故事，可多用讲述法讲述故事；而高年级则不适宜用得太频繁，且讲述故事的语言方式也要发生变化。

5. 教学条件

城乡教学条件有差距，同一地区不同学校之间也有差异，选用教学方法时就需要考虑教学场地和条件的限制。比如在农村小学教学美术，如果没有多媒体设备，课件演示法就会受到限制，但是农村却提供了更广阔的天地和自然条件，教师可以利用稻草、泥巴、树叶等农村常见的材料，通过实际操作引领学生学习美术材料制作。

6. 方法利弊

各种方法都有优点，也有局限性。教师在选用的时候要充分考虑，以确保最佳的教学效果。例如，讲授法可以在较短时间内较系统地传授知识，有利于发挥教师主导性，但是容易忽视学生个体差异，影响学生积极性的发挥；而谈话法、讨论法则有利于活跃课堂气氛，发挥学生的积极性，但是又比较耗费时间，容易在讨论交谈过程中偏离主题，影响教学任务的顺利完成，教师要能有效地加以控制和调整；直观法可以帮助学生直观感知教学内容，但容易限制学生的想象力。可见任何方法都有其利弊，关键看我们如何合理有效地利用，要注意扬长避短。

7. 教学风格

不同的教师有不同的教学风格和特点，在选用教学方法时应结合自身的风格和特点来处理。有的教师善于描述，可多用讲授法；有的教师善于演示，计算机课件制作能力强，可采用课件制作形式。

总之，教学方法是多种多样的，教师一定要从多方面考虑，选用最恰当、最有效的方法开展教学。在选用方法时遵循一个原则，那就是"教学有法，但无定法，妙在变法，重在得法"。

四、小学教学方法的改革及发展趋势

(一)教学方法改革

教学方法在教学实践中是最为活跃的部分，其变化和发展迅速而多样。在世界教育改革运动中，许多各具特色的教学方法层出不穷，给教学实践带来了深刻的变化。

1. 发现式教学法

发现式教学法由美国教育家布鲁纳提出，是指学生在学习概念、原理时，教师只提供事例和问题，让学生自己独立发现问题、解决问题、得出结论的方法。

这种教学方法的具体做法是，先由教师创设一定的问题情境，然后由学生根据情境思考并提出假设或答案，继而在教师指导下学生运用已有知识自行探究，对假设予以检验，最后得出结论。该方法主要适用于数理学科，特别是在概念、理论、现象间的因果关系和其他联系的教学中。

相较于讲授法，发现教学法更重视对学生学习过程的关注而不是学习结果，因此更强调学生的主动参与和发现研究的过程。其优点在于，学生在发现的过程中能够经历持续、全面的智力活动，有利于智力的发展；但是相同的教学内容，其花费时间相对较多，而且，对教师教学水平的要求更高。所以，在教学实践中往往需要注意与其他方法的结合。不过，发现式教学法对于世界教学方法的改革产生了巨大深远的影响，对于我国教学方法的改革有着很大的启示。

2. 程序教学法

程序教学法由美国心理学家斯金纳提出，其理论基础是行为主义心理学。该方法的主要特点是把教材按严格的逻辑条理化，编成程序，然后让学生按程序进行学习，最后达到学习的目标。这种方法让学生按自己的情况进行学习，适应个别差异，在一定程度上能体现因材施教。一般学校的班级教学，无法做到满足优生与后进生的不同需求，而程序教学法可以通过让学生尽自己的所能，运用程序课本或教学机器解决这一问题。

程序教学法有几个基本原则：一是小步子。即循序渐进地学习，将学习内容分解成一步一步的，前一步是后一步学习的基础，每个学习单位的内容都是学生能够轻松掌握的。二是积极反应。即教学过程中使学生始终处于积极学习的状态。三是及时反馈。即及时反馈学生的学习结果，树立学生的自信心。四是自定步调。学习者可以根据个人的情况确定学习的速度。五是低错误率。即把握好"最近发展区"的理论，使学习者的学习无错误或少错误，增强学生的学习积极性。

斯金纳的程序教学法促进了学习理论的科学化，同时加速了心理学与教育学的融合，并推动了教学手段的现代化和科学化。而且，程序教学法具有个性化教学方法的主要特点，在适应学生的个别差异和发展学生自学能力等方面有重要的作用。

3. 纲要信号图式教学法

纲要信号图式教学法是苏联教师沙塔洛夫在教学实践基础上创立的。所谓纲要信号图式是一种由字母、单词、数字或其他信号组成的直观性很强的图表，是教学辅助工具。它通过各种"信号"提纲挈领、简明扼要地勾勒重点知识，形象直观地帮助学生记忆和掌握知识的整体。该方法在各科教学中都适用。

在课堂教学中采用纲要信号图式教学法，一般可分为以下五个阶段：①教师按教材内容进行详细讲解；②出示纲要信号图式进行第二次讲解，突出重点，分析难点，指出各部分之间的逻辑关系，并予以概括；③把小型"信号图式"分发给学生，让学生消化，大型图式展示在教室墙上，便于学生对比学习；④课后学生按图式复习；⑤在下节课上学生根据记忆，在练习本上画出图式或按图式回答问题。

纲要信号图式教学法应力求做到：教师认真研究教材，对内容进行高度概括，把握知识的主干；图式醒目，用不同颜色区分主要知识和次要知识。该方法的优点是：理论先行，推动教学进程；图式的浓缩性强，容量大，学生掌握的知识多；教学任务简明化。其不足是容易造成学生无意识地死记硬背教材，制约学生智力的发展。

4. 非指导性教学法

非指导性教学法由美国人本主义心理学家罗杰斯提出。罗杰斯批判传统教学只重视传授陈旧过时的知识，导致学生知行分离。在此基础上，他提出培养"完整的人"，即知行合一的人。非指导性教学法指的是教学过程中教师不直接告诉学生该怎样学习和解决问题，而是通过创造促进经验学习的课堂气氛，在真实情感的师生交往中使学生产生移情性理解，达成学生的自我指向性学习。

非指导性教学的根本目的在于，使学生通过情感体验及自我反省，在融洽的心理气氛中自由地认识自我、表现自我，最后达到改变自我、实现自我。"非指导性"对传统指导性教学的否定，并不等于取消指导，而是"不明确地指导"，即要讲究指导的艺术。传统的指导性教学是以教师为中心的，注重知识和技能，采取比较固定的步骤；非指导性教学则以学生为中心，不重视技术，重视情感和态度，重视作为个体的学生自己具有生长的可能性。

(二) 小学教学方法的发展趋势

从国内外教学方法改革的实践看，当前小学教学方法的发展趋势可以概括为以下几点。

1. 取向多维化[①]

从学生发展的价值取向来看，教学方法从单维取向向多维取向发展。传统的教学方法过分强调知识、智力和社会性的培养，忽视学生能力、情感与个性的发展，表现在方法上主要是过分强调记忆背诵和单纯的讲授法；随着素质教育的推进，信

[①]　秦玉友、张亚平：《现代教学方法发展趋势》，载《大连教育学院学报》，1999(12)。

息时代的发展，人们越来越认识到能力、情感和个性在现代社会中的重要性，现代人才的一个重要标志是具有鲜明的个性、丰富的想象力和创造性。这就要求教学方法向重视能力、情感、个性和创造性的价值取向发展。不同的教学方法对发展学生的不同素质的作用是不同的，比如相同的教学内容，用记忆背诵式、填鸭式和单纯的讲授法可能就是知识灌输，不利于学生能力、情感、个性的良好发展，而用演示法和实验法就可以在传授知识的同时培养学生的动手能力和操作能力，用发现法可以培养学生发现问题、解决问题的能力，用情境法则可以陶冶学生的情操。当然，教学方法的这种价值转向，并不是对知识、智力和社会性的否定，没有知识、智力和社会性作基础，能力情感和个性就会失去依托。但教学方法的价值取向不能因此停留在发展知识、智力和社会性等素质的水平上，而应适应时代发展的需要，向发展能力、情感、个性、创造性等更高层次的素质转变。

2. 发展多样化

从教学方法的数量变化上看，教学方法呈现出发展多样化的面貌。传统的教学方法单调而枯燥，把生动活泼的教学活动局限在某一种单一模式中，束缚了学生的发展。在实际教学中，由于教学任务的多面性、教学对象的差异性，教学方法事实上是多种多样的，尤其到了现代，由于教学手段更新，教学实践发展迅速，心理学、脑科学逐渐成熟，更多的教学方法不断涌现，既有实物形象展示的"直观法"，又有现场体验感知的"参观法"；既有以教师讲述为主的"传授式"，又有以学生研究为主的"发现式"；既有按程序化教材进行学习的"自动式"，又有创设情境、激发情感的"情境式"等。教学方法的发展呈现出多样化的趋势。

3. 运用综合化

从教学方法的运用状况来看，教学方法呈现出综合化的趋势。不同的教学方法各有其优势与劣势，而单一的教学方法往往很难完成一项复杂的教学任务，这就要求在实践教学中，教师要将具有不同特点的教学方法有机结合，取长补短，达到优势互补。如完成一堂课时，可能用直观法创设情境导入新课，用讲授法让学生感知新知识，用讨论法理解新知识，而用练习法帮助学生复习巩固。一堂课多种方法综合运用以实现教学目标，而且在教某一项内容时也会多种方法综合运用。例如案例8-9中，教师仅在导入部分就运用了故事讲述、动画演示、问题情境等多种方法，并将这几种方法有机融合，激发了学生浓厚的学习兴趣，达到了良好的教学效果。

随着社会对人才规格要求的提高，教学任务将更加复杂，复杂的教学任务对教学方法同样提出了更高的要求。因此运用综合化成为教学方法发展的必然趋势。需要强调的是，教学方法运用综合化与教学方法发展的多样化并不矛盾。不是说，教学方法综合运用后，被综合运用的教学方法就消失了，教学方法就变少了，即使是"融合"，原来的教学方法仍然独立存在。因此，教学方法发展多样化与运用综合化是统一的。

【案例 8-9】《分数的比较》课堂导入

师：大家都喜欢看《西游记》吧？

生：是的！

（教师出示唐僧师徒四人动画图片）

师：这一天，唐僧师徒四人去西天取经，路过火焰山，口渴极了，猪八戒找到一户农家，弄到一个大西瓜。他心想："四个人分着吃，我只能吃西瓜的 1/4，找西瓜我最辛苦了，我要吃 1/5。"于是他向唐僧、孙悟空、沙和尚说，他要吃西瓜的 1/5。孙悟空听了哈哈大笑，满口答应，于是把西瓜分成了 5 份，猪八戒拿着西瓜的 1/5，嘟囔着嘴巴可生气了，同学们，你们知道猪八戒他为什么要生气吗？今天我们学习完分数的比较，你们就知道为什么猪八戒会生气了。

4. 手段现代化

从教学方法借助的物质设备和技术手段来看现代化是必然趋势。教学方法和教学手段是密切联系的，这种联系主要表现在：一方面，教学方法依存于教学手段；另一方面，教学手段通过教学方法发挥作用。一般来说，每一种教学方法的运用都得借助一定的物资设备和教学技术手段。随着生产力和科学技术的飞速发展，越来越多的科学技术的研究成果被引入教学领域，逐渐实现了科学技术和教学方法的整合，提高了教学方法中的科技含量，实现了教学方法的现代化。当然，也只有创造性地应用教学方法，才能真正使现代化教学手段的作用充分发挥出来。

复习与思考

1. 我国小学常用的教学原则体系主要包括哪些教学原则？你认为教学当中还应遵循哪些教学原则？

2. 根据学过的教学理论，分析《小壁虎借尾巴》教学片段，说明教师运用了哪些教学原则。

师（出示画着小壁虎三次借尾巴的彩色图画）：小壁虎借了几次尾巴？他是向谁借的？

生：小壁虎借了三次尾巴，是向小鱼、老黄牛、燕子借的。

师：谁能把小壁虎借尾巴时三次说的话找出来，读一读？

（生读小壁虎三次借尾巴说的话。）

师：找得很对，什么叫"行吗"？

生："行吗"就是"好不好"。

生："行吗"就是"可以吗"。

（教师加以表扬，并鼓励坐在后排的一个较为胆小的学生回答。）

学生（回答）："行吗"就是"好吗"。

（教师引导全班对该生鼓掌表扬。）

师：同学们，小壁虎用这个词说明它对小动物说话有什么特点？

生（齐答）：很有礼貌！

师：你还能从哪里看出小壁虎借尾巴时讲话是很有礼貌的？

生：小鱼比小壁虎大一点，小壁虎叫她小鱼姐姐；老黄牛年纪大，小壁虎叫他伯伯；燕子比妈妈小点，就叫她燕子阿姨。

生：小壁虎走的时候都跟他们告别，说："再见，再见。"

师：对！小壁虎说话和气，都是用商量的口气向别人借尾巴的，说明小壁虎很有礼貌。我们都要向这只可爱的小壁虎学习，跟同学借东西时也要用商量礼貌的口气哦！现在谁会用很有礼貌的口气朗读小壁虎三次借尾巴时说的话呢？

（生齐读小壁虎三次借尾巴时说的话。）

3. 思考教学原则和教学方法是怎样的关系。

4. 小学教学方法的选用依据有哪些？请根据要求设计教学方法。

①统编本小学三年级语文《富饶的西沙群岛》：请采用适宜的教学方法导入本篇课文的学习。

②小学六年级数学《分数的比较》：两个分数分子相同，分母大的分数反而小。请根据教学内容设计有效的教学方法。

③小学四年级科学《植物茎的作用》："植物的茎有输送水分的作用。"请采用适宜的方法教学。

5. 观摩一堂小学课，认真听课并做好各项记录，观察老师授课所采用的教学方法有哪些，效果如何，还可以采用哪些教学方法。

推荐阅读

1. 秦磊华，胡迪青，谭志虎. MOOC教学设计的原则与策略[J]. 中国大学教学，2019(11).

2. 李润生. 汉字教学中运用"联想识字法"的基本原则[J]. 汉语学习，2019(4).

3. 康知芳. 应用多媒体教学应坚持"四项原则"[J]. 中国教育学刊，2018(12).

4. 何菊玲. 因材施教原则的教育正义之意蕴[J]. 华东师范大学学报（教育科学版），2018(2).

5. 李敏，张广君. 融贯式文本解读：内涵、原则与方法[J]. 课程·教材·教法，2018(2).

6. 胡朝阳，刘旭. 旧释与新诠：启发式教学本质观论析：基于生存论辩证法的视角[J]. 教育研究与实验，2017(6).

7. 彭道林. 试论教学原则[J]. 湖南师范大学教育科学学报，2016(1).

8. 李允. 国外教学方法中国化的70年历程：贡献、羁绊及超越[J]. 课程·教材·教法，2019(10).

9. 赵鑫，李森. 我国教学方法研究 70 年变革与发展[J]. 课程·教材·教法. 2019(3).

10. 黄甫全，吴建明. 课程与教学论[M]. 北京：中国人民大学出版社，2019.

11. 李森，陈晓端. 课程与教学论[M]. 北京：北京师范大学出版社，2015.

12. 闫守轩. 课程与教学论：基础、原理与变革[M]. 北京：北京师范大学出版社，2015.

第九章 小学教学组织形式

【本章要点】▶

- 了解小学教学组织形式的内涵及其发展演变
- 理解班级授课制的特点及教学组织形式的改革趋势
- 掌握小学教学工作的基本环节

第一节　小学教学组织形式概述

教学活动要顺利进行和开展，需要学校通过一定的教学组织形式对教学活动中的教师、学生、内容以及环境等因素进行合理的安排和组合，以保证教学计划的完成、教学质量的稳步上升和教学目标的实现。这就涉及教学组织形式的问题。

一、教学组织形式及其发展演变

教学组织形式是教学活动的结构特征，规定了以何种外部形式使教学活动要素在特定时空条件下开展。

1. 教学组织形式的内涵

教学组织形式是教师和学生为完成教学任务，按一定要求组合起来进行活动的结构。其所要解决的问题，就是教师以什么样的形式组织学生，通过什么样的形式与学生发生联系，教学活动按照什么样的程序展开，教学时间如何分配和安排等问题。由此，教学组织形式主要与以下三方面的要素相关。

（1）师生互动关系。教学作为教师的教和学生的学共同组成的双边活动，必然存在师生之间的互动关系。教学组织形式就直接体现为师生相互作用的方式，这种作用方式或直接，或间接；或在班级中进行，或在小组内或个体间进行；或教师个体对学生群体，或教师个体对学生个体，或教师协作团体对学生群体。师生之间的这种作用方式是教学组织形式的实践形态，师生比例、互动形式等的不同决定了教学组织形式的不同。

（2）时空环境安排。教学活动是在一定的时空背景下完成的，因此，确定和实施教学组织形式，在一定意义上就是选择组织一种特定的教学时空环境，然后在这种时空环境中建立一定的师生活动模式。课时是现代教学组织的基本时间单位，教室是现代教学组织的基本空间单位。不同的教学时间分配和不同的教学空间组合，形成不同的时空环境，进而也就导致教学组织形式的相应变化。

（3）教学因素组合。教学组织形式是教学各因素的配置系统，它涉及各教学因素如何在特定师生关系和时空关系中组合并发挥作用。教学目标、内容、方法、手段等因素在教学中各具独特作用，它们只有通过教学组织形式的优化配置才能综合发挥教学的效用，从而达成良好的教学效果和学生的个性发展。这可以从两方面来看：一是教学过程诸因素的特殊组合，直接影响教学组织形式的呈现方式；二是教学组织形式须适应教学过程诸因素的不断发展和更新，以使自身发挥更大的教学效能。

2. 教学组织形式的分类

根据不同的标准，可以对教学组织形式采取不同的分类。一般按照教学单位的规模和师生交往的程度来划分教学组织形式的类别。

按照教学单位的规模大小，可分为个别教学、小组教学、班级授课（小班教学、大班教学、合班教学）；按照师生交往的程度划分，可分为直接的教学组织形式（包括个别教学、小组教学、班级授课制等）和间接的教学组织形式（包括个别学习、伙伴学习、合作学习、广播电视教学、计算机教学等）。

根据其他标准划分的教学组织形式还有：固定课时制和灵活课时制；年级制、不分年级制、弹性升级制；单式教学、复式教学；包班制（一班一师）、分科科任制（数名教师各负责一定科目的教学）、小队协同制（由多名教师及教辅人员协同负责教学）；课堂教学和课外教学。

还可以按组织形式的核心要素的不同来进行分类：学生的组织，比如个别教学、群体教学、班级教学、分组教学和开放教学；教师的组织，比如包班制、科任制和小队教学；空间的组织，比如课堂教学、课外活动和现场教学；时间的组织，比如学年、学日和课时。

3. 教学组织形式的发展演变

教学组织形式一般受到下列条件的制约：一是社会生产和经济发展的状况；二是教学内容的广度和深度；三是课程的结构及复杂程度；四是教学手段和设备的现代化发展状况。上述条件的变革，往往导致教学组织形式的发展变化，并产生与当时的历史条件相适应的教学组织形式。

（1）个别教学。在经济发展水平不高，整个社会发展、文化科学技术发展尚处于较低水平的古代，教学组织形式上基本采取个别教学。所谓个别教学就是教师分别对个别学生进行教学的形式。这是最早的教学组织形式。在西方古代直至近代大体采用个别教学；中国自商、周以来的各级官学和私学主要采用个别教学，至20世纪初有了较大变化，但仍相当普遍，至今，这种"师徒式"的个别教学在某些实践性比较特殊的学科教学中仍依稀可见。在这一教学组织形式中，由于教师只同个别学生发生联系，因此有利于因材施教，但个别教学难以实现系统化、程序化的知识传授，教学效率不高，只能适应人数不多且教学内容较简单的教学要求。

（2）班组教学。个别教学发展到后来，出现了一种与个别教授不同也与班级授课相异的教学组织形式，我们称之为"班组教学"。它存在于欧洲中世纪末期至文艺复兴时期的学校教育中，也表现在我国宋、元、明、清各代的官学和书院的教学活动中。班组教学中教师教的不再是一两名学生，而是很多学生，学生面对的也不再是由一名教师讲授而是多名教师合教的情况。这种教学组织形式是集体教学制的萌芽，但由于没有明确的班级组织，且学生年龄、知识程度相差悬殊，因此和班级授课制有本质区别。

（3）班级授课。资本主义工商业的兴起和科学技术的进步，对技术工人的质量和数量有了新的要求，反映在教育领域，要求增加受教育者的数量，扩大学校教育的规模，增加教学内容，改进教学组织形式，于是班级授课制应运而生。

其实，早在 16 世纪，欧洲的一些学校就已出现分年级、按班级进行教学的组织形式，这是班级授课制的萌芽时期。17 世纪捷克教育家夸美纽斯总结了捷克兄弟会的学校教育经验和自己的教学实践经验，对班级教学做了理论上的论证和教法上的阐述，从而确立了班级授课制。由于这种教学组织形式适应了资本主义经济发展的需求，提高了教学效率，因而为各国所采用。中国最早是在 1862 年由清政府开办的京师同文馆采用的，1903 年的癸卯学制以法令的形式将其确定下来。班级授课制使教学效率有了大幅度提高，但由于班级授课制固有的缺陷，到 20 世纪初，一些教育家提出了许多改革班级授课制的主张。

（4）贝尔—兰卡斯特制。在工场手工业向大机器生产过渡的过程中，资本家只给工人以最初级的教育，因为这样既能满足机器生产的技术需要，同时又能榨取工人更多的剩余价值。反映在教学组织形式上，就是由英国教师贝尔（A. Bell）和兰卡斯特（J. Lancaster）于 19 世纪初创制的"贝尔—兰卡斯特制"，也被称为"导生制"。它以班级为基础，不过教师不直接面向班级全体学生，而是教师先教年龄大的学生，再由其中的佼佼者"导生"去教年幼或学习差的学生。"导生"类似于我国出现的"小先生"角色，但导生的责任更大，而且"小先生"是与其他学生一起接受教师授课的。这种教学组织形式是在需要大规模培养学生师资又比较缺乏的情况下出现的。

（5）道尔顿制。19 世纪末 20 世纪初，随着进步主义教育思潮的兴起，出现了许多否定班级上课、倡导学生独立活动的教学组织形式，"道尔顿制"便是其中之一。它由美国道尔顿城的教育家柏克赫斯特（H. H. Parkhurst）提出并试行，是一种典型的自学辅导式的教学组织形式。其基本做法是，每个学生分别从教师处接受作业，并与教师签订"工约"，然后到作业室，自己去学习，有疑难则请教各作业室的教师，到期（以"工约"约定的期限为准）接受教师的考查，合格后，另订新的"工约"。道尔顿制的特点是强调学生的个性，强调学生独立学习能力的培养，但不利于教师发挥作用，也不利于系统科学知识的学习。

（6）文纳特卡制。这是美国人华虚朋（C. W. Washburne）于 1919 年在芝加哥市郊文纳卡特镇公立学校实行的教学组织形式。这种教学组织形式将课程分为两部分：一部分是使学生获得未来生活所需之最低限度的基础知识，如读、写、算、史、地，以学生自学为主，采取个别教学，分学科进行，每个单元的学习内容与目标有明确规定，分小步前进，并用各种检验办法测量学生每个单元的学习情况，且先由学生自己练习、自己改错，教师再个别指导；另一部分是通过活动来培养和发展学生的社会知识和社会意识，诸如音乐活动、艺术活动、运动、集会、出版、编辑乃至开办商店的活动，这种学习是随机进行的，没有考试，从教学形式来说是个别化的，就其性质来说，又具有社会化特点。

（7）特朗普制。由教育学教授劳伊德·特朗普于 20 世纪 50 年代在美国创立。它把大班上课、小班讨论、个人自学结合在一起，以灵活的时间单位代替固定统一的上课时间。大班集体教学由优秀教师采用现代化教学手段给几个平行班统一上课。之后分小班对大班上课的内容进行讨论，发表各自意见，主持讨论者可以是教师，也可以是学生中的优秀者；然后由学生个人独立自学、研习、作业。三种方式在教学时间上按4：2：4的比例安排。这种教学组织形式力求吸收班级教学和个别教学各自的优点而不是采取单一的模式。

(8)分组教学。19世纪末20世纪初在西方出现了分组教学制，具体有能力分组、作业分组、外部分组、内部分组等形式。能力分组是根据学生的能力发展水平进行分组教学，学习的课程相同，但不同组的学习年限各不相同；作业分组是根据学生的特点和意愿分组，学习年限相同，但不同组学习的课程不同；内部分组是在按年龄编班的基础上，根据学习能力或学习成绩的差异分组教学；外部分组则突破了传统的按年龄分班的做法，而是按学生能力或成绩的差异，在同一个年级中编成不同的班级，在班级间分组，如快班、慢班、重点班、普通班。分组教学从学生实际出发，适应学生的差异，有助于因材施教，有助于提高教学质量。

(9)不分级制。这是与特朗普制同时发生在美国的一种教学组织形式，在这种形式下学生有更大的自主活动范围。它也有班级，但班级的意义发生了很大变化，班级里的人年龄不一、综合水平不一且流动性较大，一个学生可能在这一班级学习这门课程，而在另一个班级学习另一门课程。学生可以根据对自己水平、能力、兴趣的判断做相当自由的选择。这种灵活的教学组织形式必须与灵活的学分制相配合才能有效运行。

(10)开放课堂。开放课堂又叫开放教学，源于20世纪30年代进步主义者的教育主张，后在英国的幼儿园得到采用，60年代在小学推广，70年代传到美国并在小学得到采纳。其特点是教师不再分科系统地按教材传授知识，而是为学生创设学习环境，由学生根据自己的兴趣在教室或其他场所自由活动或学习。

【资料链接】芬兰"无班级授课制"①

"无班级授课制"是在1999年1月芬兰颁布的《芬兰高中教育法案》中全面推行的一种打破了固定班级、固定课程内容、固定教师和单一灌输型的教学管理模式。学校不再为学生分班级或分配固定教室，学生根据自身情况和兴趣爱好，制订自己的学习计划，选择不同的学段课程和适合自己的任课教师，从而使学习成为一种主动自觉的行为。

"无班级授课制"学校将过去固定的3年高中学制改为较有弹性的2～4年学制，学生在完成学校规定学分的基础上，根据自己的基础、兴趣等不同情况，自己计划决定用2年、3年或4年完成高中教育。每一个学年不再像传统体系那样被分为两个学期，而是分为5～6个学段，每个学段包括6～7个星期，各学段最后一个星期

---

① 王欢：《无班级授课制：芬兰的经验与借鉴》，载《现代中小学教育》，2006(9)。

为考试周。一门课程从过去平均每周学习 2 个学时，提高到学习 6~8 个学时，每节课的授课时间也从 45 分钟改为 75 分钟。据称，这种弹性学制打破了学年界限，给学生提供了相当大的自由，也使教师和学生能集中时间和精力教与学。

作为学分制的一种实施方式，芬兰的"无班级授课制"有鲜明的特点，对我国中小学课程体系中全面推行学年学分制，建立、健全规范的、更具有弹性的课程管理制度很有借鉴意义。

总的来看，教学组织形式在整个发展历程中，大致可分为个别化教学、集体教学和综合教学三类。其中，个别教学、道尔顿制、文纳特卡制、开放课堂基本可划为个别化教学一类；班级授课、分组教学、导生制、不分级制可划为集体教学一类；特朗普制则属于综合教学类。

二、小学常见教学组织形式

现代社会，学校教学存在基本的教学组织形式，同时也有其他的辅助教学组织形式以及衍生出的特殊教学组织形式。

(一)基本教学组织形式

班级授课制是我国目前小学教学的基本组织形式，也是国际上最通用的教学组织形式。班级授课制就是将学生按大致相同的年龄和知识程度编成班级，教师按照课程标准规定的目标和内容，以及固定的教学时间表规定的时间和相对固定的场所（课堂），面对全班学生进行教学的一种集体教学形式。

1. 班级授课制的基本特征

班级授课制属于集体教学范畴，与个别教学相较，有如下特征。

(1)以班为教学单位。把学生按照年龄阶段和知识水平分别编成固定的班级，即同一个教学班学生的年龄和知识程度大致相同。班级是进行教学的基本单位，每班人数相对固定，成员固定，教学方式主要为课堂讲授。

(2)以课为活动单位。教学内容统筹规划，按学校、学年、学科分成许多部分，各部分相对独立又相互联系，达成系统均衡；每个部分采用相应的教学方法和手段有计划、有步骤地展开。这每一小部分的教学内容和教学活动就是"课"，教学通常就是一课接着一课进行。课是教师教学的基本单元。

(3)以课时为教学时间单位。每门学科的总课时数、学年课时数、周课时数，一般根据固定的课程计划来确定。各班的课时表规定每日的课时安排。每节课的时间都是统一和固定的，课与课之间有一定的休息时间。

(4)以课堂为固定教学场所。班级授课在教室、实验室进行，场所固定。课堂中的座次也相对固定，但学生座位安排可采取不同的形式，如秧田式、马蹄式、圆桌式、会议式等。

2. 班级授课制的优点

班级授课制作为当前及今后较长时期的主要教学组织形式，其优点很多。

(1)极大提高教学效率。教师面对众多的学生进行集体教学，无须将相同内容重复若干遍，即提高了教学效率；同时，以课为单位，按课时教学，课间安排休息，使学生可以劳逸结合，以充沛的精力投入学习，取得良好的学习效果。可见，班级授课是培养人才的经济而有效的组织形式。

(2)充分发挥教师的主导作用。在班级授课的条件下，教师在教学目标的设定、教学内容的选择、教学方法的运用、教学效果的评价等教学活动过程中始终处于主导地位，能及时掌控学生活动状态，集中处理学生学习过程中的问题，灵活调整教学的进度与节奏，使学生在教师的指导下快速有效地掌握系统知识和技能。

(3)发挥集体的良好教育作用。在班集体中，学生的年龄和水平相近，所学内容相同，发展程度接近，有利于开展讨论交流和学习竞争，起到互相促进、激励和帮助的作用，同时集体成员朝夕相处，共同的学习目标和集体生活还有利于学生健康人格的养成和良好个性的发展。

(4)确保系统知识的传授和学习。班级授课制是按国家统一的课程标准，编制统一课本，实行以分科课程为主的教学。大部分科目都是按知识的逻辑体系进行排列的，这有助于学生掌握知识的系统性和连贯性。

(5)便于教学管理和教学检查。班级授课制这一教学组织形式的形成和完善，使教学活动日益正规化、系统化、科学化。将相同年龄和相近知识水平的学生，编入一个班级，便于教学管理；同一年级学生使用相同教材，按同一进度上课，有统一的教学要求，教学质量的评价标准基本相同，对教师的要求也大体一致，便于对教师的教学活动进行检查，以评价教师的教学质量。

3. 班级授课制的局限性

班级授课制虽然有无可比拟的优点，但在长期教学实践中也表现出明显的局限性。

(1)难以因材施教。教材统一，要求一致，进度同一，这就使得教学难以照顾每个学生的个性特点，不利于学生的个性发展。

(2)学生的独立性与自主性大受限制。教师是教学的组织者，只有在教师的有效组织下，班级教学活动才能顺利进行。学生什么时候学习，学习什么，以什么样的速度学习，都由教师来安排。教师的课堂设计、组织和控制极大地限制了学生的独立性和自主性的发展。

(3)不利于学生创新精神和实践能力的培养。班级授课制更适合讲授式的教学内容，这种学习往往重接受、轻创造，重理论、轻实践，重结果、轻过程，学生的探索机会和实践机会较少，这对于发挥学生的积极性、主动性有一定局限，更不利于学生创新精神和实践能力的培养。

由此，教学活动中，应充分发挥班级授课制固有的优点，同时汲取其他教学组织形式的优点，按照教学目标、教学对象、教学内容的不同，灵活多样地组织、实施教学。

(二)辅助教学组织形式

现代教学除采用班级授课制外，还使用一些辅助的教学组织形式，如个别辅导、现场教学、复式教学等。

1. 个别辅导

个别辅导，又称个别教学，是在课堂教学的基础上教师针对不同学生的情况进行个别指导和教育的教学组织形式。个别辅导一般是在学生已有的学习基础上，通过学生的复习、预习，发现问题，然后向教师请教，教师针对学生的具体情况个别辅导。

个别辅导根据其内容的不同，一般可分为两大类：对教材的复习和预习中发现的问题的辅导以及对学科内容相关学习中的疑难问题的辅导。前者目的是让学生打下坚实的基础；后者是为开阔学生视野，发展学生思维。

个别辅导中，应注意以下几个问题。其一，教学内容重在解决学生疑难、深化认识。教师不应在个别辅导时重述课堂教学内容。其二，重视学生独立学习能力的培养。个别辅导是以学生的独立学习为基础的，要让学生自己发现问题，在独立完成有困难的情况下，教师才予以辅导。其三，不仅对学生知识技能问题给予帮助，更重要的是指导学生正确学习和思考的方法。其四，平等对待学生。个别辅导要有针对性，但同时对于学生提出的问题要尽量都予以解答，不可偏向学习能力好或有特长的学生。

当前，由于提倡学生个性的健全发展，因此个别辅导的作用日益加强，它的意义表现为：其一，弥补了班级授课制的缺陷，促进个体的充分发展。班级授课制的内容、时间、进程划一，而个别辅导可以针对个别学生，使个体得到充分发展。其二，极大提高学生学习的积极性和主动性。教师将注意力集中于个别学生进行个别辅导，学生在受教师重视、关心的情况下，学习的积极性和主动性会大为增强。

2. 现场教学

现场教学是指根据教学任务组织学生在自然和社会现实活动中进行教学的一种辅助教学形式。它不仅是课堂教学的必要补充，而且是课堂教学的继续和发展，是与课堂教学相联系的一种教学形式。

根据现场教学的目的和任务，可将现场教学分为两大类型。一是根据学习某学科知识的需要，组织学生到有关现场进行教学。有些学科知识，只从理论上解释，学生很难清晰透彻地理解，但通过现场教学则可以增强学生的感性认识，帮助他们理解。二是学生为了从事某种实践活动，需要到现场学习有关的知识和技能。这多见于一些与生产劳动密切联系的教学中。

现场教学作为课堂教学的必要补充，有很多自身的优点，主要表现在以下几个方面。

①有利于学生获得直接经验，深刻理解理论知识。现场教学作为现代教学组织的辅助形式，能弥补班级授课重理论、轻实际的不足，通过现场教学，教师把现场实际与理论讲授结合起来，使抽象理论更直观化。

②丰富学生的情感世界。现场教学通过让学生在自然或社会实践活动中获取直接经验，给予学生一种轻松、愉快的学习环境，而且有利于加深学生对自然、社会的直接体验，丰富学生的情感世界。

③提高学生解决实际问题的能力。学生在学习一定的学科知识之后，可能从理论上能解释一些问题，但在实践中却经常手忙脚乱，通过现场教学让学生自己动手操作，就能有效提高学生解决实际问题的能力。

组织现场教学应注意以下问题。

①准备安排充分。准备工作包括明确现场教学的任务，引导学生做好知识储备，安排参与活动的教学班、教学场地、现场教学人员，使学生了解注意事项、安全措施等。

②重视现场指导。现场教学中，教师要引导学生从多角度充分感知材料，并有针对性地与理论知识相结合，深化学生的理性认识，还要鼓励学生动手操作，发现问题，解决问题。

③及时交流总结。现场教学不仅要重视教师的现场指导，还要注意在必要和适当的时候及时交流总结。总结可在现场进行，也可回学校后再开展。总结方式可以是教师讲解，也可以是学生分组座谈或写心得体会。

3. 复式教学

复式教学是把两个或两个以上年级的学生编在一个班里，由一位教师分别用不同程度的教材，在同一节课里对不同年级的学生，采取直接教学和自动作业交替的办法进行教学的组织形式。它可以节约师资力量、教室和教学设备等。复式教学对于经济和文化教育落后地区的普及教育有着重要的意义。

【案例 9-1】汪来九复式教学①

毛田小学学生少，1～6 年级的学生和学前班幼儿在一个教室上课，汪来九老师要教语文、数学、自然、音乐和体育等所有课程。

班里最多时有 30 多人，他把 6 个年级的课程放在一个教室里同时上，每天先教高年级学生上课，然后让他们自习或写作业，再教中年级，等布置好作业后，再教低年级和幼儿班的学生。接着再从高年级开始，检查作业和讲解习题，依次循环。在课堂上，教师要求同年级合作，相互启发；异年级合作，由高年级学生帮带低年级学生；优困合作，成绩好的学生带成绩差的学生；干群合作，班干部带动一般学生。

---

① 中央教育科学研究所调研组、田慧生、刘晓楠：《我国偏远山区基础教育教学改革创新个案研究——汪来九"七级复式教学法"的特点及启示》，载《教育研究》，2007(1)，引用时有改动。

汪来九创造的这套教学方法被称为"七级复式教学法"，是对我国目前基础教育体制的一种新探索和尝试，对解决广大山区教学资源不足、教学质量不高很有启发意义。

复式教学是班级教学的一种特殊形式，它保持了班级教学的一切本质特征。其差别在于：当教师给一个年级上课时，其他年级的学生根据教师的指示进行预习、复习、练习。前者被称为直接教学，后者叫自动作业，在课堂上两方面交替和配合进行。

复式教学的编排形式有单班制和二级或三级复式班。单班制是把一个学校各个年级全部集合在一起，由一位教师分别对学生进行教学。二级或三级复式班，是把两个或三个年级的学生编在一个班，一般来说，相邻的年级要分开来编班。如在二级复式班中，一、三年级一个班，二、四年级一个班；三级复式班中，一、三、五年级一个班，二、四、六年级一个班。

复式教学的组织要注意处理好以下几种关系。

①"动"和"静"的关系。要保证复式教学的效果，教师必须处理好一个年级的直接教学和自动作业的搭配，处理好复式班里各个年级之间的直接教学和自动作业的交替穿插，即正确处理好"动"和"静"的关系。

②"多"和"少"的关系。在复式教学中，教学班级多，学科头绪多，自动作业时间多，而各班级人数少，直接教学的时间少，也就出现了"多"和"少"的矛盾。要处理好"多"和"少"的关系，必须注意突出重点，以新授课的年级或讲授难度较大的年级为重点；合理选择内容并精心设计自动作业，使直接教学和自动作业密切配合。

③"点"和"面"的关系。复式教学中，教师直接教学的年级被称为"点"，其他年级被称为"面"。处理"点"和"面"的关系，就是要注意照顾全面，避免年级之间的相互干扰，妥善处理偶发事件。

④教师和助手的关系。复式教学中通常使用助手，像汪来九就采用了这种方式，助手的参与可以减轻教师的负担，增加教师直接教学的时间，同时还能培养学生独立工作的能力和为集体服务的品质。要处理好二者的关系，必须认清助手只是起辅助作用，教师是教学中的主导。

三、当代教学组织形式的改革趋势

当前，在国内外的教学改革中，人们对教学组织形式的改革，表现在以下几个方面。

(一)教学单位合理化

班级规模的大小是影响课堂教学及其管理的一个重要因素，这种影响主要表现在人际关系、情感交流、参与程度、学业成绩等诸多方面。一般来说，小班制的教学要比大班制的教学有效。班级规模过大，往往会限制师生交往和学生参与课堂活动的机会，阻碍课堂教学的个别化，导致较多的纪律问题，从而间接地影响学习成绩。而小班可以加强人际情感交流，创造良好的教学环境和学习气氛，提高教学质量。

课堂教学的小班化几乎成为一种国际化的课程与教学诉求。以美国为例，20世纪80年代以来，美国部分州就开展了缩小班级规模的实验。至1999年，联邦政府正式启动"缩小班级规模计划"，明确规定要减少班级规模，将各年级的班级学生人数从平均每班23人减少至18人，重点是小学1～3年级：一年级减少到17人，二年级减少到不超过18人，三年级减少到18人左右。① 而我国小学班级规模普遍较大，远超我国学校管理规程中规定的每班45人的标准，而且呈上升趋势。这极大地影响了教师对学生的态度和情感交流，不利于教师与学生的互动交往，影响了课堂教学质量。为此，1996—1997年我国上海、北京等地积极进行了"小班化教育"的实验，北京实验班控制在20～30人，上海实验班控制在25～30人。实验的重点是减少班级人数，贯彻因材施教原则，增加师生交往频率，营造和谐的课堂环境和氛围，提高课堂效果。不过，课堂规模也不能过小，毕竟班级规模受到财力、人力、物力等各方面因素的制约。

【案例9-2】上海"小班化教育"

据《上海教育报》报道，被称为"教学领域的一场革命"的"小班化教育"，已率先在上海市的10所小学起始年级中进行首轮试点。

在试点学校的教室里，课桌椅采用组合式，随意排列成马鞍形、对称形、周边形或"品"字形等；教室铺地毯，师生可席地而坐进行教学；教室内四周为壁橱，1米以下部分为封闭式，学生每人1橱，1米以上部分为开放式，陈列图书、玩具、学生制作等；教室的4个角为教师办公角、学生图书角、电化教学设备角和玩具、体育器材角；准备或活动教室也划出了家政角、琴棋书画角、金工木工角等。教室里洋溢着温馨、欢乐的气氛，充满情趣和人情味。

小班的学生数最少为19人，最多为28人，不搞任何形式的测试，而是抽签随机决定。小学教师语、数包班教学。每班配备2.5名教师，1名教师教语文、数学；1名教师任班主任并进行科学、生活与劳动、体育锻炼、班（队）活动、阅览与自习、社会实践活动等综合教学（含心理辅导）；另有1名教师兼教两个班的体育与保健、音乐、美术等学科。大多数试点学校一个班配备两个教室，或两个班配备三个教室。除正式上课用的教室外，另一个教室为准备或活动教室。

（二）教学组织形式综合化

任何教学组织形式都各有利弊，要使课堂教学的优越性得到最大限度的发挥，必须对各种教学组织形式有机整合并综合运用。如班级授课与个别教学、分组教学相结合，课堂教学与课外现场教学相结合等，这种综合化已成为世界各国教学组织

---

① 黄甫全、王本陆：《现代教学论教程（修订版）》，366页，北京，教育科学出版社，2003。

形式发展的趋势。如前面提及的特朗普制注重大集体、小集体、个人自学相结合，又兼顾学生集体和教师集体的教学组织形式，就是一种综合性的教学组织形式。

值得一提的是，在我国上海、江苏、浙江、安徽等地的一些小学进行了"分层递进教学"的研究与试验，这是将全班教学、分层教学、个别教学相结合的教学组织形式。一般在解决共同性问题时，采用全班教学；在解决不同层次问题时，则采用分层教学。其具体实施方案为：在班级授课面向全体同学的同时，根据学生的学习可能性水平，将全班学生分为若干层次，再根据不同层次学生身心发展的不同需要，确定分层教学目标，进行不同的教学设计，开展不同的教学实践，传授不同的教学内容，实行不同的评价标准，从而满足不同层次学生的需求，促进学生身心健康的全面发展。在解决个别性问题时，采用个别教学。具体实施方案是：由教师、家长、社区有关人员共同确定教学目标，教学目标既有固定的，也有灵活的；教学评价视需要而定；根据学生兴趣、需要灵活调整学习内容、形式及途径；学生自主学习；在班级教学时，开展补救性和充实性教学活动，前者为落后者而备，后者为学优者而设。[1]如在江苏省溧阳市溧城中心小学实行的"分层异步教学"实验中，将班级学生按程度分为甲乙两大组，采用分合式教学法进行施教，教学目标要求和具体内容有同有异，着眼点是课内"因材施教"，具体课堂教学基本结构如表9-1所示。

表9-1　分层异步教学基本结构模式

合	复习旧知，引入新知，明确目的、目标。	
分	甲组(中、后进生)。	乙组(中、优生)。
	动：启发诱导，精讲解疑。	静：自学新知，同桌互议，尝试练习。
	静：看书、练习、同桌互批。	动：交流研讨，适当点拨，巩固练习。
合	检查练习，反馈回授，比赛练习，课堂小结。	
分	分组作业，巡视指导，评价点拨。	

资料来源：胡兴宏：《分层递进教学策略在课堂教学中的运用》，98 页，上海，中国纺织大学出版社(现东华大学出版社)，1998，引用时有改动。

此外，随着技术的发展，以慕课(MOOC，大规模开放在线课程)形式开展的网络课堂教学已经逐渐成为一种重要的教学组织形式。网络课堂学习人数可以非常多，不管学生年龄、知识水平、认知结构等，均可在网络平台开展广泛的交流，但由于缺乏监督，对学生自觉性要求非常高，且交流容易流于形式，弊端也明显。于是逐渐产生了将在线教学和传统教学的优势相结合的混合式教学组织形式，即有些内容由学生个体任选地点、时间进行线上学习，有些内容则回到班级教室开展课堂教学的组织形式。

(三)座位排列多样化

座位排列形式和学生座位位置对学生学习态度、教学活动参与度、学业成绩等

---

[1]　关文信：《初等教育课程与教学论》，281 页，北京，中国人民大学出版社，2006。

都会产生一定的影响，同时也制约着师生之间、生生之间的交往范围、互动形式、人际互动效果，并对信息交流的方式、范围、效果产生重要影响。

传统的课堂座位排列形式是"秧田式"，即教师处在讲台、黑板处，学生座位排列成直行，类似于"秧田"，面向教师。这种座位模式最适合集体讲授，有助于教师管理和控制课堂，但这种座位排列是封闭性的。

"马蹄形"座位排列，教师处在"U"形缺口对面，学生可以相互看到，也可以看到教师，这样的排列方式便于教师主讲，也便于师生之间互相交流。这种排列的目的在于让全班学生尽可能多地参与课堂活动，教师和学生共同讨论研究。但不足之处在于紧邻教师而坐的两侧数名学生易被教师忽视，且这些学生发言或活动时，由于空间位置距离教师太近，心理上易产生紧张感。

"圆形"座位排列的课堂中，适合各种课堂讨论或相互学习活动，它可以大大增加师生之间、生生之间的言语和非言语交流，最大限度地促进学生间的社会交往活动，它从空间特性上消除了座位的主次之分，有利于师生的民主平等关系的形成。在这种排列中，可以将教师的位置设定在圆圈外面，也可以将教师的位置设定在圆圈中心。

马蹄形和圆形座位排列要求班级规模不超过 20～25 个学生。有 25 个以上学生的班级可采取双矩形、同心圆形和双马蹄形（如果空间不够大，就安排成"W"形）的形式。这些安排都要注意给教师留出走道以监控整个班级；小组活动或个体学习的座位安排，可采取模块形。这种座位排列使每个学生都有自己的活动空间，走道便于走动而不会导致相互干扰。

在座位安排形式的选择和设计时，教师应根据具体的教学需要、学生特点、学生人数和教师控制能力来进行，实际教学工作中，可选其中一种，也可选两种或两种以上的混合型。总的原则是座位排列要具有动态性、多样性，使师生、生生之间真正互动起来。

【资料链接】杜郎口中学课堂教学组织形式变革[①]

山东省聊城市荏平县杜郎口中学课堂教学组织形式的改革，主要表现在：①座位排列方式上的变革，由秧田式变为分组排位，学生对面而坐。②取消了三尺讲台。教师不再有固定的位置。③教室里三面黑板，教室外一面白板，供学生个体练习、小组合作展示，教师从多个角度进行班级授课。这种形式强化了学生之间的互动交流，培养了团队精神。在这样的课堂上，小组内同学相互交流、磋商、彼此耐心地讲解与辩论；全班展示时，本组同学互相配合、阐发、补充，极力展示本组的探索成果和水平。通过这种合作学习，无论是知识的学习、能力的提高，还是合作精神的培养，都获得了明显的实效。

杜郎口中学课堂教学组织形式的改革，不仅体现了小组合作学习的优越性，在

---

① 梁靖云：《关于课堂教学组织形式变革的思考》，载《教育理论与实践》，2007(8)。

促进学生的个体学习、突出学生的主体地位方面，也有明显的促进作用。它的"三三六教学模式"强调学生的自学；三面黑板，一面白板，加大了每个学生的练习机会；学生争先恐后地展示，张扬了自己的个性；教师穿行于教室的各个角落，与学生交流思想、研究问题，有利于对学生进行个别指导。

第二节　小学教学工作基本环节

教学是一个系统过程，它由一个个相互联系、前后衔接的环节有机构成。从学生学的角度看，教学工作包括预习、听课、课后复习、练习和系统小结等基本环节；从教师教的角度来看，小学教学工作的基本环节包括备课、上课、作业布置与批改、课外辅导、学业考核与评定。本节从教师角度分析小学教学工作的基本环节。

一、备课

备课是教学工作的起始环节，是教师上好课的前提和基础，是教师为上课及其他教学环节所做的准备和筹划工作。一般而言，备好课不一定能上好课，但备课不充分，上课的质量就无从保障。教师在备课时要做好以下工作。

(1)钻研教学材料。包括课程标准、教科书及其他各种教学辅助材料。钻研课标，着重理解课程的基本理念和总目标，领会教学的基本要求、教学内容与教学材料的体系范围与深度；钻研教科书，要熟练掌握教科书的基本原理与知识体系，准确把握各章节的重点、难点及教材的前后联系，把握课程各单元、课题的具体目标。钻研教材一般经过"懂""透""化"三个阶段；另外，还要广泛阅读教学参考资料，选取合适材料以充实教学内容。

(2)了解学生情况。包括了解学生的学习基础、学习态度和学习方法，以及学习兴趣、倾向和学习习惯、思想状况、个性特点、健康水平、家庭环境等，这样才能有的放矢，因材施教。具体来说，教师可通过查阅学生档案、诊断测验等方式来了解学生，但这只是建立最初印象，之后教师还需深入班级，通过与学生座谈、个别谈心、课堂观察、作业情况、个别辅导等方式，深入了解学生情况。

(3)研究教学方法。正确科学的教学方法是课堂教学质量的保证，因此备课中的一项重要工作是考虑教学方法的选择。选择教学方法一般根据教学任务、教材特点、学生状况、学校条件和教师自身条件，选择那些能优化教学过程、发展学生能力、提高教学效果的教学方法。

(4)制订教学计划。首先要制订学期教学进度计划，包括对所任课程的进度、时间的安排、教学材料或课本的处理、教学改革的设想与总体安排的设想。其次是制订单元计划，确定每个课题的教学目标，划分课时和课型，考虑教法、学法、教学组织形式、教学媒体、教学策略等，明确本课题在课程体系中的地位及与其他课题的关系。最后是制订课时计划。课时计划也就是"教案"，这是对每一堂课具体深入的教学准备，建立在钻研教学内容、研究学生和教学样式设计的基础之上。

由于教案是备课中最重要一环，且教案的研制工作非常重要，下面对教案及其结构进行必要的阐述。

教案从形式上可分为条目式教案和表格式教案，按篇幅可分为详细教案和简要教案。条目式教案是以顺序排列的条目为结构形式的教案类型，有大致固定的条目及其结构顺序，每一个条目之下研究、设计和安排相关内容。它的主要特点是，每一个条目的容量具有伸缩性，可根据人和学校等的不同情况，制定适宜的办法，是一种常用的教案。表格式教案是以特制的有专门栏目的表格为结构形式的教案类型，有特定的栏目及其结构，在每一个栏目之中研究、设计和安排相关内容。其主要特点是具有提示特性，适合新教师使用。

教案的基本结构是指教案必需的条目、内容及其相互关系。我们重点来分析条目式教案和表格式教案的基本结构。

(1)条目式教案的基本结构。条目式教案包括背景记载，有学校、班级、科目、课本、教师和日期等项目；然后一般由课题名称、教学目标、教学内容、教学重难点、课的类型、教学方法、教具准备、教学时间(指课时)、教学过程设计和板书设计、教学后记等条目组成。

【条目式教案示例】《搭船的鸟》

学校：长沙市芙蓉区育才学校　　班级：三(4)班　　科目：语文

课本：部编版三年级上册　　教师：徐楚叶　　日期：2019年10月10日

搭船的鸟(第一课时)

教学目标：

1. 认识"父""鹦"等4个生字，会写"搭""亲"等9个字。

2. 透过描写翠鸟的词句，感受翠鸟的美丽。

3. 感受"我"观察的细致，初步体会留心观察的好处。

教学重点：通过描写翠鸟的语句，感受翠鸟的美丽。

教学难点：体悟作者观察的细致，体会留心观察的好处。

课型：新授课

教学方法：讲授法、谈话法、游戏法

课前准备：多媒体课件；生字卡片；彩色粉笔

教学课时：1课时

教学过程：

一、创设疑问，激起兴趣

1. 板书课题，引导读题：搭船的鸟。(板书课题时在田字格内范写"搭"字，指

导书写)

2. 引导质疑：读了课题，你有什么疑问？

3. 疑问归纳：这是一只什么样的鸟？它为什么要搭船？它要搭船去哪儿？

二、初读课文，扫除障碍

1. 初读课文：带着疑问自由朗读，读准生字词，读通句子。

2. 初读检测：

(1)检查"父""鹦"等4个生字的认读，以及"嘴""亲"等7个字的书写。

重点指导"嘴"字："口"窄小，"此"宽扁，"角"窄长。

(2)你在作者的笔下看到了一只什么样的鸟，请你用一个词形容。交流中引导学生初步了解翠鸟外貌美丽，会捕鱼。相机指导：区分"翠"的上部和"羽"的不同。

三、再读课文，体悟"细致"

(一)聚焦外貌，体悟美丽

1. 你是从文中的哪些地方感受到翠鸟的美丽的？

预设1：从描写颜色的词可以感受到翠鸟的美丽。

(1)一边朗读相关句子，圈出颜色词，一边感受翠鸟的色彩艳丽。

(2)出示插图中翠鸟的图片，引导学生仔细观察，了解作者观察的不同部位以及颜色。

(3)合上书本，学生回忆想象翠鸟外貌，教师用彩色粉笔勾勒翠鸟简笔画。

预设2：从"比鹦鹉还漂亮"这句话可以感受到翠鸟的美丽。

思考：为什么作者不写"它很漂亮"而是写"比鹦鹉还漂亮"？

2. 指导朗读：既然在作者笔下，搭船的翠鸟如此美丽，那你能不能用朗读来表达出来呢？指导学生有感情地朗读课文。

(二)聚焦美丽，体悟"细致"

1. 如果作者只是匆匆一瞥，能描写出这么美丽的翠鸟吗？(引导学生体会作者观察之细致)

2. 教师小结：可以观察到如此美丽的翠鸟，可以描写出如此美丽的翠鸟，是和作者的细致观察离不开的！我们平时在生活中也要有一双善于发现美的眼睛，做生活的有心人！

(三)聚焦"细致"，体悟写法

1. 仿写练笔：说到细致观察，咱们可不能光说不练！试着按照文中的样子，写一写图中的孔雀，老师看看哪位同学观察最细致，笔下的孔雀最美。(出示孔雀的图片)

2. 学生作品分享，教师点评。

板书设计

搭船的鸟

外貌美丽　　观察细致

教学后记　略

（2）表格式教案基本结构。表格式教案是在条目式教案的基础上，把必需的项目、教学过程的环节以及教与学的相互关系，设计为具有相对固定格式的表格。表格式教案有各种类型，有的仅仅是条目式的表格化，而有的则突出了表格的直观和结构模式化的特点。具体结构可见表 9-2 表格式教案示例说明。

表 9-2　表格式教案示例《我要的是葫芦》①

课　题	我要的是葫芦				
科　目	语文	教学对象	二年级	课时	一课时

一、教材内容分析

　　《我要的是葫芦》是部编版小学语文二年级上册第五单元第 14 课，本组教材围绕"怎样看问题、想问题"专题选编课文。《我要的是葫芦》是一个寓言故事，讲述了一个人种了一棵葫芦，在葫芦长蚜虫后不听取邻居的建议，后来葫芦都掉光了的故事，旨在让学生明晓事物之间的相互联系。种葫芦人的两句话"有几个虫子怕什么！""叶子上的虫还用治？"以及他说话的语气表明他不清楚"蚜虫——叶子——葫芦"之间的关系，须着重分析以体会寓意；课文中有两幅插图，能很好地帮助学生理解寓意、练习复述故事。

　　本文语言非常朴实，用词准确生动，描写形象具体。如用"细长的"写出了葫芦藤的形态，"雪白的"写出了葫芦花的颜色，"慢慢地"写出了葫芦叶颜色变化的过程，写出了小葫芦的"可爱"；一个"挂"字准确生动地写出小葫芦在葫芦藤上的样子，"盯"字传神地表现出种葫芦人的情态及对小葫芦的喜爱。文章的语言特色需重点探析，帮助学生形成语感。

二、学生基础分析

　　本课面向的是二年级学生，在之前一年多的学习基础上，他们已经具备一定的识字能力，掌握了不少识字方法，了解形声字的特点，而本课生字大部分是形声字，可在此基础上引导学生进一步学习与巩固构字规律，提高自主识字能力。

　　从句子学习来看，本课设计了"对比读体会感叹句、陈述句、反问句的语气"的课后习题，在此之前学生们已接触过疑问句、感叹句、祈使句这几种句子类型，需要通过反复地朗读、分析来提高学生对不同句子不同的语气表达的体会。

　　从内容理解来看，初步了解寓言故事不难，但要注意引导学生通过本文的学习，发展学生"对感兴趣的人物和事件有自己的感受和想法"的能力。

三、教学目标

　　1. 随课文识字"葫芦""谢""盯""想""感""怪""慢"等生字，理解"挂""自言自语"等字和词语的意思。

　　2. 正确、流利地朗读课文，通过朗读比较句式的不同，体会反问句、感叹句、陈述句的不同语气。

　　3. 结合插图及部分词语，学生能用自己的话复述故事。

　　4. 理解寓意，懂得事物具有相互联系的道理。

---

① 作者：周桂平，单位：湖南省长沙市天心区湘府英才小学。

续表

四、教学重难点
重点：学习反问句、感叹句、陈述句的运用，能够通过朗读比较出不同句式的不同语气，能够尝试对句式进行改写。 　　难点：理解寓意，懂得事物间都是相互联系的道理。

五、教学方法
讲授法、启发式教学法、朗读法、情境教学法

六、教学设计特色
1. 凸显语言本体地位。语言是语文学习的本体内容，此篇课文字词运用生动形象，句式表达灵活多样，需要学生在语言的品读感悟中积累，掌握语言运用的方法，逐步形成语感。因此，课文讲读设计中突出了对语言文字的朗读、品悟及运用。 　　2. 彰显学科融合的理念。语文学科的特殊性决定了教学中融合其他相关学科，可以更好地服务于语文教学。在设计中通过插图的欣赏观察、绘画的运用，服务于文本语言的理解和体悟，既激发学生的学习兴趣，又能有效地达成教学目标。 　　3. 以生为本，体现自主精神。教学设计突出学生的中心地位，基于学生学情展开设计，并通过问题讨论、合作交流、想象表达等形式让学生有充分的思考、想象、表达的时间和空间，发挥学生的自主精神。

七、教学过程			
教学过程	教师活动	学生活动	设计意图
激趣导入	1. 出示照片，引入课题：PPT 出示葫芦的照片，询问学生这是什么。 2. 请学生带读"葫芦"一词。 3. 分开出示生词卡片"葫""芦"，请学生齐读。 4. 点明读音与写法："葫芦"两字分开读时都是第二声，连在一起读时"芦"为轻音。"葫""芦"二字都是草字头，与植物有关。 5. 放映图片，展示葫芦的功用和文化。 6. 教师引导：葫芦这么可爱，它的作用又这么大，难怪有人会说：我要的是葫芦！ 7. 板书课题。	1. 认出葫芦。回答问题。 2. 带读"葫芦"一词。 3. 分开识读"葫""芦"二字，自主判断读音及字形。 4. 观看课件，了解葫芦的功用和文化。 5. 齐读课题：我要的是葫芦。	新课标在教学建议中指出语文教学要"注重激发学生的好奇心、求知欲，发展学生的思维"。通过照片、葫芦功用及文化的介绍，能帮助学生初步了解葫芦，感受人们对葫芦的喜爱，更好地引入课文学习。
整体感知	1. 小组合作，初读课文。出示任务：请小组内合作初读课文，读准字音，读通句子。 2. 检查朗读，复习生字。 3. 组织再读课文，学生互评。 互评标准：正确，读准音，不添字、不漏字、不回读；流畅，注意停顿和速度，不读破句子，读出语气。	1. 小组合作初读课文。 2. 利用齐读、带读、轮读等多种形式复习生字。 3. 再读课文，讨论课文主要内容。 4. 利用词语自主梳理课文内容。	朗读是语文学习的重要内容，也是极为重要的学习方法和语文能力。通过多次读课文，帮助学生初步了解文章内容，锻炼朗读能力。

教学过程	教师活动	学生活动	设计意图
深入	学习第一自然段： 1. 出示连环画：这篇课文还可以变成一本连环画呢！（出示三幅图）但老师不小心把第一幅图弄丢了。我们一起来合作画画，好吗？ 2. 准备画画，请学生自由读第一自然段。 3. 开始画画，看文提问：我要画一棵……葫芦！这个"葫芦"和我们标题中的葫芦是一样的吗？ 4. 搭瓜架，画葫芦藤：画出粗而直的葫芦藤，引导学生发现错误。 贴绿叶贴花：贴一片绿叶。引导学生聚焦"满"字："满"是指叶子多。 花谢：组词，通过组织学生翻字典快速查阅"谢"的意思（凋谢），指导学生上台演示"花谢"的情态。 挂葫芦。提问：藤上挂了几个小葫芦，什么是"挂"呢？把"挂"跟"长""结"做比较，体会"挂"的形象。 5. 课件依次出示短语： （细长）的葫芦藤 （雪白）的小花 （可爱）的小葫芦 布置仿照练笔任务。 6. 回顾画画过程，建立联系：原来小葫芦不是凭空长出来的，而是爬了藤、长了叶、开了花，花又谢了才长出葫芦来的。 7. 示范朗读：葫芦的样子可爱吗？课文中有一句夸赞葫芦可爱的话，大家听老师来夸它——多么可爱的小葫芦哇！ 8. 组织读句：小葫芦可爱吗？我们一起来夸夸它——多么可爱的小葫芦哇！ 9. 出示句子，进行比较： 多么可爱的小葫芦哇！ 这是可爱的小葫芦。 总结：原来有了"哇"字和感叹号，语气变化才会这么大呢！这就是感叹句和陈述句的区别；请同学们再读读。 出示任务：用同样的句式夸一夸叶、藤、花。 提问：葫芦这么可爱，种葫芦的人喜欢它吗？从哪儿看出来？（每天、几次） 指导朗读：读出种葫芦人对葫芦的喜爱。	1. 自由朗读第一自然段。 2. 思考，明确："一棵葫芦"和标题"我要的是葫芦"中的"葫芦"不一样，一棵葫芦包含葫芦藤、葫芦叶、葫芦花、小葫芦，而"我要的是葫芦"中的"葫芦"指的就是小葫芦。 3. 发现错误，"指导"教师：葫芦藤是"细长的"；不是一片绿叶，而是长"满"了绿叶。 4. 快速查阅并选择"谢"在文中的意思，能够自主上台演示"花谢"情态；通过比较体会"挂"的形象。 5. 在课文中画出短语，并完成练笔。 6. 思考葫芦藤、葫芦叶、葫芦花、小葫芦之间的联系。 7. 找出并朗读句子：多么可爱的小葫芦哇！ 8. 夸一夸叶、藤、花。 9. 赛读，读出喜爱之情。	1. 通过学科融合的方式，借由老师画连环画的活动形式，帮助学生理解段落内容。 2. 通过抓重点词语和短语"细长的葫芦藤""谢""挂"的辨析，积累语言，体会课文用词的准确性和形象性。 3. 新课标明确提出教师在语文教学中"应加强对学生阅读的指导、引领和点拨"，通过句子比较，帮助学生体会感叹句和陈述句的区别，实现朗读训练和指导，体会种葫芦人的高兴及对葫芦的喜爱之情。

续表

教学过程	教师活动	学生活动	设计意图
	学习第二自然段： 1. 出示连环画，提问：葫芦发生了什么变化？ 2. 请学生思考：叶子上发现了蚜虫，种葫芦的人是怎么想的？ 3. 齐读：有几个虫子怕什么！ 4. 改写句式："有几个虫子怕什么！"这句话可以改变说法意思不变吗？出示课后习题第二题第一句，比较两句话的区别。 5. 指导朗读句子，读出语气。 6. 过渡：种葫芦的人不在意叶子上的蚜虫，但他可在意小葫芦了！瞧，他盯着小葫芦自言自语地说…… 7. 指导学习"盯"字：把"盯"与"看"比较。请学生做"盯"的动作（眼睛瞪得大大的看向一个地方，一眨也不眨），引导指出"盯"与偏旁的关系。 8. 引导理解"自言自语"的意思。 9. 指导朗读：自言自语的话，应该怎么读？他说话的时候是什么心情呢？ 10. 创设情境，组织表演。	1. 找出变化：叶子上爬着一些蚜虫。 2. 思考发现：种葫芦的人只在意葫芦，不在意叶子和叶子上的蚜虫。 3. 齐读句子。 4. 比较发现"有几个虫子怕什么！"感叹句式更能表现出种葫芦人对蚜虫不屑一顾的态度。 5. 体会"盯"的认真，感受用字的准确性。 6. 理解自言自语即自己和自己说话，感受种葫芦人自言自语时对葫芦长大的期待。 7. 对种葫芦人的语言和神态进行表演。	1. 随文学习特殊句式感叹句，通过句式的改写明确感叹句和陈述句的区别，通过语言的实际运用获得语言知识，并感受种葫芦人对蚜虫的不屑一顾。 2. 随文识字，通过对"盯""自言自语"的学习，体会语言准确，感受种葫芦人心情。 3. 以表演的活动方式入境体悟，进一步理解"盯"和"自言自语"的意思，理解种葫芦人的心理。
	学习第三自然段： 1. 走进第三段，出示任务：叶子上长了蚜虫，种葫芦的人是怎么做的？邻居又是怎么说的？请学生认真读第三自然段，用下画线"＿＿"画出种葫芦人说的话，用波浪线"～～"画出邻居的话，边画边想句子的意思。 2. 男生读邻居说的话。 3. 组织讨论：邻居是什么心情？怎样才能读出这种心情？ 4. 组织女生读种葫芦人说的话：听了老邻居的话，种葫芦的人会是什么反应呢？我们请女生一起读种葫芦人说的话。 5. 聚焦语言，比较句子： 叶子上的虫还用治？ 叶子上的虫不用治。 组织讨论：这两个句子有什么异同之处？哪个句子更好，为什么？引导学生用第一段中学习感叹句的方法比较两句话。 6. 抓"奇怪"，讨论语气：为什么听了邻居的话，种葫芦的人会感觉奇怪？讨论讨论他会怎么说出这句话。 7. 组织分角色朗读。出示提示语： a. 朗读的学生注意人物的语言、说话的语气。 b. 倾听的学生当评委，表扬朗读得好的地方，对不够完美的地方提出意见。	1. 画出邻居说的话，思考句子的意思。 2. 男生齐读邻居的话。 3. 讨论邻居的心情，尝试读出急切、诚恳的语气。 4. 想象种葫芦人的语气，女生齐读种葫芦人的话。 5. 找出两个句子的不同点，尝试用已学方法比较两句话，感受反问句的语气比陈述句更为强烈。 6. 感受"奇怪"，讨论语气。 7. 按照提示进行分角色朗读。	1. 随文学习特殊句式反问句，通过句式的改写明确反问句和陈述句的区别；通过语言的实际运用获得语言知识，进一步把握种葫芦人的内心想法。 2. 采用分角色朗读的方式增强学生积极性，促进学生对人物形象和心理的体会。

教学过程	教师活动	学生活动	设计意图
	8. 聚焦看法，明晰态度：种葫芦的人和邻居对待长了虫的叶有什么不同的态度？ 出示填空： 种葫芦的人要的是葫芦，不用（　　　），因为他认为（　　　）。 邻居认为：要葫芦，就要（　　　），因为他认为（　　　）。 （明确：种葫芦的人要的是葫芦，不用治叶子，因为他认为葫芦和叶子没有关系。 邻居认为：要葫芦，就要治叶子，因为他认为葫芦和叶子有关系。） 9. 组织讨论，建立联系：你更赞同谁的看法？叶子和葫芦有联系吗？有怎样的联系？	8. 完成填空，了解看法，明白种葫芦人认为叶子和葫芦没有关系的心理。 9. 讨论。	3. 阅读教学必须"珍视学生独特的感受、体验和理解"，通过问题讨论，引导学生发表自己的想法，既训练学生的语言表达能力，又能促进学生个性化的思考和理解，探讨叶子和葫芦之间的联系。
	学习第四自然段： 1. 关注课文插图，比较第一幅和最后一幅的不同之处。 2. 出示任务，画出句子：葫芦最后变成什么样了？ 3. 出示句子： 小葫芦变黄了，都落了。 小葫芦慢慢地变黄了，都落了。 小葫芦慢慢地变黄了，一个一个都落了。 提问：对比句子你发现了什么？试试用自己的话说说你的发现。 4. 引导：植物的生长是有规律的，葫芦不是突然变黄落掉的，蚜虫、叶、果是有关系的：首先蚜虫变多，叶子被蛀空变黄，然后葫芦慢慢变黄，最后一个个落下。 5. 引导思考，找出原因：种葫芦的人想要的是葫芦，却一个葫芦都没有得到，为什么？ （明确：没有看到事物间的联系，没有注重过程只想要结果，最后反而没有结果。） 6. 引入生活，谈谈感受：你在生活中有没有闹过像种葫芦人一样的笑话？现在有什么感受和收获呢？ 7. 组织齐读最后一段：假设你就是种葫芦的人，此刻你心里会有什么感受？读出这种感受。	1. 观察发现插图的不同。 2. 画出句子，明晰结局。 3. 对比三个句子的不同，思考发现：蚜虫、叶、葫芦之间是有关系的。 4. 联系上下文进行思考并讨论种葫芦人有这种结局的原因。 5. 找出原因，说说生活，谈谈感受。 6. 齐读最后一自然段。	1. 利用阅读期待，图文结合，培养学生的观察能力和阅读能力。 2. 通过句子的比较，在语言的实际运用中感受蚜虫、叶、果的相互关系，为进一步了解寓意做准备。 3. 阅读教学需"珍视学生的独特感受"，"不能以教师的阅读分析代替学生自身的阅读实践"。教师组织问题讨论，引导学生合作探究种葫芦人最终没有得到葫芦的原因。 4. 语文的外延和生活相等，语文教学需"注重语文与生活的结合"，通过生活情境的联系，更深层次理解寓意，并发挥寓意对实际生活的作用，锻炼学生的表达能力。

续表

教学过程	教师活动	学生活动	设计意图
拓展提升	1. 出示字眼，串联文章，回顾课后练习第二题。 2. 出示句式练习，转换为陈述句： a. 多睡几分钟怕什么！ b. 这么冷还用开风扇？ 3. 总结寓意，组织练习种葫芦人与邻居的对话。 4. 组织续写文章，自由编辑结局。 5. 进行原续对比，回到寓言文体特点： a. 寓言具有讽刺性和教育性，借用故事说明道理； b. 寓言篇幅短小，语言精练。戛然而止，富有余味。 6. 总结。	1. 自主练习句式的改写。 2. 谈一谈想对种葫芦人说的话。 3. 发挥想象，续写结局。 4. 通过对比，了解寓言特点。	1. 语言训练，巩固句式知识。 2. 梳理全文，了解寓意。 3. 续写，培养写话能力。 4. 通过原续对比，了解寓言的文体特征。

八、板书设计

14　我要的是葫芦

蚜虫——叶子——葫芦
事物相互联系

九、教学后记（略）

二、上课

教学是实现教学目标的基本途径，而上课又是教学工作的中心环节，是提高教学质量、培养学生的关键。教师上课应以教案为基础，但是在现实教学当中又不能拘泥于教案，必须结合课堂千变万化的情况，灵活处理。教师要上好课，需了解课的类型和结构，遵循课堂教学的基本要求。

1. 课的类型和结构

划分课的类型一般有两种标准：一是以课内采用的基本教学方法为依据，可分为观察课、讲授课、讨论课、实验课、阅读指导课等；二是以一堂课完成任务的多少为依据，可以把课分为单一课和综合课（又称混合课）。单一课是指一堂课内主要完成一种教学任务的课。按传统分法，单一课又分为：传授新知识的课（新授课），巩固知识的课(复习课)，培养技能技巧的课(练习课、实验课)，检查知识技能的课(测验课)，等等。综合课则是指一堂课内同时完成两种或两种以上主要教学任务的课。

课的结构是指一堂课的组成部分及各部分的顺序安排和时间分配。例如，一堂讲授课按下列顺序进行：组织教学、提出目标、新授内容、复习巩固、布置作业。这就是课的结构。课的类型不同，相应的结构也不同，每种类型的课都有一定的结构。即使同一类型的课，也会由于学科性质及具体教学内容的不同、教学对象的差异而具有不同的结构。课的结构没有固定不变的模式，各个成分的组合形式并无固定的次序，而是多种多样的。每个教师都要从教材和学生的实际出发，灵活掌握，切忌把课的结构单一化、凝固化。

2. 课堂教学的基本要求

要上好一堂课，课堂教学的基本要求如下。

(1)目标明确。教学目标是教学的出发点和归宿，是衡量一堂课效果的主要尺度。而目标明确与否主要看两个方面：一是适合性，看目标是否既体现课程标准或教学大纲的要求，又切合学生的实际；二是全面性，即是否达到三维目标的统一。教学目标不仅教师要明确，而且应使学生了解它，以便教学活动能在教学目标指导下有序进行。

(2)内容正确。讲授内容必须是正确的、科学的，对内容的说明和解释应准确无误；讲授有条理，逻辑严密，层次分明。

(3)方法恰当。既包括教学方法选择上的恰当，又包括教学方法运用上的恰当。恰当的教学方法源于对教学目标、教学内容、学生特点、方法利弊等诸多因素的综合考虑，小学宜以启发式为教学指导思想，使教学生动而有趣。

(4)组织严密。表现在两方面：一是教学步骤层层推进，结构紧凑，时间分配合理；二是教与学密切配合，教学活动有序，课堂秩序井然。

(5)教学效果好。教学成功与否最终要看教学效果，看教学是否达到了教学目标，实现了认知、技能和情感目标的统一，能否最大限度促进学生的和谐发展。教学效果主要从教学过程中学生的反应、作业的质量、学习成绩和学生的行为表现中体现出来。美国著名教育家梅里尔·哈明博士则认为一堂好课中教师应达到"五项"目标：努力培养学生充满自信和发奋好学的"尊严"；诱发学生饶有兴趣地参与教学的"活力"；造就学生自负其责、自做选择的"自我管理"能力；培育学生团结、友爱、协作的"集体感"；开启学生研察周遭事物的聪颖"意识"。显然，梅里尔·哈明博士就是从学生的角度出发，考量课堂教学的优劣。我国新课程改革后，很多专家也提出一堂好课，应明确地凸显在课堂教学的主体——学生身上，主要考查学生在课堂上的学习状态、参与状态、交往状态、达成状态。

三、作业布置与批改

课外作业是课堂教学的延伸，是教学的有机组成部分。布置作业的目的是通过作业和练习，使学生巩固课堂所学的知识，熟练技能技巧，养成独立思考、自觉学习的习惯，发展学生的能力。

课外作业可分为三类：一类是口头作业，如阅读（朗读、默读）、复述、背诵等；一类是书面作业，如作文、演算练习、绘制图表等；还有一类是实践作业，如采集标本、实验、科技制作、社会调查等。

教师在布置与批改作业时应遵循以下要求。

作业布置上，内容要符合课程标准的要求，切合课堂教学内容，启发学生思考；作业分量、难易要适度，以中等学习能力的学生为准，对学习能力强的学生适当布置有一定难度的参考作业；作业要有明确的要求和时间限制，对作业中的疑难问题要进行及时指导；作业形式要灵活多样，趣味盎然，而不要一成不变。作业批改上，教师要做到及时检查、认真批改，以及时了解学生知识掌握和运用的情况；对作业中存在的普遍问题，教师要进行集体订正，并在后续教学中改进和提高教学质量；对作业要写出恰当评语，表扬或鼓励学生并帮助学生调整今后的学习。

【案例9-3】人教版四年级下册数学《三角形的内角和》作业设计与评析

湖南省永州市凤凰小学　　蒋莉

一、课内练习

师：小朋友们都很喜欢看《喜羊羊与灰太狼》，聪明的喜羊羊、漂亮的美羊羊、善良的暖羊羊、可爱的懒羊羊都是大肥羊学校的学生。今天呀，喜羊羊它们正在学习三角形的有关知识，山羊老师出了几道题，我们一起去看看吧。（课件出示喜羊羊在学校学习的动画）

（一）你能求出未知角的度数吗？

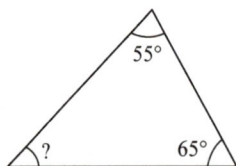

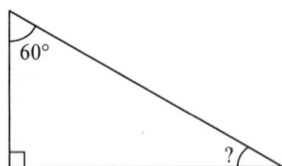

【设计意图：这是对所学知识的直接运用，数学信息比较浅显，也是最基本的练习。】

（二）下面的说法对吗？对的画"√"，错的画"×"。

1. 三角形越大，它的内角和就越大。　　　　　　　　　　　　　　（　　　）

2. 一个三角形中最多有两个直角。　　　　　　　　　　　　　　　（　　　）

3. 一个三角形中至少有两个角是锐角。　　　　　　　　　　　　　（　　　）

4. 钝角三角形说：我的两个锐角之和大于90°。　　　　　　　　　（　　　）

你们都是爱动脑的好孩子，真了不起！

【设计意图：通过分析、判断，进一步巩固、运用"三角形的内角和是180°"。】

（三）一块三角板的内角和是180°，用两块完全一样的三角板拼成一个大三角形，这个三角形的内角和是多少度？

请同学们先想一想，小组内同学一起拼一拼，再把你的答案和组内同学进行交流。

你们都是会思考的好孩子，真棒！

【设计意图：加深理解、巩固"任意三角形的内角和都是180°"。】

（四）解决生活实际问题。

1. 爸爸给文文买了一个等腰三角形的风筝，它的一个底角是70°，它的顶角是多少度？

2. 交警叔叔设置的交通警示牌"注意行人"是等边三角形，你能求出其中一个角的度数吗？

【设计意图：运用隐藏的数学信息和所学知识来解决生活中的实际问题。】

在同学们的帮助下，喜羊羊和小伙伴们顺利解答了山羊老师的难题，山羊老师可高兴了：孩子们，我们来玩个游戏吧。（课件播放喜羊羊和山羊老师的动画，然后出示游戏规则。）

猜角游戏：

在学习小组中完成：由一个同学出题，其他同学回答。

1. 给出三角形两个内角，说出另外一个内角的度数。（有唯一的答案）

2. 给出三角形一个内角，说出其他两个内角的度数。（答案不唯一，可以得出无数个答案）

【设计意图：通过开放性的游戏，拓展、提升所学知识。】

二、课外探究

今天，同学们一定收获不小吧？"三角形的内角和是180°"是科学家帕斯卡12岁时发现的，你们能不能通过自己的努力也去探索发现四边形、五边形的奥秘呢？老师相信你们一定能行，因为你们都有一双会观察的眼睛和一个善于思考的大脑。

利用"三角形的内角和是180°"，你能求出四边形、五边形的内角和吗？（课件出示）

【设计意图：利用所学知识，开放探究，课外实践延伸。】

评析：

1. 教师切合中年级学生的心理特点，用学生喜闻乐见的动画人物喜羊羊等为主链，使作业形式灵活而有趣，激发了学生主动解题、完成作业的积极性。

2. 练习的安排上，注意练习层次，共安排基础训练、能力拔高、拓展延伸、课外探究四个层次，逐步加深。第一、第二题是基础训练层，数学信息的出现比较明显，训练知识的直接运用；第三、第四题是能力拔高层，数学信息的出现变得较为隐蔽，是知识的间接运用，这些题检测不同层次的学生是否掌握所学知识应该达到的基本要求，顾及智力水平发展较慢和中等的同学；猜角游戏是拓展延伸层，由答案唯一延伸到答案不唯一，具有开放性，拓展学生的思维，让学生在游戏中消除疲倦，激发兴趣，兼顾智力水平发展较快的同学；最后是课外探究层，让学生根据所学知识，探究发现四边形、五边形的内角和度数，不仅培养了学生知识的迁移能力，而且将所学知识进行了内化和升华，发展空间观念和推理能力。

3. 练习设计由浅入深，由易到难，紧紧围绕三角形的内角和来进行，进一步加深了学生对三角形内角和的理解和运用。让学生计算等腰三角形风筝顶角的度数和等边三角形交通警示牌内角的度数，不但培养了学生解决问题的能力，也让学生感受到数学与生活的密切联系，体现了生活教育的理念。

4. 符合新课程理念，转变学生的学习方式，让学生以小组合作的形式进行问题的探索、交流与合作，在一种轻松愉快的气氛中快乐学习，共同进步。

四、课外辅导

课外辅导是课堂教学的补充和延伸。课外辅导的方式可根据学生的不同情况来确定。个别有问题的采取个别辅导；部分学生具有的共同性问题，则采取小组辅导；学生中普遍存在的问题，则采用集体辅导。

课外辅导的方式有：解答学生学习中的疑难；对基础薄弱的学生补课；对学习能力强的适当增加难度；指导学生课外实践性和社会服务性活动等。课外辅导的具体要求是：首先，教师应深入了解学生，根据不同类型和特点的学生，确定具体的辅导内容和措施，以增强辅导的针对性。其次，在课外辅导时注意指导学生独立思考、钻研，以形成科学的学习方法和习惯。最后，要发挥集体优势，组织学生开展互帮互学活动，增强课外辅导的灵活性。

五、学业考核与评定

学业考核与评定是教学工作不可缺少的重要环节，是诊断学生的学习状况和教师教学效果、调控教学进程的重要手段。

学业成绩的考核一般分为考查和考试两种。考查是为了随时了解学生而采用的方法，主要包括平时的口头提问、课堂作业、当堂演算等方式；考试一般是在一个教学阶段完成之后进行的总结检查，通常在期中、期末和毕业前集中进行，是对学生学习情况和成绩进行的一种较全面的检查，具体形式有口试、笔试和实践性考试三种，可开卷考，也可闭卷考。

学业的评定有评分和评语两种形式。中小学常用的评分方法有等级制记分法。评分法能看出学生学业成绩的等次，而评语则能反映和表达学生学业上具体的优缺点，并可分析原因，指出努力的方向。因此通常两种方式结合使用，以增强评定效果。

学业的考核与评定的基本要求是：首先，考核和评定的内容应力求全面，又突出重点。其次，考核和评定应做到科学有效。即考核和评定要客观公正，不能主观臆断，并能真实有效地反映学生的学习情况。再次，考核和评定的方法要灵活多样。最后，教师要注意及时对考核和评定的结果做必要的分析，以发现学生在学习中出现的问题，提供有效的教学反馈。

总的来说，教学工作包含多个不同环节，每个环节都有不可替代的作用。各环节之间相互联系、相互促进，只有充分发挥每个环节的作用，才能整体优化教学工作，全面提高教学质量。

复习与思考

1. 你是怎样理解教学组织形式的？教学组织形式是如何演变的，可以概括为几个阶段？未来会有怎样的发展趋势？

2. 2002 年 6 月，教育部明确规定中小学的班额数：小学是 40～45 人，中学（含初中和高中）为 45～50 人。教育部将班额的大小划分为六个等级："25 人及以下"为小班额，"26～35 人"为偏小班额，"36～45 人"为正常班额，"46～55 人"为偏大班额，"56～65 人"为大班额，"66 人以上"为超大班额。据此分析大班额教学有何优缺点，你认为可以怎样变革现今学校的教学组织形式？

3. 通过见习活动观察小学教师一周的教学工作，做好详细记录，并对照本章第二节内容"小学教学工作基本环节"进行分析。

4. 从小学语文、数学、英语学科中任选一课进行设计，并完成一份条目式教案。

5. 认真阅读窦桂梅、于永正、王崧舟三位特级教师同课异教《圆明园的毁灭》的教学实录，对比分析并谈谈你的好课标准。

6. 课后阅读刘春生老师编著的《作业的革命》，并与同学一起交流感受。

推荐阅读

1. 高丹阳，张泽晖，郭伟. 城乡异地同步课堂教学组织形式的提出与实践[J]. 现代教育技术，2019(5)

2. 和学新. 从规范教学秩序到构建学生发展的有效教学机制：我国教学组织形式变革 70 年的回顾与展望[J]. 课程·教材·教法，2019(3).

3. 薛庆水，李凤英. 我国走班制教学文献分析(2000—2017 年)：困境与发展[J]. 现代远程教育研究，2018(4).

4. 许双成，张立昌. 教育公平之殇：分层分班教学[J]. 西北民族大学学报（哲学社会科学版），2015(4).

5．宋维玉，秦玉友，等．班级规模意蕴的本土诠释：倾听班级规模变化亲历者农村教师的声音[J]．四川师范大学学报(社会科学版)，2015(4).

6．刘艳平，艾庆华，王猛．个性化教学组织形式中的小组学习类型[J]．中国教育学刊，2014(7).

7．熊梅，卜庆刚．个性化教学组织形式的实践探索[J]．中国教育学刊，2014(7).

8．张璇．以学习者为中心的"网上班级交互学习制"：江苏开放大学教学组织形式改革之探索[J]．江苏高教，2014(5).

9．王星，杨文正．网络教学组织形式优化发展研究[J]．中国电化教育，2013(1).

10．王本陆．课程与教学论[M]．2版．北京：高等教育出版社，2011.

11．李森，陈晓端．课程与教学论[M]．北京：北京师范大学出版社，2015.

12．刘春生．作业的革命[M]．北京：世界图书出版公司，2007.

第十章　小学教学管理与教学评价

【本章要点】▶

- 全面了解教学管理和教学评价的基本理论
- 掌握小学课堂教学管理策略
- 熟悉小学生学业成就评价方法
- 掌握小学教师教学工作评价方法

第一节　小学教学管理

教学是教育的基本形式，是学校的中心工作。教学工作的成效取决于学校教学管理。因此，学校教学管理工作是学校管理的中心工作。

一、教学管理的内涵及意义

（一）教学管理的内涵

教学管理是指对制约教学质量的诸多因素进行组织、协调和控制，使学校有正常的教学秩序，并沿着一定轨道运行，从而保证学校教学任务的顺利完成。[1] 教学管理有宏观和微观之分。宏观的教学管理指教育行政机关对各级学校及其他教育机构的教学工作进行组织、指导和监督。微观的教学管理即学校内部教学管理，是指学校管理者遵循教学活动的客观规律，运用现代管理原理，通过计划、组织、实施、检查、总结等环节，对教学系统内部的各个要素进行合理的协调和组合，推动教学工作正常运转，以保证教育教学目标实现的活动。总之，无论是宏观的还是微观的教学管理，都是为了实现教学目标，按照教学规律和特点，对教学过程进行全面管理。理解教学管理的内涵要抓住以下几点。

首先，管理总是指向一定的目标，为一定的目标服务。教学管理则是完成教学任务，实现教学目的的过程，管理要为教学服务。

其次，管理就是对人、财、物、信息、时空的管理，对这些资源进行分析、利用，使之得到有效的配置以获得收益最大化。教学管理的主体包括教学行政管理人员和教师。教师既是管理的主体，也是管理的客体。教师管理是教学管理的内容。同时，教师本身也是管理者，参与教学管理。在教学管理中，应当充分发挥教师在管理中的积极性、主动性和创造性。

最后，实现有效教学管理必须遵循教育教学规律。在教学管理中，只有掌握教育教学规律，充分认识学生身心发展规律和特点，才能做到有的放矢、事半功倍。

（二）教学管理的意义

教学管理是以教学的全过程为对象，遵循教学活动规律，运用现代科学管理的理论，对教学工作进行决策、计划、组织、实施、检查、指导、总结，以保证教育教学目标实现的活动。搞好教学管理工作，其意义十分重要。

(1)有效的教学管理是建立稳定的教学秩序的保证。教学不可能在一个混乱和无序的环境里展开，稳定的教学秩序是顺利开展教学活动、完成教学目标的根本性保

---

[1]　杨颖秀：《教育管理学》，85～89 页，长春，东北师范大学出版社，2010。

障。在整个教学过程中，从学生招生、教师聘任到教学计划、课程设置、教材使用、课堂教学、教学测验等是一个有计划、有组织的过程。每一个环节都需要合理配置和管理，任何一个环节出了问题都会影响到其他环节的实施和效果，从而影响到整体教学质量。

(2)有效的教学管理是实现学校教学目标的重要保证。教学目标是教学活动的出发点和归宿，教学管理的一切活动都指向教学目标的实现。首先，有效的教学管理有利于教学资源的合理调配，发挥教学资源的最大价值；其次，有效的教学管理对教学活动过程进行合理的检测和监控，纠正教学活动中的偏差，使一切教与学的活动都指向预期的教学目标的实现。

(3)有效的教学管理有利于调动教师工作的积极性。教师是直接履行教学职责、执行教学任务的人，教师工作的积极性和创造性直接影响着教学过程和教学效果。在教学管理的各个环节上，要注重发挥教师的主导作用，体现教师主人翁的地位。教学活动是一种集体活动，只有教师进行有效管理，才能发挥教学的整体功能。如果教学管理仅仅依靠行政监控手段或完全依靠规章制度约束来实现管理的目的，忽略教师在教学管理中的积极作用和影响，就必然僵化教学管理的过程。

二、教学管理的内容

教学是一个复杂的过程，在教学活动中包括教师和学生等人的因素，也包括计划、内容、环境等物的因素，同时还要研究理论和实际、方法和规律等问题。只有加强教学管理，充分发挥上述各因素的作用，处理好教学任务中的各项关系，才能提高教学质量。教学管理的主要内容可以概括为以下三个方面。

(一)教学过程管理

教学过程是根据教学目标和学生身心发展的特点，由教师的教和学生的学构成的双边活动过程。教师是教学过程的主导因素，学生是教学过程的主体。教学过程管理包括以下内容。

(1)备课管理。备课是课堂教学活动的准备阶段，起着制定蓝图、预先谋划的作用，是课堂教学的起点和基础。备课管理针对不同教师可提出不同要求；教案检查和指导可实行定期与不定期相结合；还可以通过教师教案比赛活动，提高教师对备课的思想认识和技能水平。

(2)课堂管理。课堂管理分为宏观、中观和微观三个层面。宏观课堂管理是指以国家教学管理部门为主体对课堂教学的宏观把握和规范。中观课堂管理是指学校教学管理部门或地方一级的教学管理部门对学校或地区制定和实施的管理方案。如以校长为代表的学校行政管理人员通过听课、座谈等方式了解课堂，实施对课堂的监督和管理。微观层次的课堂管理指向师生面对的具体的课堂教学活动，包括教师应当如何构建积极的课堂环境，解决课堂问题行为，完成课堂教学目标等。

（3）作业管理。作业是对课堂教学的补充与提高，同时又是对学生课堂学习效果的检验。作业管理是教学管理中一项重要的常规工作。作业管理要求：一是把作业设计纳入教学设计的环节。作业形式多样，有书面的、口头的作业还有实践性作业，有个人作业也有小组合作作业等。二是批改作业要及时、准确。三是对学生上交作业困难原因要分类跟踪解决，不能一味以罚代教，更不能不了了之，保证所有学生都能基本跟上学习进程，参与学习活动。

（4）课外辅导管理。课外辅导是对课堂教学的补充和完善，是满足学生差异性和个性化学习的需要。课外辅导管理要做到：一是因材施教，特别要关注后进生。因材施教要从学生的实际需要和个性化差异出发，有针对性地进行。对于班级后进生，教师不能挖苦、排斥和惩罚，应给予更多关爱。对于学有余力的学生，也要为他们创造条件，使他们向更高程度发展。二是启发诱导。课外辅导要能充分调动学生的积极性和主动性，引导学生自己解决疑难。三是及时总结。辅导时教师要对学生的疑难、存在的问题等及时总结，积累经验，以利于今后的教学工作。

（5）成绩考评管理。成绩考评是教学过程中一个十分重要的环节，用来检查教与学的效果。教师通过成绩考评可以了解学生对所学知识的理解和运用能力，评价学生的学业成绩，检查教学效果，对树立良好学风具有重要意义。成绩考评管理要求明确考核方式，规范考核命题，搞好考试组织管理，科学评阅，客观分析考评结果，为下一步的教与学提供指导。

（二）教务工作管理

教务工作管理是指教务处协助校长制订并实施学校的教育、教学工作计划以及教导方面工作计划和有关规章制度，检查并总结学校的教育、教学工作，保证教学顺利运行。小学教务工作管理机构是教导处。教导处是校长领导下的负责学校教学事务的行政职能机构，代表学校行使教学指挥权。教导处工作主要包括：①招生、插班、转学和学生的毕业、升学，学生入学编班，学生学籍档案管理。②教师配备和教学设备的使用和调配，排课表、考勤、考核统计、教学档案和资料的管理以及教师业务档案管理等。教学档案和资料包括各科教学工作计划及总结报表、教学改革方案及总结等。③指导教研组开展教研工作。④组织各级各类教学竞赛工作，并做好统计及存档工作等。

（三）教学质量监控管理

教学质量是学校教学管理的落脚点，教学质量监控管理是教学管理的核心内容。要提高教学质量，需要一套行之有效的监控体系和评价机制。教学质量监控是指教育主管部门及学校教育管理者对教学过程与教学效果进行监测，并实施有效调控的过程。教学监控包含两方面的内容：一是对教学过程与教学效果的监测过程；二是通过对监测信息的分析调控教学过程。搞好教学质量监控管理要做好以下几点。

（1）树立科学的质量监控观。首先要树立全面的质量监控管理理念。全面的质量监控管理包括对教学过程监控及教学效果测评的监测管理。其次是明确监控目的。实施教学质量监控的目的是发现和分析教学中取得的成绩和存在的问题，引导教师积极、主动地提升自我，发挥监控的导向、激励和鞭策作用。

(2)建立教学质量监控体系。第一，确定教学质量监控目标体系。教学质量监控目标体系主要包括人才培养目标系统、人才培养过程系统、人才培养质量系统。第二，成立质量监控小组。先成立质量监控小组。监控小组由校长、教导主任、年级组组长、教研组组长、教师代表、学生代表及家长代表组成。第三，运用多种教学质量监控方法。主要有教学信息监控、教学督导监控和专项评估监控等方法。第四，建立教学质量监控制度。如教学常规制度、教学研究制度、听评课制度、学生评教制度、教师考核制度等。

(3)确定多种监控方式来实施监控。在监控过程中要采用多种监控方式，关注学生创新精神与实践能力的培养以及学生的全面发展。监控信息要恰当及时地反馈给教师，并做好指导工作。

三、小学课堂教学管理策略

课堂教学是课程实施的基本途径。课堂不仅是一个教学活动的场所，而且是教师、学生及环境之间形成的一种互动的、充满生机的系统整体，集教学与管理于一体。因此，研究课堂教学管理已经成为新课改的一个重要课题。

(一)小学课堂教学管理内涵

一般意义上讲，课堂教学管理是指教师为了保证课堂教学秩序和效益，协调课堂中人与事、时间和空间等各种因素及其关系的过程。[①] 国外学者也从不同角度提出了课堂管理概念。埃默认为，课堂管理是指一套旨在促使学生合作和参与课堂活动的教师行为与活动，其范围包括物理环境的创设、课堂秩序的建立和维持、学生问题行为的处理、学生责任感的培养和学习的指导；莱蒙齐主张，课堂管理是一种能够挖掘学生潜在能力和促进学生学习进步的良好课堂生活，使其发挥最大效能的活动。综上所述，小学课堂教学管理是保障和促进小学课堂教学顺利实施的一切活动。有效的课堂管理是促进课堂教学持续性生长，保持课堂生机与活力，最终促进师生共同发展的保证。

(二)小学课堂教学管理策略

1. 树立科学的课堂教学管理观

《基础教育课程改革纲要(试行)》指出："教师在教学过程中应与学生积极互动、共同发展，要处理好传授知识与培养能力的关系，注重培养学生的独立性和自主性，引导学生质疑、调查、探究，在实践中学习，促进学生在教师指导下主动地、富有个性地学习。教师应尊重学生的人格，关注个体差异，满足不同学生的学习需要，

---

① 施良方、崔允漷：《教学理论：课堂教学的原理、策略和研究》，上海，华东师范大学出版社，1999。

创设能引导学生主动参与的教育环境，激发学生的学习积极性，培养学生掌握和运用知识的态度和能力，使每个学生都能得到充分的发展。"这为课堂教学管理提供了新思维：课堂管理思想要由"确定性"向"生成性"转变；课堂管理目标要由"促成程式性问题解决"转向"促进课堂生长"；课堂管理方式要由"控制"转为"交流与沟通"；课堂的生命观突出学生的主体地位，课堂是学生成长、教师提升专业化水平的地方。①教师要认真领会和解读纲要思想，努力转变教学观念。

2. 制定合理的课堂规则

"课堂不是'均匀的水滴'，而是由不同的'小环境'组成——教师的演示、全班的讨论、过渡时间、小组活动以及实验室研究，构成秩序的东西在每个小环境里都有所不同……学生们有权了解不同的课堂环境对他们的期待。这意味着教师必须考虑课堂每一个小环境对管理的独特要求，并且努力教会学生在每一个小环境里行为得体的方法。"②这就需要课堂规则。课堂规则是规范课堂行为，维持课堂秩序，协调学生行为，以实现课堂教学目标而制定的每个学生都必须遵守的基本行为规范，是在教学过程中所形成或遵守的一种习惯性、制度化的规则。课堂这样一个集体学习工作和活动的地方，只有稳定的秩序才会带给学生一种安全感和归属感。

制定和实施规则需要注意以下几个方面。

(1)以国家法律和学校相关规章制度为依据，维护学生正当权益。小学课堂规则的制定要依据相关法律法规，如《中华人民共和国宪法》《中华人民共和国教育法》《中华人民共和国教师法》《中华人民共和国义务教育法》《中华人民共和国未成年人保护法》，以及《小学生守则》和《小学生日常行为规范》，不能与之相冲突。

(2)遵循学生的身心发展规律，保证学生正当自由。规则是有限制的自由，没有规则的自由是散漫。规则不仅仅只是需要儿童服从，更重要的是保证儿童的生命活力得以张扬。规则要考虑儿童思维发展的特点和社会性发展水平的差异，要建立在充分尊重儿童生命、促进所有儿童发展的前提下，才能真正体现规则的价值。

(3)考虑学科差异，体现学科特点。不同的学科有不同的教学方式，制定规则时需要考虑学科的特点。对学生听讲、讨论、练习、实验等应提出不同的规则要求。规则需要由任课教师来制定和宣布，不能由班主任统得过死。任课教师更了解学科特点和需要，故能制定出更为合理的课堂规则。

(4)规则要与教学目标一致。对课堂规则和秩序的需求不应超过对有意义的教学的需求。在制定规则的时候，要思考这些规则是会促进还是会妨碍教学过程。在传统的课堂行为规范方面，教师为了追求课堂秩序，学生之间很少有机会互相交流、合作学习，认为这样会扰乱课堂秩序。比如，教师在学生课堂作业的时候禁止学生说话。有时候这样的限制是必要的，但这种限制成为一种普遍性规定就会妨碍学生

① 杨毛：《新课程理念下的课堂管理》，载《现代教育科学》，2004(6)。
② [美]温斯坦：《中学课堂管理》(第二版)，田庆轩译，6页，上海，华东师范大学出版社，2006。

更好地学习。儿童心理学家强调儿童间交流的重要性，认为交流对辅导者和被辅导者都有利。研究者发现那些给他们的同伴解释问题的儿童学习成绩也有所提高。总之，规则是为了更好地教学，要与教学目标保持一致。

（5）学生参与规则制定，体现民主与集中。课堂规则的制定由学生参与共同讨论不仅是学生作为教育活动的主体的表现，而且这一行为本身就蕴藏着重要的育人价值。讨论过程能增进师生之间、生生之间彼此的理解和认同；学生从不同的角度提出问题，思考和分析问题，能发展学生的道德判断能力，也能使学生更加清楚地认识到规则的价值和必要性。这样，规则一旦制定出来也更容易得到学生的认同和内化，使其自觉执行规则。一旦出现问题，学生就会主动承担责任。

（6）课堂规则制定要及时并不断调整，稳定与可变有机结合。教师应在学期初制定出课堂规则。学期初，学生对教师和学习规范等方面都会表现出强烈的期望，是制定规则的关键期。学生一开始就有了行为规范，也就是在混乱行为还来不及产生之前就已经规范化了，这样学生能顺利适应课堂学习。规则具有一定的稳定性，但也并不是一成不变的。在规则执行的过程中，要根据具体的执行情况以及学生的实际情况做出补充、修改和完善。下面是美国教育学家温斯坦提出的课堂规则制定的四个原则，可做参考（见表 10-1）。

表 10-1　课堂规则制定的四个原则

原　　则	应考虑的问题
规则应该是合情合理的、必要的。	什么样的规则适合这个年级的水平？ 设定这个规则有什么适当的理由吗？
规则应该清晰明了。	规则对于学生来讲是否太抽象，不易理解？ 我希望学生们在什么程度上参与规则的制定？
规则应该与教学目标以及我们所了解的人们的学习方法一致。	规则将促进还是妨碍学生的学习？
课堂规则要和学校的规章制度一致。	在走廊、集会或者餐厅等场合，是否对行为有特殊要求？

资料来源：［美］温斯坦：《中学课堂管理》，田庆轩译，45 页，上海，华东师范大学出版社，2006。

（7）规则教导抓好关键期，违规惩罚要恰当。规则的执行要抓好关键期。和其他许多事物的发展过程一样，一个稳定有序的课堂教学环境的形成也有关键期。最初两周是规则执行的关键期。在开学初，能否花一定时间熟悉和执行规则关系着有序的教学秩序能否真正地建立起来。首先要进行规则教导并让学生反复演练。特别是低年级的学生接受能力、自律能力差，规则要时时讲、天天练，不断地强化巩固。

规则制定时总有相应的惩罚措施。惩罚是教育的必要手段之一，当学生违反规则时，要立即制止、纠正并采取相应的惩罚。教师要通过处理违规行为来展现执行规则的坚定性。教师运用惩罚时一定要明确惩罚的目的是解决问题，培养学生的责任感；惩罚不一定总是教师板着面孔，要针对学生的个性以及具体事件，有时也可以轻松、平静之态达到异曲同工之妙。

3. 创设优质的教学环境

美国心理学家勒温（K. Lewin）关于行为的研究表明，行为是人与环境的函数。这一研究结果揭示人的行为与环境之间的内在联系。环境主要包括心理环境和物质环境。

（1）建立良好的心理环境。心理环境主要指人际环境、组织环境、情感环境和信息环境。建立良好的心理环境，首先，要争取家长的支持。家庭教育对学校教育的作用从孩子一生下来就开始了，只是因为孩子上学才显现出来而已。学校教育离不开家庭教育的配合。教育家福禄贝尔说，家庭是习惯的学校，父母是习惯的老师。家长是学生背后的一股强大的教育力量，我们要努力争取他们的支持，成为课堂有序活动的有力支撑。孩子是沟通家长和老师的桥梁，我们要通过建立和谐的家校关系来促进师生的交往，使得孩子因为喜欢老师而喜欢上老师的课，为我们的课堂活动更加有效、顺利提供有力的情感保障，进一步提高学生参与课堂活动的积极性。

其次，构建和谐的师生关系。美国著名教育心理学家皮尔逊说过："为了得到教师的爱，学生可以去做各种教师所喜爱的事情，甚至去学习他最不感兴趣的科目。"师生关系是培养良好行为的沃土。[1] 小学生天生就十分信赖教师，教师对学生的喜、怒、哀、乐，期待与信任，对学生的身心健康发展有着重大影响。苏霍姆林斯基认为"尽可能深入地了解每个孩子的精神世界——这是教师和校长的首条金科玉律"。关心和了解学生的精神世界的教师一定是最受学生欢迎的教师。一旦教师得到学生的好感，所有的课堂活动都会变得容易组织，课堂管理就会非常顺利。课堂中和谐、积极的学习氛围有助于学生获得成功体验。不断获得成功体验的学生会将这种愉悦的情绪带到学习生活的各个角落，并不断迎来教师、同学、家长的赞扬而不断期望下一次的成功。和谐的师生关系会迸发出强劲的教育能量，激发师生教与学的积极性，促进和谐课堂的诞生。

最后，建立互爱的生生关系。[2] 学生之间形成互相支持、互相信任的关系有利于课堂教学的管理，教师在这种关系的建设中担有重要责任。第一，教师要以身作则，表扬学生的亲社会行为。要教学生互相尊重，必须教师本身尊重别人。"照我说的做，别照我做的做"，这是行不通的。针对学生中的友善行为要及时表扬，树立大家学习的榜样。第二，引导学生开展丰富的集体活动。在活动中开展合作与竞争，发挥学生主动性和创造性，发现学生兴趣和特长，增进学生之间的理解和友谊。第三，建立合作学习小组。合作学习可以有力地促进积极的同伴关系的发展。由各种

---

① ［美］C. M. 查理士：《教室里的春天：教室管理的科学与艺术》，金树人编译，273 页，台北，张老师文化事业股份有限公司，1994。

② ［美］卡萝尔·西蒙·温斯坦等：《做最好的小学教师：高效课堂管理的十三堂课》，梁钫译，55～65 页，北京，中国人民大学出版社，2016。

不同类型的学生组成合作小组,组内学生在学业进展和感情健康方面有着经常性的互动与支持。第四,制止同伴骚扰与欺凌。帮助学生理解什么样的行为构成同伴骚扰与欺凌,及时干预和制止同伴骚扰与欺凌行为,这对建设更加安全、更有爱心的课堂至关重要。

(2)优化课堂物质环境。教室是师生共同活动的主要场所。教室环境诸如课堂内的温度、色彩、课堂座位的编排方式等都会影响学生的学习行为。教室内的布置混乱,墙壁的色彩过于强烈和鲜艳,容易使儿童在课堂上兴奋好动,注意力分散,不专心听讲。整洁、幽雅的教室,使人心情舒畅,精神振奋;而肮脏、杂乱的教室使人倦怠、厌烦;富于变化和切合学生特点的教室布置和座位安排,有助于提高课堂教学效率。美国学者亚当斯等人的研究发现,课堂里存在着一个最受教师关注的"活动区",学生的座位调入"活动区"的时候,学生会明显意识到教师对自己的关注和重视,体验到教师对自己的特别期望,因而容易集中注意力。而当学生调离"活动区"时,则常常会有被教师忽视之感,容易发生违纪行为。安排学生的座位时,教师要做个有心人,根据课上学生的活动情况适当调整。

4. 优化教学过程,关注课堂生成

优化教学过程要坚持时间效益观,最大限度地减少时间损耗,把握好最佳时域。首先,对于上课一些惯性事件,教师要运用学期初的教学规则使之有序化,尽可能减少不必要的时间浪费。如迟到、课前准备、交作业、发言讨论等。其次,要抓住小学生心理运动规律,合理安排教学进度和内容。小学课堂教学,面对的是一大群心智尚未成熟的小学生,他们正处于身心快速发展阶段,活泼好动,自控力不强,注意力的集中时间有限。心理学研究表明:小学生的注意力一般可持续 20~30 分钟,年龄越小,注意力集中时间越短。40 分钟的一节课里,学生的心理运动不是呈直线状态,而是呈马鞍形发展的。一般说来,上课开始 5 分钟,学生心理处于兴奋和初始阶段,呈上升状态;第 5~15 分钟内,学生维持兴奋状态;第 15~25 分钟转入疲劳波谷,注意力下降;之后会再度出现兴奋。根据学生心理的这种变化规律,教师要把握好教学节奏,合理安排教学进度和内容,充分利用学生的两个兴奋区间,注意克服学生的心理疲劳。这就要求教师精心设计和组织课堂,保证学生在最佳学习时间内完成教学的主要任务。

"课堂生成"是学生在学习过程中所表现出来的不同思维、不同能力差异和特点的,教师课前无法预测的一种课堂现象。真实的教学过程是一个渐进的、多层次和多角度的非线性序列,是师生及多种因素间动态的相互作用的推进过程。[1] 教学过程是课前预设与课堂生成的有机融合。预设是教学过程的一部分,但课堂教学是一个人与人的复杂交往过程,教师面对一个个鲜活的孩子,有太多的不确定性,充满变化和问题。正如叶澜教授所言:课堂应是向未知方向挺进的旅程,随时都有可能

---

[1] 蔡娟萍:《关注课堂生成 还原生命本色》,载《小学教学研究》,2004(11)。

发现意外的通道和美丽的图景，而不是一切都必须遵循固定线路而没有激情的行程。教学的生命力恰恰体现在教师能否有意识地抓住这些"意外的通道"和"美丽的图景"，运用教学智慧，通过"预设"促进"生成"，通过"生成"完成"预设"目标，使课堂焕发生命的活力。孩子一个大胆的提问或是小小的错误，抑或是不期而至，误入课堂的一只蝴蝶，都是促进课堂生成可遇不可求、稍纵即逝的宝贵资源。

【案例10-1】《三角形两边之和大于第三边》教学片段①

一名教师在教学"三角形两条边的和大于第三条边"后，一名学生突然提出问题：三角形中两条边的差与第三条边是怎样的关系呢？这名教师未料到学生竟然提出这样的问题，他犹豫了片刻，是解决还是不解决？这个内容应是初中阶段才研究的，看着孩子们急切的目光，他急中生智、巧引妙点，先把问题抛给学生：你们先猜猜看，三角形中两条边的差与第三条边之间有怎样的关系？学生进行小组交流后，各成员发表了自己的观点，并猜想：三角形中两条边的差可能小于第三条边！教师欣然设疑：同学们能不能想方设法验证自己的猜想呢？在学生"悱愤而不得"之际，教师借助直观图和学生已有的经验进行了初步的验证。

案例中学生的问题虽不容易提出，但提出这样的问题又很正常，一个善于提问的孩子自然会由"两边的和与第三边有怎样的关系"联想到"两边的差与第三边有怎样的关系"。"课堂生成"的价值正是在于这种不确定性和突变性带来的精彩，在于教师对学生的尊重、肯定、激励和包容。教师先把问题抛给学生，继而进行小组交流、教师设疑验证等，不断引发学生继续探究的兴趣与欲望。生成顺应了学生的发展，将他们从压抑中解放出来。它是自然的、质朴的，体现了孩子的天性和稚性。

5. 正确处理课堂问题行为

学生的课堂问题行为是指发生在课堂教学中，违反课堂行为规范和教学要求，影响正常课堂的教学秩序、教师教学、自身及他人的学习，并给教师教学和学生学习带来消极影响的课堂行为。② 在课堂教学中，学生的问题行为是多种多样的，因此处理问题行为的方式也应该是灵活多样的。

(1)忽略细小不良行为。课堂中有些细小问题行为，教师可有意忽视，因为处理这类问题可能产生的负面影响比不去处理负面影响还要大。有时候教师对学生的问题行为反应过激，滥用惩罚手段，对学生的个别问题行为做出过激反应，这种失范的管理方法往往会激化矛盾，不仅不能很好地维持课堂秩序，还会大大地降低教师的威信，甚至引起学生对教师的怨恨情绪，诱发学生攻击性的课堂问题行为。③

(2)语言提示。第一，及时表扬良好行为。鼓励和强化良好行为，具有一种导向性作用。学生良好行为一旦得到鼓励或赞扬，就会得到强化，并逐步巩固下来，成

---

① 洪建林：《课堂生成的价值体现及有效利用》，载《现代中小学教育》，2014(5)。
② 张彩云、申继亮：《小学教师对学生课堂问题行为的认识》，载《教育科学研究》，2007(4)。
③ 张彩云：《小学教师对学生课堂问题行为的知觉》，载《中国特殊教育》，2007(8)。

为课堂其他学生学习或模仿的榜样。第二，提问学生。可以直接提问不良行为学生，所提问题应恰当，即使学生没有听到前一个问题也能够回答。这样学生就不会感到尴尬，并自觉停止问题行为；也可提问学生同桌，起到提醒、警告的作用。第三，运用幽默。当课堂气氛沉闷，学生注意力下降时，教师可运用幽默来调节气氛，防止问题行为的出现。第四，正面教育。教师对严重扰乱课堂秩序的学生就要正面加以严肃批评，指出其缺点，制止不良行为。正面批评要坚持晓之以理，尊重学生，要避免批评时情绪激动、言辞尖刻，以免扩大事态，影响正常教学。

（3）非言语提醒学生。当学生出现注意力涣散、做小动作、交头接耳等问题行为时，教师可以通过一些非言语信息来提醒、警告学生。第一，停顿。停顿能吸引学生注意力，当课堂非常嘈杂时，教师短暂的停顿并配以适当的目光，能使课堂马上安静。第二，脸部表情。脸部表情是人类沟通交流的重要方式。通过眼神交流，既可以传递赞扬、鼓励、满意等正面情感，也可以传递失望、不满、反感、厌恶、愤怒、警告等负面情感。第三，声音。声音包括音量、音调、语速、语气等，这些要素的不同组合可以带来千变万化的效果，从而吸引学生的注意力，阻止一些细小的课堂问题行为。第四，肢体动作。手势和教师的头部动作（点头、低头、摇头、仰头等）也是传达信息、表达情感的重要方式。

（4）创设活动。心理学研究表明，如果学生们能在放松中适度紧张，会集中注意力；在紧张中适度放松，学习效率会更高。小学生注意力集中时间非常有限，当学生疲劳，不专心听讲时，教师可适当创设一些活动情境，让学生参与一些活动，适度放松，如小竞赛、小表演、小制作等，以达到激发兴趣、提高效率的目的。

对学生反复出现的问题行为，教师要深入调查、了解，对行为进行正确归因，如从家庭因素、教师因素、学校因素和学生因素等多个角度来对课堂问题行为进行解释，从而做到有的放矢。

总之，对于小学课堂的问题行为，教师在处理时，不宜伤其自尊，以避免新的问题行为出现。同时，教师不可急躁武断，要慎用指责和处罚。教师要把这些问题看成是小学生成长过程中出现的常见现象，始终保持一种平和而理智的心态。另外，在课内课外，教师要努力走进学生生活，了解学生的需求，找到问题行为产生的原因，只有这样，才能选择合适的处理方式。小学课堂教学管理有其自身的规律，教师要不断加强课堂教学管理理论学习，经常反观自我，积累经验和教训，尽可能预防课堂问题行为，培养学生良好的学习行为习惯。

第二节 小学教学评价

教学评价是整个教学活动不可或缺的重要组成部分。有什么样的评价理念就会有什么样的教学过程。在新课程改革的进程中，评价是人们普遍关注的焦点。

一、教学评价的内涵及功能

(一)教学评价的内涵

评价作为人类认识的一种特殊形式，既要对客体的事实性材料(属性)加以描述和把握，又要从主体的目的、需要出发对客体做价值判断。教学评价是以教学事实信息的把握和收集为基础的价值判断过程。[①]

教学评价是由教学评价主体、客体、标准、方法等基本要素构成的。教学评价的主体主要是教师、教育行政人员、学生、家长及社区的其他人员等。评价的对象涉及教学的各个环节或各个领域：教学目标、教学过程、教学方法，课程设置、教师授课质量，学生认知、情感、技能等。教学评价的标准是对教学现象进行价值判断的依据和尺度。在教学评价的实践中，由于评价主体和评价目的的多元化以及教育价值观的复杂性，教学评价的标准表现出多样化的特点。教学评价需要在收集有效的事实信息的基础上进行。评价信息的收集要运用一定的方法和手段。测验是收集信息的传统的基础性手段，但随着现代评价理论和技术的发展，评价强调定性与定量分析相结合，收集信息的方法和手段更加多样化。

总之，教学评价就是指评价主体根据一定的标准，运用可操作的科学的方法和手段，系统收集有效教学信息以及对教学信息进行整理、分析，对教学活动的过程和结果做出价值判断的过程。教学评价是对教师教和学生学相统一的活动的评价，一般包括对教师、学生、教学内容、教学方法和手段、教学管理、学生学业成绩和教师教学质量等多方面的评价。教师和学生是教学活动中能动的主体，是整个教学活动中最活跃、最积极的因素，因此教学评价研究的重点是对教师和学生的评价。

(二)教学评价的功能

教学评价是教学活动的一个重要环节，在教学过程中发挥着多方面作用，从整体上调节、控制着教学活动的进行，保证着教学活动向预定目标前进并最终达到该目标。教学评价的功能主要表现在以下几方面。

1. 诊断功能

通过评价了解教学活动的整体情况：课程计划是否合理、教材选用是否恰当，教师教学是否有效以及学生学习水平如何。对得出的评价结果进行科学的解释，指出评价对象值得肯定的内容、存在的问题以及改进的建议。就学生学习水平而言，了解学生已经形成的知识、能力、情感和学习行为习惯等发展状况并做出合理的评价，解释学生学习存在的问题及原因。总之，通过教学评价能对教学现状进行全面诊断，从而调整教学策略，改进教学措施，有针对性地解决教学中存在的各种问题。

---

① 黄甫全、王本陆：《现代教学论学学程》，324 页，北京，教育科学出版社，2003。

2.导向功能

评价具有指挥棒的作用，也就是指教学评价的导向作用。评价者所采用的评价标准对于被评价者来说就是指挥棒。学生学习的方向、学习的重点及学习时间的分配，往往要受评价内容和评价标准的影响。教师教学目标、教学重点的确定也受到评价的制约。如果教学评价的标准和内容能全面反映教学计划和大纲的要求，能体现学生全面发展的方向，那么，教学评价所发挥的导向作用就是积极的、有益的，否则，就有可能使教学偏离正确方向。在教学实践中，要认真研究评价标准和内容，充分发挥评价积极的导向作用。

3.激励功能

激励是指持续地激发人的动机的心理过程，是引起个体产生明确的目标，指向特定行为的内在驱动力，是每个人的心理需求。对教师而言，客观公正的评价具有激励功能。通过评价，肯定教师的成绩，强化教师的工作动机。同时，教师也能发现存在的问题，并自觉地发挥工作的积极性和创造性，以期在工作中做出更大的成绩。对学生而言，一个赞许的眼神、一句暖人的话语也会激励学生不断进取。在教学过程中，教师对学生表达出赞扬、理解、尊重或体贴等美好的情感都具有激励的作用。研究表明，在一定限度内，经常进行记录成绩的测验对学生的学习动机具有很大的激发作用。

4.调控功能

评价的结果提供一种反馈信息，教师及时知道自己的教学情况，从而为师生调整教与学的行为提供客观依据。教师据此修订教学计划、调整教学速度和节奏、改进教学方法和策略等；学生据此变更学习策略、改进学习方法、增强学习的自觉性。教学评价有利于使教学过程成为一个随时得到反馈调节的可控系统，使之向着预定的教学目标前进，这也正是教学评价追求的基本目的。

5.管理功能

教学评价是各级教育行政机构以及学校自身加强教育教学管理的重要手段之一。评价的标准和指标体系本身就是一种目标管理。评价教师的"教"，使教育管理者更好地了解教师的工作情况，是教师晋升、评优的依据；评价学生的"学"，为教育教学管理上的奖励、表扬、批评和指导提供依据。

评价是一把双刃剑，恰当的评价会促进教学改革与发展，促进教师和学生的发展，相反则会阻碍和误导教学改革及师生发展。因此，要尽可能发挥评价的实施评价的积极作用，降低或避免其负面影响。

二、教学评价的分类

根据不同标准，教学评价可分为不同类型。

1.根据评价的功能可分为诊断性评价、形成性评价和总结性评价

诊断性评价一般在教学设计活动开始之前进行，目的是了解和分析学生的学习

准备程度，以便确定教学的起点和进度。如入学时的摸底测验、分班测验就属于诊断性评价。诊断性评价的结果一般只供教师做教学设计的参考，如根据诊断结果设计一些能发挥学生长处或弥补学生不足的活动内容，也可以作为学生学习后确定学习效果的依据。

形成性评价是在教学过程中，教师为了解学生学习中遇到的问题、取得的成绩以及教师在教学中取得的效果和可能存在的问题而实施的评价。形成性评价关注的是学生在学习过程中达到教学目标的程度，通常采用观察、交谈、课堂提问、练习、测验以及课外作业等灵活多样的形式。通过形成性评价，教师可以有效地把握学生每一个阶段的学习成效，了解存在的问题和不足，以便及时地调整和改进教学，使教学沿着预定的目标进行。

总结性评价是对一个完整的教育教学过程的总体结果进行评价，也叫终结性评价。如期中、期末测验、毕业考试就是这种评价。总结性评价一般次数少，间隔时间较长，对一段时间内的学习结果做全面的总结性评价，其成绩会记入成绩单，作为升、留级或某种资格认定的依据。

在传统教学评价中总结性评价占据主要地位，往往只要求学生提供问题的答案，缺少对思维过程的评价，不利于学生养成科学探究的习惯和严谨的科学态度与精神。在新课改中，教学评价改变以往只关注结果的评价，实现评价重心的转移，将总结性评价与形成性评价相结合。

2. 根据评价的标准可分为常模参照评价、标准参照评价

常模参照评价是以个体的成绩与同一团体的平均成绩或常模相互比较，而确定其成绩的适当等级的评价方法。这种评价是衡量个体在团体中的相对位置和名次，也被称为相对性评价。学生在团体中的位置就是以学生个体成绩与常模（团体测验的平均成绩）比较来确定的。常模参照评价重在个人与个人之间的比较，主要作为选拔或编组、编班的依据，要求试题难度适中，尽量对所有学生都有较强的鉴别力和区分度。

标准参照评价是以具体体现教学目标的标准作为依据，确定学生是否达到标准以及达标的程度如何的一种评价方法。这种评价是衡量学生的实际水平，即学生掌握了什么以及能做什么，评价学生是否合格，而不考虑学生在团体中的相对位置，也称绝对性评价。参照标准是教学目标，因此，测试题的关键是必须正确反映教学目标的要求，而不是试题的难易和鉴别力。标准参照评价主要用于了解基础知识、技能的掌握情况，利用反馈信息及时调整、改进教学。

3. 根据评价的方法可分为定量评价与定性评价

定量评价是采用数学的方法，收集和处理数据资料，对评价对象做出定量结果的价值判断。定量评价强调数量计算，以教育测量为基础。它具有客观化、标准化、精确化、量化、简便化等鲜明的特征。它在一定程度上满足了以选拔、甄别为主要

目的的教育需求。

定性评价是不采用数学的方法，而是根据评价者对评价对象平时的表现、现实状态或文献资料的观察和分析，直接对评价对象做出定性结论的价值判断，例如，评出等级、写出评语等。定性评价强调观察、分析、归纳与描述。定性评价有时使评价结果模糊笼统，弹性较大，难以精确把握。

由于教学涉及人的因素、变量及其关系，较为复杂，因此为了揭示数据的特征和规律性，定量评价的方向、范围必须由定性评价来规定。定性评价与定量评价密不可分，二者互为基础、互相补充，切不可片面强调一方而偏废另一方。

教学评价还有其他分类。例如，根据评价主体分为自我评价和他人评价；根据评价组织性分为正式评价和非正式评价；以内容为依据分为过程评价和结果评价等。各类评价各有其优劣，要根据实际需要灵活运用。

三、小学生学业成就评价方法

小学生学业成就是小学生就学期间所取得的成就和收获。学生学习活动的成果主要反映在学业成就上，因此，对学生学业成就的考核是教学评价最核心的工作。传统学业成就评价过于强调选拔与甄别的功能，过于追求分数，突出量化评价的方法，阻碍了学生的全面发展。新课程评价观强调发挥学业成就评价的激励作用，评价指向学生的发展，关注学生成长过程，并通过分析提出改进计划。正如斯塔弗尔比姆所言，学生评价不应是为了证明，而应是为了改进；不应是"选拔适合教育的儿童"，而应是"创造适合儿童的教育"。在评价的方法上，强调量化评价和质性评价相结合。

(一)小学生学业成就的量化评价——纸笔测验

纸笔测验就是以纸笔为工具布置作业及命、答测试题的教育评价形式，是最常用的评价学生学业成就的方法。纸笔测验这一评价方法可用于学生学习的各个阶段，它既可以是诊断性评价，也可以是形成性评价或者终结性评价。按照编制程序，可将纸笔测验分为教师自编测验和标准化测验两种基本类型。教师自编测验是指教师根据教学需要，在各个阶段自行设计与编制的考查学生在一段时期内的学业水平的测验。教师自编测验操作简单，施测方便，在实际教学中大量使用。标准化测验一般是由专门的机构或组织(如测验中心、教育行政部门等)严格按照标准化程序设计、组织和实施的测试。标准化测验一般质量较高，科学性强，控制较严，主要适用于大规模的教学评价。

1. 测验一般包括三个环节：试卷编制、施测、评分

(1)试卷编制。编制试卷要明确测验目标，制作测验命题双向细目表。测验目标具有导向和制约功能，是试卷编制的出发点和归宿。双向细目表包括测试内容、题量、题型、不同知识点所占的比例等各个方面的具体内容，它能使命题者明确测验

的目标，把握试题的比例与分量，提高命题的效率和质量。双向细目表是包括两个维度(双向)的表格，细目表也可以是多维的。表 10-2 是反映题型与难度、测验目标、测验内容之间关系的双向细目表。

表 10-2　测验命题双向细目表

| 范围 | 序号 | 内 容 | 能 级 | | | | | 题型 | 取材 | 分值 | 难度 | 区分度 |
			A 记忆	B 理解	C 应用	D 分析	E 评价					
		1										
		2										
		3										
		4										

测验题型分为主观题和客观题。客观题答案客观唯一，评价对象不能自由发挥，评分标准不受主观因素干扰，主要以选择题、是非题、匹配题、填空题、简答题等形式出现。主观题允许评价对象自由发挥，存在多种答案，评分易受主观因素干扰。如作文、论述题、翻译题等。两类试题具有互补性，各有优缺点，在命题时，要合理组合运用。在标准化的测验中，要对编制好的试卷进行预测，了解试卷的难度和区分度，并对试卷的信度和效度进行评估，以便进一步修订试卷。难度是试题对学生知识和能力水平的适合程度的指标，是由参与测量的被试群体的整体水平决定的；区分度是指测验对学生实际水平的区分程度。具有良好区分度的测验，实际水平高的应该得高分，实际水平低的应该得低分。测验的信度指测量结果或评价结果之间的一致性程度，也就是测量结果是否真实、客观地反映了学生的实际水平。测验的效度是指测量结果的准确性和有效性的程度，即测量是否达到了预期的目的。

(2)施测。施测是学生在统一规定的时间、地点和相同条件下作答试卷。施测的组织过程要做到合理有序。合理组织考场，加强考风考纪教育。学生要做好考前准备。首先，学生要做好心理上的准备，以良好的心态参加测验。测验时要沉稳、自信，如果过度焦虑紧张，学生就不可能发挥出自己的实际水平；其次，做好功课上的准备，掌握基础知识、基本技能，学会灵活运用；最后，学生答题时要先易后难，合理分配时间，克服粗心大意的毛病，养成事后认真检查的习惯。

(3)评分。为尽可能减少评分误差，应力求评分标准的统一性，提高评卷人的责任心，加强评卷的复审。计分方法可分为等级制和百分制两类。等级制的记分采用优秀、良好、及格、不及格四等。和百分制相比，使用等级制的好处是避免了在同一分数等级上同学间的攀比以及"分分计较"的学习心理，减轻学生的课业负担和心理负担，促进学生全面发展与个性发展。

2. 纸笔测验新动向

随着新课程评价理念的转变，即淡化甄别和选拔，"立足过程，促进发展"，评价方法和手段也在不断地发生变化。传统的纸笔测验这一考试方法也在不断推陈出新，焕发新的生机与活力。

(1)考试方式多样化——重考、缓考和免考。多一个评价标准，就多一批好学生。目前，随着新课改的深入，很多小学开始推行重考、缓考和免考制。

重考和缓考：重考主要是针对那些由于身体不佳或紧张等原因觉得自己没有发挥最佳状态的学生，或者为了追求完美，追求更高水平的学生。此类学生可申请重考，取两次测验的高分。缓考主要针对没有准备好的学生(特别是那些学习有困难的)或者测验期间身体等状态不佳的学生。重考和缓考评价方式的实施凸显学生的差异性和个性化需要，有助于学生体验成功、认识自我、树立自信，不断激发学习动力，养成主动学习的习惯。

免考：免考旨在全面了解学生的学习历程，关注学生学习过程以及表现出的情感，进而帮助学生认识自我，增强自信，持续而积极学习。凡是平时表现优秀且学科成绩突出或者在某一方面特别优秀者可以申请免考。免考对小学生来说有着特别的意义。小学生正处于学习态度、行为习惯的养成时期，学习成绩并不是最重要的，而学习态度和学习习惯是关系着学生未来学习发展的重要因素。免考对鼓励学生重视平时表现、树立正确的学习观有很好的导向作用。

(2)转变考试功能。传统的纸笔测验只是检查学生知识和技能的掌握情况，并单一地依赖考试结果对学生进行分层。新课程的纸笔测验功能不仅检查学生知识和技能掌握的结果，更关注学生掌握知识和技能的过程和方法，以及学生学习的情感、态度和形成正确价值观的过程。评价的主要目的是促进教师的教，改善学生的学。

(3)试题内容新变化。试题内容更贴近学生生活，考查学生思维过程和能力，体现学生个性差异。试题紧紧围绕教材和学生的生活实际来测查，尽可能地将学习学科知识与学生的生活紧密联系起来，让学生感受到学习的实效性。如一道小学五年级语文测试题："每个人都有家，小时候，家就像缤纷的霓虹，给我们编织美丽的憧憬和神奇的童话。在你眼里，家像什么？请你照样子写一句话：在我眼里，家就像_____。"这道题可以考查学生对生活的观察和体验，通过学生富有个性化的语言描绘，既可以看出学生的知识积累，也可以看出学生思维过程的独特性。

(4)体现人文关怀。传统的试卷题型单一，表述客观而理性，一副标准化的冷面孔，学生看了就会产生沉重和紧张的感觉，进而影响学生智力的正常发挥。而现在的试卷更多体现出对学生的激励、期待和温暖的人文关怀。

【案例10-2】小学语文试卷

卷首语：同学们，六年的小学语文学习即将结束了，你一定收获不小。今天，就让我们一起带着真诚和智慧去语文游乐园施展才华吧，相信你是最棒的！那好，赶快启程吧。

题目表述：奇妙的听力世界、神奇的拼音王国、美丽的字词花园、多彩的句子天地、精彩的课文回放……

卷尾：祝贺你答完了！是否再检查一遍？

这样一份有声音、有温度的语文试卷，仿佛把学生带进一个美丽的花园或者神奇的童话王国。在教师和学生的这种温馨"对话与交流"中，学生一下子消除了紧张情绪，进入了一个轻松、和谐、愉悦的考试氛围。对于低年级学生，有的试卷中还有形象生动的插图和富有人情味的卡通表情，有效地调动了学生的多种感官，使学生感到试题既有趣又轻松。

总之，传统的纸笔测验常常给学生带来焦虑和恐惧，许多学生在测试中受挫而缺乏自信，甚至产生厌学情绪。新型的纸笔测验注重改善学生的学习过程和情感态度，消除学生对考试的紧张和恐惧，在宽松自然的环境中展示聪明才智，体验成功与收获，使测验真正成为促进学生主动求知的学习动力，成为教师改进教学的依据。

(二)小学生学业成就的质性评价

质性评价是在自然情境下，通过深度访谈、现场观察等方法充分地描述学生的各种特质，通过理解、解释、对话和体验，揭示意义，阐明价值。常用的质性评价方法介绍如下。

1. 观察评价

观察评价是教师通过对学生在日常学习和生活中的外部行为表现的观测，反映学生的学习方法、技能、习惯、态度、情感、创造力等方面的特征。观察评价是过程性评价中常用的方法。

教师观察要明确观察目的和对象。首先，要明确为什么观察，观察什么；观察对象是全班还是某一部分人或者是某个特殊的人；是一段时间持续的单一对象或现象的观察还是进行比较观察等。这些都需要教师事先计划好。其次，观察时要把握重点，善于分析，及时记录有价值的信息。记录方式可以用描述性记录或行为检核表。

2. 评语评价

传统评语评价主要是学期末评语评价。这种评语模式注重学生的操行评价，即对学生行为表现的评价。这种评价采用统一的教条式的评价标准，语言贫乏单一，千人一面，忽视学生的个性、情感等因素，忽视对学生的教育意义，不利于学生的发展。

现代评价观强调对过程和方法的评价，既要关注学生学习的结果，更要关注他们在学习过程中的变化和发展，关注学生在学习活动中表现出来的情感和态度。分数和等级都无法表达对学生的情感、态度和价值观的评价，而评语可以表达。评语评价可渗透到教学的整个过程中：课堂教学、学生作业或作品、学生的测验等。评语可以是口头的，也可以是书面的；可以是阶段性的，也可以是即时的；可以三言两语，也可以是一个正规的评价报告。评语无固定模式，但要渗透真情实感，注重评价的真实性和客观性，体现评价的过程性与个体差异，肯定学生的进步和发展，指出学生的发展潜能以及不足，帮助学生认识自我，树立自信，充分发挥评语评析、激励、催化的教育功能。小学生正处于自我意识的形成时期，自我评价能力还很不健全，更多地依赖家长和教师评价。教师评语对学生发展会起着巨大的导向作用。

【案例10-3】评语评价举例[①]

同是学生被教师的课堂提问难住，甲、乙、丙三位教师的处理方式各不相同。

教师甲(语气很重，冲着该生)：整天上课开小差，结果怎样？这么简单的问题都不能回答，太笨了！坐下！

教师乙(生气，但不表现出来)：坐下。谁来帮他？

教师丙(微笑、和蔼的)：别急，回忆一下，我们昨天学过的内容，当时你听得很认真。想想昨天××同学是怎样回答的？

学生(思索片刻)：说出了与问题答案相关的一句话。

教师丙(很兴奋)：对呀！看来，你是很棒的！

(学生体面地坐下，并聚精会神地投入后面的学习中。)

案例中三位教师对于同样是不会回答问题的学生采取了不同的处理方式。教师甲的语气过于直接、粗暴，长期处于这种氛围下的学生会害怕教师，害怕上课，变得自卑、怯懦。虽然教师乙未露骨地表现出其情绪，但学生是可以感受到的。如果学生经常被这样对待，也会对教师产生厌恶感，进而厌学。无疑，教师丙的处理方式是最妥当的。面对不会回答的学生，尊重、信任他们是新课改对教师的基本要求。在教师丙的影响下，该生的自信心会大大增强，在学习中会渐渐变得更加勇敢、积极主动。

在发挥教师评语的同时要鼓励学生也成为评语评价的主体。学生评价主要有两种：学生自我评价和学生之间的相互评价。学生自我评价和学生之间的相互评价能发挥学生在评语评价中的主动性和创造性。学生自我评价为学生表达学习态度和情绪体验提供了机会，也有助于提高学生的自我反省和自我约束的意识和能力。学生之间的相互评价有助于形成学生之间积极、友好和民主的关系，使学生懂得赞美与欣赏，学会宽容。

3. 表现性评价

美国心理学家加德纳的多元智力理论认为人的智力有多种表现形式：言语语言智力、逻辑数学智力、视觉空间智力、音乐节奏智力、身体运动智力、人际交往智力、内省智力、自然观察智力、存在智力。上述九种智力成分在每个人身上的比重和结构是不一样的，每个学生都有其独特的优势领域。传统的纸笔测验强调学生共

---

① 李玉芳：《如何进行学生评价》，70页，上海，华东师范大学出版社，2015。

性，无视学生的差异，无法全面评价每一个学生。因此，表现性评价开始受到关注。

表现性评价是指以行动、作品、表演、展示、演说、操作、档案资料等真实的表现来展示学生口头表达能力、文字表达能力、思维分析能力、动手操作能力、想象力、创造力等学习成果和学习过程的状况，以此为依据，对学生学业做出价值判断的过程。简言之，表现性评价是指通过观察学生在完成实际任务时的表现来评价学生的学习状况。表现性评价总是伴随着学生完成的具体表现性任务，强调回归学生的教育生活以及课堂教学中完整而真实的生活，关注学生知识和技能的应用和智力因素的全面和谐发展，以及非智力因素的全面和谐发展。与传统的纸笔测验不同，表现性评价的焦点从学生"知道什么"转向学生"能做什么"，强调是否会做，而非是否知道。表现性评价更加注重学生运用知识的能力和实际操作能力，能更加直接、真实地反映学生的发展水平。学生可以不受他人限制，根据自己的知识基础、发展水平、个性特点来建构自己认为理想的答案，为学生的创造思维和创造能力提供了较大的空间。纸笔测验和表现性评价的特点比较见表 10-3。

表 10-3　纸笔测验和表现性评价的特点比较

纸笔测验		表现性评价	
选择性试题	补充性试题	限制性表现	扩展性表现
低 ←	任务的真实性	→	高
低 ←	任务的复杂性	→	高
低 ←	需要的时间	→	高
低 ←	评价的主观性	→	高

常见的表现性任务有：结构性表现测验、口头表述、模拟表现、实验或调查、作品创作、项目研究等。结构性表现测验可以是纸笔测验，也可以是非纸笔测验。这里的纸笔测验不同于检测学生的知识掌握程度的传统纸笔测验，而在于检测学生对知识的应用。在表现性评价的纸笔测验中，表现性任务一般以"设计""创作"等作为题目要求。如设计一个电路图，创作一幅作品等。教师可以通过设计图纸、课堂提问、演讲、朗诵、角色扮演、创作歌谱、辩论、竞赛等来进行评价。

【案例 10-4】通过表演来体现阅读和表达 ①

学生在学习小学语文第三册第 17 课《酸的和甜的》第一自然段："葡萄架下，有一只狐狸。他一会儿转来转去，一会儿跳起来摘葡萄，说：'这葡萄是酸的，不能吃！'"在教学这一自然段时，我交给学生一个模拟表现性任务：谁愿意扮狐狸来演一演？

学生 A：在葡萄架下转了好几个圈，然后背向葡萄架，面对学生们跳起来摘葡萄，摘不到葡萄时就笑眯眯地说"这葡萄是酸的，不能吃！"然后跑回座位坐好。

---

① 张春莉：《走向多样化的评价》，29、142～143 页，上海，上海教育出版社，2005。

学生B：来到葡萄架下，眼睛盯着葡萄，绕着葡萄架这里走走，那里走走，有时抱住葡萄架的小柱子想爬上去摘（爬不上去），有时双脚离地跳起来摘。摘不到葡萄时，他就着急得踩踩脚，站在葡萄架下，看着葡萄，流着口水说："这葡萄是酸的，不能吃！"最后，他一步一回头，一步一回头，依依不舍地离开了葡萄架。

如果用纸笔来测试这两个学生的阅读能力，叫他们画出描写狐狸动作的句子，他们肯定都能准确画出而得满分。但从表演中，我们发现他们的阅读能力是有差异的。学生B的阅读能力显然比A强多了。从词语"转来转去"的理解看，学生A只理解了单个词的意思（自己转了好几个圈），脱离了具体的语言环境；学生B能联系上下文，在具体的语言环境中理解了这个词的意思（绕着葡萄架这里走走，那里走走）。从他们表演的神态看，学生A觉得上台表演只是好笑、好玩，摘不到葡萄时还是笑眯眯的，而学生B表演时着急的表情，馋得直流口水的神态，依依不舍的心情，把狐狸演得活灵活现。

表现性评价要使用有意义的教学活动作为评价任务，要求学生演示、创造、制作或动手做某事，唤起真实情境的运用，激发学生高水准的思维能力和解题技能。表现性评价注重知识技能的整合与综合运用复杂的任务表现，有助于测查学生综合运用所学知识解决实际问题的能力，激发学生的学习动机，使学生的潜能尽可能得到发展。但表现性评价也不能评价所有类型的学习目标，在具体运用中也有其局限性，如信度和效度问题以及耗时过多等。

4. 档案袋评价

档案袋评价也叫成长记录袋评价，是20世纪80年代中期在美国教育实践中被普遍采用的评定学生学业成就的一种方法。《基础教育课程改革纲要（试行）》指出："建立促进学生全面发展的评价体系。评价不仅要关注学生的学业成就，而且要发现和发展学生多方面的潜能，了解学生发展中的需求，帮助学生认识自我，建立自信。发挥评价的教育功能，促进学生在原有水平上的发展。"在这种背景下，档案袋评价进入了人们的视野。

档案袋评价是围绕一定的学习主题，有目的、有计划地组织学生系统收集资料，通过整合、选择与反思，得出有关学生进步和发展的系统而持续的记录。学生的作品及对作品的说明和反思，学生的学习方式、学习经验，教师与家长的观察、评定记录等，都可作为记录袋的内容。档案袋构建的过程就是学生和教师甚至家长共同记录、珍藏学生学习成长历程的过程。使用档案袋评价，关键在于促进学生向高标准持续地提高，并让学生学会判断自己的进步，允许学生自我反思和参与评价。教师在指导学生制作档案袋时，倡导学生主动参与、乐于探究、勤于动手。通过档案袋评价，教师也可以更全面地把握学生的学习进展情况，从而有针对性地给学生提供帮助。

根据不同的分类标准，档案袋可以分为不同类型。根据评价目的，可以将档案袋分为展示型档案袋、过程型档案袋和评估型档案袋(表 10-4)。

表 10-4　档案袋类型

名称	评价目的	作品类型	特点	评价人员选择	时间安排
展示型档案袋	展示学生的成就。	学生各个阶段的最佳作品。	注重学生的自我反省,主要受益者为学生。	学生、教师、家长、管理者。	定期的。
过程型档案袋	描述学生的进步。	反映学生进步的不同时期的同类作品。	注重学生反思,为教师、学生提供反馈,教师、学生均受益。	学生、教师、家长。	连续的。
评估型档案袋	确定学生是否达到预期的表现水平。	依据一定的标准选择作品。	主要为教师提供信息,不注重学生反省。	教师、家长、管理者。	特定的。

　　展示型档案袋是向家长和其他人展示学生在某一阶段某一领域所取得的成果。通过展示成果,提高学生的自信心和积极性;过程型档案袋主要记录学生学习的过程或学生作品产生的过程,通过比较不同时期学生的表现来判断学生的发展状况(样例见表 10-5);评估型档案袋是收集事实以系统地评价学生在某一时间段的发展状况,并将结果报告给家长或学校管理者。评估型档案袋需要有严格的规则来决定收集什么、收集的标准以及如何评估。

表 10-5　综合实践活动过程型成长档案袋的样例

年级:小学五年级

学科:综合实践活动

学习领域:研究性学习——《小学生课外读物的调查》

活动目标:运用档案袋记录本研究课题实施的全过程,激发学生阅读的兴趣,提倡学生阅读丰富多彩的、健康的、适合年龄特征的读物,同时教育学生维护知识产权,不购买非法出版物,同时开阔学生的视野,丰富学生的百科知识。

内容/特点:

1. 教师规定全班学生每周将调查的结果与实施活动的计划分别放进袋中,并将活动过程中的反思也定期纳入。

2. 小组长填写下列表格:

班级		活动小组成员	
活动调查的对象			
主要研究成果			
存在的问题			
下一步活动计划			

　　每周指导教师利用在封闭空间进行活动的时间进行调研,及时给学生提供反馈信息,学生也适时将研究进展向教师汇报,共同诊断过程中出现的问题,以便更加深入地开展下一主题的研究。

　　资料来源:田友谊:《当代学生评价的理论与实践》,234 页,武汉,华中师范大学出版社,2012。

档案袋评价的实施基本上包括确定评价目标、选择档案袋类型、确定收集的材料、建立评价标准、评价实施等环节。以下介绍其中三个环节。

第一，确立评价目标。档案袋评价目标是选择档案袋内容的依据。每个档案袋都服务于某个特定的目标。目标不同，材料收集的内容、方式、渠道也不同。没有目标，学生在作品收集上容易出现漫无目的的堆积，使评价缺乏针对性，影响评价目标的实现。教师要研究不同课程领域中重要的目标以及学生需要达到的学习目标，选择对学生发展有意义的档案袋目标。目标设计还可以和学生共同商讨确定。目标不仅包括知识和技能以及情感等方面的成果，同时还包括获得知识和技能以及情感等的过程和方法，如分析问题和解决问题的能力、创新意识和实践能力等。如在数学方面，可以设计"图形天地""瞧，我算得又准又快""生活中的数学""我的新发现"等记录不同学段学生获得的学科知识和形成学科能力的过程体验，既考虑学科特点，又兼顾学生个性。为保证档案袋的有效实施，教师要让学生及其家长明确档案袋评价目标。

第二，建立评价标准。档案袋评价的信度和效度取决于评价标准的科学性、客观性和有效性。评价目标不同，评价标准制定的要求也不一样。如果评价的目标是了解学生的学习过程及进步情况，评价标准就不需要细化指标，主要对标准有一个质性的描述就行了。如果评价的目标是给升学或评优提供依据，或者是对学生的发展状况做出终结性评价，评价标准则要细化指标，并用文字明确表述某个等级的具体要求，以保证评价结果的公正和全面。

第三，档案袋评价的实施。首先选择档案袋评价内容。在选择过程中，学生在教师和家长的指导下共同参与完成，学生是主要决策者。内容表现形式不拘一格，可以是照片、录音、证书、作业、试卷、作品等。小学低年级的学生由于识字量少，尽量使用直观形象的图案、图标，使用"贴一贴""画一画"的方式。其次是评价。档案袋评价一般都要经过自评、他评、师评等。其中，"自评"最为重要，学生只有学会自我评价才能形成正确的自我意识，明确自己的不足和发展方向；小组互评则是在一个较为平等的关系上进行的协商，为学生的人际关系发展提供良好的环境；师评则要求教师善于发现学生的闪光点。评价时要根据学科特点或者学生个性化表现，针对不同阶段小学生的特点，设计各种表扬卡、小红花、五角星、小红旗等，以利于充分调动学生的积极性和主动性。评价尽可能多一把尺子，让每个孩子获得成功的体验和机会。

档案袋评价对学生各方面综合评价的结果不是目的，只有合理有效地利用评价的结果，才能不断激发学生潜在的"最近发展区"，让学生感受成长、体验成功。新课程改革以来，家长正成为一支巨大的教育力量，关注着孩子的成长。在争取多方面力量的支持方面，可以定期举办家校档案袋交流会，为家长提供一个相互交流、学习与共同提高的机会，拉近家长、教师和学生之间的距离，使之汇聚成一股强大的力量，共同促进孩子不断成功。需要注意的是，在档案袋评价的实施中，教师要有较系统的教育评价理论知识，尤其是对档案袋评价方法的了解和掌握，因此，教师自己要不断加强学习，学校也要为教师学习创造机会，提供帮助。

【案例 10-5】孩子眼中的数学世界[①]

例1：成长记录袋中的栏目《生活中的数学》

陈浩迪[一(1)班]：有一天，我和爸爸妈妈去公园玩，我发现公园的大门旁摆着两行长长的花，每行都是 60 盆，我可以算出两行一共有多少盆花：$60 \times 2 = 120$（盆）。

黄世杰[一(3)班]：今天是我的生日，我邀请了 8 位小朋友去商店，要了 8 杯汽水，每杯 3 元，我用乘法口诀来计算 $3 \times 8 = 24$(元)，我知道要付多少钱了。

例2：成长记录袋中的栏目《我的新发现》

窦维[一(2)班]：我发现读数和写数都是从高位起。

李址豪[一(2)班]：我 7 岁生日那天，请了 8 位同学吃蛋糕，我想把蛋糕分成 8 块，最少切几刀？（答：4 刀）

例1通过计算花的盆数、买汽水花的钱数等生活中的数学实例，我们可以看到，学生的生活实际拉近了学生与数学学习活动的距离，学生真切地感受到生活中处处充满数学。例2中的学生在生活和数学活动中，发现蛋糕切成 8 块至少要切 4 刀。学生在生活中发现数学问题，总结数学规律，了解数学在现实生活中的作用，有利于激发和培养学生关注生活中"用数学"的意识，促进学生应用意识的形成。

四、小学教师教学工作评价方法

教师教学工作评价是教师教学评价的重要内容之一。教师教学评价是指系统地收集有关教师教学行为的资料，加以分析处理后，再根据预定教学目标给予价值判断的过程。传统教师评价主要是一种与奖惩挂钩的自上而下的考核性评价，强调对教师的管理和领导者的权威，评价的依据主要是学生测验成绩。新课改评价倡导以教师专业发展为导向的发展性教师评价。和考核性教师评价相比，发展性教师评价注重教师主体作用的发挥，着眼于调动全体教师的积极性，关注教师内部动机的激励作用。在评价方法上强调量化评价与质性评价相结合，倡导以教师自评为主，校长、教师、学生、家长共同参与的多元化主体评价。根据评价主体的不同，可分为自我评价、学生评教、家长评教、同行评价、领导或专家评价等。

1. 自我评价

自我评价法，又称"自我反思评价法"，是教师本人基于对自身的了解，依照一定的教育理念和要求，对自己的工作进行诊断性评价、形成性评价和终结性评价，实现教师的自我反思、自我激励和自我发展。它是一种促进教师进行自我反思和诊

---

① 张春莉：《走向多样化的评价》，253、255 页，上海，上海教育出版社，2005。

断的内在机制。自我评价是促进教师专业成长的必要途径。《基础教育课程改革纲要
（试行）》提出："建立促进教师不断提高的评价体系。强调教师对自己教学行为的分
析与反思，建立以教师自评为主，校长、教师、学生、家长共同参与的评价制度，
使教师从多种渠道获得信息，不断提高教学水平。"随着教师专业发展越来越深化，
教师的自我评价作为一种独特的评价方式开始受到人们的重视。教师自评从促进教
师专业发展的角度出发，培养自我反思的意识、习惯和能力，通过诊断、鉴定工作
中存在的问题、不足，制定发展规划，最终实现教师专业的成长。教师自我评价的
结果不是最终结果，而是教师进一步发展的起点。

自我评价的主要方式有教学反思、观摩研讨等。

（1）教学反思。杜威指出："反思是对经验进行重构或重组，使之增加经验的意
义并增强指导后续经验方向的能力。"教学经验并不会自然地成为学习资源，只有经
过反思的经验才是教师的自我财富。美国学者波斯纳提出了一个教师成长公式：经
验＋反思＝成长。他认为没有反思的经验是狭隘的经验，至多只能形成肤浅的知识。
教师在一节课结束或一天的教学任务完成后，根据预先设计的教学目标在实际教学
过程中的实现程度以及学生的反应和自己的教学实际情况进行思考，如教学设计、
教学实施是否恰当，学生思维是否活跃，学习是否愉悦，哪些地方做得好，哪些地
方需要调整、改进等成败得失的原因及困惑等，把这些思考记录下来，可以为今后
的教学提供宝贵的经验。正如苏霍姆林斯基所认为的那样：这些记录是思考和创造
的源泉，是一笔巨大的财富。在经验反思的基础上，教师通过不断地"设计——实
施——评价（反思）——再设计"发现问题、解决问题，从而实现自身专业的不断成
长。教育叙事研究是目前较为普遍的一种教学反思方式。教育叙事研究是记录教师
教学生涯和成长历程的重要方式。教师将自己遇到的问题及解决这个问题的整个教
学过程"叙述"出来，夹叙夹议，叙是记录，议就是反思。

（2）观摩研讨。观摩研讨是指教师通过听课或研讨会的形式，与他人做比较或者
根据别人对自己的评价来评价自己。听课是教师之间相互学习、取长补短的有效途
径，是一种有效提高业务水平、改进教学实践的学习方式。经常听课，有利于教师
更新教学观念，提高教学水平。有位哲人曾说，世上最聪明的人是那些善于发现别
人长处，并能学习别人长处，最终使其变为自己的长处的人。因此，听课时要抱着
虚心学习的态度，善于去发现课堂上的闪光之处，细细揣摩，并将其运用到自己的
课堂上去实践，久而久之，自然就会不断提高自己的教学水平。教学研讨会是教师
学习的好机会。在研讨中，各种思想在对话和交流中碰撞，在碰撞中不断澄清和提
升。教师参与对话与交流的过程就是一个即时反思评价的过程。

需要强调的是，教师的自评必须与奖惩脱钩，这样教师才会真诚地投入评价活
动之中，成为真正意义上的评价主体。从心理学的角度来看，人们对自身的认识常
常会存在一些偏差，教师需要对自我评价过程的科学性、客观性进行思考。自我评

价要与其他评价方法结合使用，才能更好地促进教师的发展。

2. 学生评教、家长评教

学生评教就是学生对教师的教学水平和教学态度等做出评价。阿里莫里(Aleamoli, L. M.)认为学生是教学过程的主体，他们对教学目标是否达成、师生关系是否良好都有较深刻的了解，对学习环境的描述与界定也比较客观；学生直接受到教师教学效能因素的影响，他们的观察比其他突然出现的评价人员更为细致周全；学生参与评教有利于师生沟通，从而有助于提高教学水平。学生评教是尊重学生主体地位、科学民主管理精神的集中体现。学生在参与评教活动过程中可以发展自己的判断力和分析能力，同时也可以感受和体会到民主的意识和平等的思想。教师对学生评教的结果进行反思，多与学生和其他教师交流、沟通，发现自身不足，加强学习，才能不断完善、充实、提高自己。由于小学生(特别是低年级小学生)认知水平有限，思想不成熟，判断是非能力还比较弱，因此，对学生评教须给出一个适当的、合理的权重，要和其他评价方法结合使用。在评价过程中应教给学生公平、科学的评教方法。学生评教主要有问卷调查与座谈会两种形式。评教内容一般涉及以下几个方面：职业道德、工作态度、课堂提问、教学方法、课堂组织、作业量和作业批改、课外辅导、教学效果等。

新课程改革中，教师评价强调建立以教师自评为主，校长、同事、家长、学生共同参与的评价方式，因此，家长评教日益走进教育教学活动中来。在定期的家长开放日活动中，可通过问卷、座谈、访问等多种形式了解家长对教师教育教学的看法，促进教师反思并进行自我调整。这种多维度、多角度的信息来源，使教师评价进行得更具体、更全面、更科学。

3. 同行评价

同行评价是教师对教师的评价。教师可以是同一学科或同一教研组的，也可以是不同学科的教师。同行评价作为一种非常有效的评价手段，受到美国基础教育界前所未有的重视，得到了广泛的应用。[①] 同行评价是否能够取得预期的效果，与评价者自身的经验、责任心和认真态度有直接的关系。在美国，同行评价首先要进行评价人员的挑选和培训，将那些在教学中取得卓越成就的优秀教师选拔出来，作为学校的教学评价员，对新教师和部分老教师的教学现状进行评价。教师评价员可以根据本校教师的实际情况，自行选择评价的时机、周期、标准和方法，制定有针对性的评价方案，使教学评价扎实进行，充分实现民主参与。由教师来评价教师，能够扩展和加深评价内容，揭示教学中的实质问题，大大提高教学评价的科学性和公平性。在评价过程中，经验丰富的教师成为"咨询教师"，对在教学一线亟待改进的教师进行动态评价，给予长期的关注、监督和帮助，能够明显改善被评教师的教学策略和方法，提高被评教师的教育教学能力。这种模式将教学评价与教师专业发展

---

① 蔡敏：《同行评价：美国中小学教育评价的重要方式》，载《教育科学》，2006(4)。

密切结合起来，充分反映了当代教学评价的新理念，突出了评价的诊断、调节和激励功能，值得我们借鉴和学习。同行评价的主要方式是：课堂观察、案例分析、座谈、研讨等。

4. 领导或专家评价

领导或专家评价主要是指领导或专家以督促和检查教学工作为目的的评价，具有较强的权威性。这种评价一般关系着教师晋级、评优等切身利益，是一种自上而下的评价，评价者和被评价对象往往处于紧张对立状态。领导或专家一定要以督促和促进教师工作为目的，减轻原有评价给教师带来的心理压力，为教师教学工作的改进提出建设性意见。评价的主要方法是通过听课评课、检查教师教学资料和学生作业以及召开师生座谈会的方式进行。

总之，教师教学工作评价是一种面向教师未来的发展性教师评价。以教师自评为主，采用灵活多样的评价方法促进教师发展是发展性教师评价的主要特征。发展性教师评价倡导评价内容与标准的多元化，使教师通过评价体验成功的乐趣，在自信中不断展示自己的个性、形成自己的风格与魅力。

复习与思考

1. 什么是教学管理？教学管理的主要内容有哪些？

2. 小学课堂教学管理有哪些策略？访谈几位小学教师，了解他们的课堂管理经验，并进行分析评价。

3. 运用课堂教学管理的相关理论，分析如何处理下列常见小学课堂问题。

(1)学生上课时一边听讲一边吃东西。

(2)传纸条。

(3)玩玩具。

(4)看课外书。

(5)睡觉。

(6)家长来找孩子。

4. 什么是教学评价？教学评价主要有哪些类型？教学评价发展的趋势如何？

5. 看下列两则评语，你认为哪一个好？教师应该如何给学生写评语？

评语一：该生在校表现一般，能按时到校学习，参加班级活动，基本完成作业。但是，太贪玩，上课爱乱插嘴，做小动作，学习不专心，不刻苦。希望今后少做与学习无关的事，比如看小说、打球、听流行音乐。要遵守课堂纪律，专心学习，提高成绩。

评语二：小虎，我们班的小球星。球场上的活跃，课堂上的大胆，生活中的爱好广泛，让你个性十足。看得出，你爱看课外书，肯动脑，乐于表达自己的观点。我常想，如果在学习中你能像赛场上那样不服输，有拼劲儿，思考问题能更深入、更专注，你一定会有更出色的表现。

资料来源：贾素芬：《读两则评语有感新课程研究》，载《教师教育》，2007(8)。

6. 什么是档案袋评价？试设计一份小学一年级学生档案袋评价样本。

7. 为什么要学生、家长评教？查阅资料，设计一份学生或家长评教问卷调查表。

推荐阅读

1. 辛继湘. 课堂教学管理策略[M]. 北京：北京师范大学出版社，2010.

2. 陈殿兵，杨新晓. 有效课堂教学的组织与实施[M]. 北京：科学出版社，2019.

3. [美]布洛瑟姆·S. 尼斯曼. 课堂管理的第一本书[M]. 3版. 刘建，译. 上海：上海教育出版社，2018.

4. [美]卡萝尔·西蒙·温斯坦，莫莉·E. 罗马诺，小安德鲁·J. 米格纳诺. 做最好的小学教师：高效课堂管理的十三堂课[M]. 北京：中国人民大学出版社，2016.

5. 王少非. 促进学习的课堂评价[M]. 上海：华东师范大学出版社，2019.

6. 史晓燕. 教师教学评价：主体·标准·模式·方法[M]. 北京：北京师范大学出版社，2018.

7. 李慧燕. 教学评价[M]. 北京：北京师范大学出版社，2013.

参 考 文 献

1. 王本陆. 课程与教学论[M]. 2版. 北京：高等教育出版社，2009.

2. 张华. 课程与教学论[M]. 上海：上海教育出版社，2000.

3. 黄甫全. 现代课程与教学论[M]. 2版. 北京：人民教育出版社，2011.

4. 钟启泉. 现代课程论[M]. 上海：上海教育出版社，2003.

5. 吕达. 中国近代课程史论[M]. 北京：人民教育出版社，1994.

6. 徐继存，徐文彬. 课程与教学论[M]. 北京：高等教育出版社，2009.

7. 施良方. 课程理论：课程的基础、原理与问题[M]. 北京：教育科学出版社，1996.

8. 关文信. 初等教育课程与教学论[M]. 北京：中国人民大学出版社，2006.

9. 田本娜. 外国教学思想史[M]. 北京：人民教育出版社，1994.

10. 李三福. 小学课程与教学论[M]. 长沙：湖南科学技术出版社，1990.

11. 汪霞. 小学课程与教学论[M]. 上海：华东师范大学出版社，2011.

12. 吴忠豪. 外国小学语文课程与教学研究[M]. 上海：上海教育出版社，2009.

13. 董远骞. 中国教学论史[M]. 北京：人民教育出版社，1998.

14. 孙俊三，雷小波. 教育原理[M]. 长沙：湖南教育出版社，2007.

15. 杨颖秀. 教育管理学[M]. 长春：东北师范大学出版社，2001.

16. 王晓春. 课堂管理，会者不难[M]. 北京：中国轻工业出版社，2010.

17. 王策三. 教学认识论[M]. 北京：北京师范大学出版社，2002.

18. 曹艳荣，兰社云. 小学数学课程与教学论[M]. 2版. 郑州：郑州大学出版社，2009.

19. 辛继湘. 课堂教学管理策略[M]. 北京：北京师范大学出版社，2010.

20. 张春莉. 走向多样化的评价：小学生学习能力评价的理念、方法与实践[M]. 上海：上海教育出版社，2005.

21. 若博，康长运. 档案袋伴我学[M]. 北京：北京师范大学出版社，2009.

22. 许云昭，等. 超越差距：中美基础教育课程比较[M]. 长沙：湖南教育出版社，2006.

23. [美]拉尔夫·泰勒. 课程与教学的基本原理[M]. 施良方，译. 北京：人民教育出版社，1994.

24. [美]艾伦·C. 奥恩斯坦，费朗西斯·P. 汉金斯. 课程：基础、原理和问题[M]. 柯森，译. 南京：江苏教育出版社，2002.

25. [美]卡罗尔·西蒙·温斯坦，安德鲁·J. 米格纳诺. 小学课堂管理[M]. 2版. 梁钫，戴艳萍，译. 上海：华东师范大学出版社，2006.

26. FULLAN M. The New Meaning of Educational Change[M]. New York：Teachers College Press，2001.